LEÇONS ÉLÉMENTAIRES

DE

PHILOSOPHIE

PROPRIÉTÉ DE

[signature]

OUVRAGES DU MÊME AUTEUR

Histoire des Littératures anciennes (hébraïque, grecque, latine), et des **Littératures étrangères modernes** (italienne, espagnole, anglaise, allemande), J. M. J. A. (22ᵉ mille). In-12 broché. . . . . 4 fr. »
Broché. . . . . 4 fr. 25

Histoire de la Littérature française depuis ses origines jusqu'à nos jours, avec morceaux choisis extraits des meilleurs auteurs des divers siècles. J. M. J. A. (35ᵉ mille). In-12 broché. . . . . 4 fr. »
Cartonné. . . . . 4 fr. 25

Histoire abrégée des Littératures anciennes et modernes avec morceaux choisis. J. M. J. A. Édition ornée du portrait des principaux auteurs (40ᵉ mille). In-16 carton. 3 fr.

Tous droits de reproduction et de traduction réservés.

ALLIANCE DES MAISONS D'ÉDUCATION CHRÉTIENNE

LEÇONS ÉLÉMENTAIRES
DE
PHILOSOPHIE

DESTINÉES COMME COURONNEMENT D'ÉTUDES

AUX COURS PRIMAIRES SUPÉRIEURS

ET FACILITANT POUR TOUS CET ENSEIGNEMENT DANS SES DONNÉES ESSENTIELLES

PSYCHOLOGIE — LOGIQUE
THÉODICÉE — MORALE

J. M. J. A.

PARIS
LIBRAIRIE CH. POUSSIELGUE
RUE CASSETTE, 15

1903

PRÉFACE

Ces *Leçons élémentaires de philosophie*, destinées à compléter les *études primaires supérieures*, ont subi l'épreuve de l'enseignement avant d'être livrées à la publicité : la jeunesse qu'on y a initiée les a goûtées et comprises.

Sans doute, un cours complet de philosophie dépasserait absolument les programmes restreints de ce genre d'études, et répondrait mal aux aptitudes et aux besoins es élèves; mais n'y a-t-il pas lieu de choisir dans un si vaste ensemble, et, entre *tout* ou *rien*, de s'arrêter à un *milieu* convenable?

Et pourquoi tant de jeunes intelligences, — le grand nombre assurément, — qui ne peuvent arriver jusqu'à l'enseignement secondaire, seraient-elles totalement privées des éléments de la science des premiers principes ou de la philosophie? Faute de ces notions fondamentales, il reste dans les esprits de déplorables lacunes.

Combien d'âmes, et des plus élevées, s'aperçoivent trop tard qu'un certain côté d'elles-mêmes a été négligé dans leur éducation première! « Elles sentent en elles, dit Mgr Dupanloup[1], des facultés étouffées et inutiles; mille choses qui ne se développent pas, et ne servent à rien ni à personne. Leur malheur vient de ce qu'elles n'ont pas atteint leur développement légitime, tel que Dieu l'avait préparé et voulu; elles n'ont pas trouvé l'équilibre de leurs facultés, telles que Dieu les avait créées; elles ne sont pas enfin devenues elles-mêmes, selon que Dieu l'avait marqué. Et la cause de ce mal, où est-elle? Le plus souvent, dans une formation incomplète de l'esprit, qui laisse dans l'inaction des facultés vives, précieuses, nécessaires au développement et à l'équilibre de leur âme et de leur existence. »

Tels sont les motifs qui ont inspiré la forme et la méthode de ce modeste travail. Les hauts problèmes de la philosophie n'avaient rien à y voir; aucune érudition, peu de termes scientifiques, mais des aperçus tout pratiques, propres à *suggérer* d'utiles réflexions que l'élève, quelque peu guidé, trouvera de lui-même. Une *causerie familière* pourrait jaillir de chaque leçon, par le développement des questions proposées sous ce titre : *Exercices pratiques oraux ou écrits.*

On trouvera, dans la partie consacrée à la *morale*, aussi bien que dans la *psychologie*, la matière du programme prescrit à cet égard pour les *examens des brevets de capacité*. Le

---

[1] *Lettres sur l'Éducation des filles.*

mieux d'ailleurs, même en ce qui concerne ce but spécial, est d'embrasser l'ensemble du cours, parce que les diverses parties s'enchaînent et s'éclairent mutuellement. Les *tableaux récapitulatifs*, qui terminent chacune d'elles, permettent de saisir l'ensemble, que la division par leçons coupe nécessairement.

Puissent ces simples pages faire aimer de en plus la belle et radieuse vérité! Dieu, l'âme, la nature, éternels objets de toutes les connaissances humaines, y sont entrevus selon les lumières que la raison nous en donne; mais cette raison, parce qu'elle est humble et docile, conduit ceux qui la suivent à la foi, vrai flambeau de la vie.

LEÇONS ÉLÉMENTAIRES

DE

PHILOSOPHIE

LEÇON I

NOTIONS GÉNÉRALES

SOMMAIRE

I. Qu'est-ce que la philosophie? — Comment elle est accessible à tous.
II. Principes généraux propres à guider dans cette étude.
III. La même chose ne peut pas être et n'être pas en même temps.
IV. Deux choses égales à une troisième sont égales entre elles.
V. Pas d'effet sans cause.
VI. Il y a une cause première de toutes choses.
VII. Poser une cause, c'est en poser les effets.
VIII. Qui veut la fin veut les moyens.
IX. Comment diviser l'étude de la philosophie.

I. **Qu'est-ce que la philosophie? Comment elle est accessible à tous.** — Ce grand mot de *philosophie*, réservé, ce semble, aux savants, ne doit pas effrayer de jeunes élèves qui ne prétendent point à des études complètes.

Il y a bien des manières d'envisager cette science, et souvent nous faisons de la philosophie sans nous en douter, comme M. Jourdain « faisait de la prose sans le savoir ». Pour peu que nous demandions compte à notre raison de ce qui se passe en nous et autour de nous, voilà que nous devenons philosophes !

La *philosophie est*, en effet, *la science des premiers principes :* elle nous fait connaître ce que la raison peut atteindre sur Dieu et sur l'âme humaine. Dans un champ aussi vaste, il est aisé de se borner à de simples *éléments*, accessibles à tous. Les leçons que nous commençons en ce moment n'ont pas d'autre prétention. Elles compléteront avantageusement les cours de l'enseignement primaire supérieur, et seront très propres à féconder la vie pratique qui succède aux années scolaires.

Quand nous étudions une fleur, ou un phénomène de la nature, ou un chef-d'œuvre de l'industrie, nous ne le faisons qu'avec le secours indispensable de nos sens ; ici, comme il vient d'être dit, c'est la *raison* que nous prenons pour guide, ayant soin d'ailleurs de la tenir humble et dépendante du Maître suprême.

La raison, dans mes vers, conduit l'homme à la foi,

dit Louis Racine au début de son *Poëme de la religion :* tel est aussi le rôle de la *philosophie chrétienne*. Elle affermit la foi, et donne des armes pour la mieux défendre : bien différente de cette *fausse philosophie* qui, depuis Voltaire et ses adeptes, cause tant de maux au sein des sociétés modernes.

II. Principes généraux propres à guider dans cette étude. — Il existe certains principes généraux, qui servent comme de phare conducteur pour éclairer, non seulement la philosophie, mais encore les autres sciences. Ce ne sont ni des inventions, ni des nouveautés : tout homme raisonnable les possède en lui-même ; mais peu savent les faire valoir. Apprenons à les connaître.

III. 1er Principe: La même chose ne peut pas être et n'être pas en même temps. — *Oui et non* ne se peuvent dire au même instant de la même chose : je suis en promenade, donc je ne suis pas à la maison ;

je suis bon, donc je ne suis pas méchant. Il n'y a que les menteurs ou les fous qui soutiennent en même temps deux choses contradictoires.

Sans doute, il se rencontre souvent des *points obscurs*, ou quelque *doute* sur l'une ou l'autre affirmation : mais alors on cherche la vérité entière, si elle est du domaine de la raison, et on n'abandonne pas pour cela ce qu'on tient pour certain.

Je tombe, par exemple, sur un passage de J.-J. Rousseau, où l'auteur fait le plus bel éloge du saint Évangile : j'en suis ravi. D'autre part, j'ai appris que cet écrivain fut, au xviii° siècle, l'un des plus perfides ennemis de la religion. Ce dernier jugement est-il donc faux, et dois-je tenir Jean-Jacques pour un champion de la vérité? Je cherche, je questionne, et je triomphe de cette contradiction apparente en me convainquant que Rousseau, s'il a rendu çà et là quelques hommages au catholicisme, lui a porté dans tous ses ouvrages les plus funestes coups.

IV. 2° Principe : Deux choses égales à une troisième sont égales entre elles. — *Pierre* est aussi grand que *Jean*; *Jean* est de la même taille que *Jacques*; donc *Jacques* et *Pierre* sont de la même grandeur.

Et, au sens moral : La *vertu* donne la *paix*; la *paix* assure le *bonheur*; donc la *vertu* procure le *bonheur*.

C'est tout le secret du raisonnement appelé *syllogisme*, avec lequel nous ferons plus tard connaissance.

V. 3° Principe : Il n'y a pas d'effet sans cause; ou : Rien ne se fait de rien. — La *cause* est ce qui produit quelque chose; l'*effet* est le produit de la cause. Lorsqu'on aperçoit de la fumée, on en conclut qu'il y a du feu en cet endroit; le bruit d'un coup de fusil ne permet pas de douter que quelqu'un ait employé cette arme.

La Bruyère (*Caractères*, ch. x) remonte, d'une façon charmante, de l'*effet* à la *cause* lorsque, voulant prouver qu'un peuple heureux est un peuple sagement gouverné, il nous peint un troupeau, insouciant du danger, « qui paît tranquillement le thym et le serpolet... » Pourquoi n'a-t-il rien à craindre? C'est que le berger veille sur lui. Voilà l'effet, voilà la cause.

Rien n'est avantageux comme de s'accoutumer à *aller des effets à la cause et de la cause aux effets;* soit dans les études : histoire, géographie, sciences naturelles, etc., soit dans les faits de la vie ordinaire. On y éprouve un peu la même satisfaction que celui qui découvre la source d'un fleuve ou d'un ruisseau. « Pourquoi les Romains ont-ils joui d'une si longue prospérité ? Quelles causes amenèrent leur décadence ? » Bossuet, et plus tard Montesquieu, ont mis tout leur génie à démêler cette intéressante question.

Inutile d'ajouter que *la cause est au-dessus de l'effet,* qu'elle en possède toutes les perfections. Le peintre est au-dessus du chef-d'œuvre qu'il a créé. Dieu est supérieur à l'univers, et renferme en lui toutes les beautés qu'il y a répandues.

VI. 4ᵉ Principe : Il y a une cause première de toutes choses; les autres causes sont des causes secondes. — La vraie cause première de tout ce qui existe, comme de tout ce qui arrive, c'est *Dieu;* tout le reste est un enchaînement de causes secondes, dépendant de la première.

Un coup de tonnerre détermine un incendie : le feu est la cause immédiate de cet accident, mais ce feu est produit par la foudre; celle-ci résulte du choc de deux nuages électrisés, lesquels n'obéissent qu'à Dieu, cause première des lois de la nature.

Mᵐᵉ de Sévigné, parlant de la mort inattendue de Turenne, frappé hors du champ de bataille par un boulet perdu : « Ce boulet, dit-elle, était chargé de toute éternité. » Raisonner ainsi c'est être bon philosophe.

VII. 5ᵉ Principe : Poser une cause, c'est en poser les effets directs et indirects. — Je laisse ouverte la porte de ma cage : adieu au pinson que j'y avais renfermé.

Thérèse donne l'exemple de la charité à sa compagne qui l'imite, et qui à son tour peut être imitée : Thérèse est la cause de tout le bien qui sera l'effet de son bon exemple.

Voltaire a posé, par ses pernicieux ouvrages, la cause des désordres innombrables qui en ont été le fruit : il porte le poids de toutes ces iniquités. « Qui sème le vent recueille la tempête. »

VIII. **6e Principe : Qui veut la fin veut les moyens.** — La *fin* est le but vers lequel un acte est dirigé ; les *moyens*, ce par quoi on arrive à ce but. Vouloir l'un sans vouloir les autres, c'est sortir du sens commun. Un malade qui demande le médecin a pour fin de recouvrer la santé ; par là même, il accepte les moyens d'arriver à ce but, savoir : la consultation et les remèdes prescrits. — Qui veut aller à Paris ne se fixe pas à Bordeaux.

Il y a *ordre* lorsqu'on met les moyens en harmonie avec la fin ; et *désordre* lorsqu'on fait le contraire. L'enfant qui prétend obtenir des prix sans s'adonner au travail n'est pas dans l'ordre ; le laboureur qui ensemence son champ au temps voulu est, au contraire, dans cette bonne voie, parce qu'il assortit les moyens à la fin.

Dire que *la fin justifie les moyens*, c'est énoncer un *faux principe*, condamné par la morale. Louis XI se proposait une noble fin, celle d'agrandir et d'élever la monarchie française ; mais il a souvent employé, pour atteindre ce but, des moyens déloyaux et cruels : l'histoire ne le lui a pas pardonné.

IX. **Comment diviser l'étude de la philosophie ?** — *Je pense, donc je suis*, disait Descartes. Ce mot simple et profond nous indique les objets principaux de la philosophie.

1° *Je pense* : donc j'ai une âme, car ce n'est pas mon corps qui pense. L'étude de cette âme s'appelle **psychologie**.

2° En disant : *Je pense, donc je suis*, je découvre une vérité, et je satisfais par là à un besoin instinctif de mon âme qui cherche le *vrai*. La science du vrai ou la **logique** dirigera cette précieuse tendance.

3° *Je suis*, ou j'existe : donc il y a au-dessus de moi

un être qui m'a donné l'existence : c'est Dieu. La théodicée est la science de Dieu.

4° Enfin, *Je suis*, ou j'existe pour atteindre un but, qui ne peut être que le *bien* : il faut donc que je possède une règle propre à me conduire vers ce but. Cette règle est renfermée dans l'étude de la **morale**.

De là, quatre parties principales dans la philosophie : 1° *Psychologie*; 2° *Logique*; 3° *Théodicée*; 4° *Morale*.

Exercices pratiques oraux ou écrits.

— *Philosophie* signifie *amour de la sagesse* et de la science en général : justifier, par quelques raisons de bon sens, cette étymologie.

— *Sages* de l'antiquité et *philosophes* célèbres?

— Comment, en nous faisant connaître *Dieu et l'âme*, la philosophie éclaire-t-elle toutes les sciences?

— Cette science ne répond-elle pas à un besoin inné de l'homme, qui aime à *se rendre compte des choses*?

— Faire *un peu de philosophie* sur une question historique : *Guerres médiques*, conquêtes d'*Alexandre* ou de *Napoléon*; sur une question géographique : Pourquoi telle industrie dans tel pays? (*Question de cause.*)

— Contre quel principe de raison pèche cette assertion : *Toutes les religions sont bonnes*?

— Quel *principe* explique la persévérance des savants et des inventeurs, en dépit des obstacles qu'ils rencontrent?

— Montrer, par un exemple, que *pour tarir les effets il faut arrêter ou supprimer la cause*.

— La Bruyère a dit, de son livre des *Caractères*, qu'il a pour but *de rendre l'homme raisonnable et plus proche de devenir chrétien*. Ne peut-on pas en dire autant de la philosophie bien comprise?

PSYCHOLOGIE

LEÇON II

EXISTENCE ET NATURE DE L'AME

SOMMAIRE

I. Idée générale de la psychologie.
II. Le corps et l'âme.
III. Le physique et le moral.
IV. Les trois vies dont nous disposons.
V. Certitude de l'existence de l'âme.
VI. Nature de l'âme.
VII. Notre âme est spirituelle.
VIII. Notre âme est immortelle.
IX. Conclusion : l'âme supérieure à toute la création matérielle.

I. **Idée générale de la psychologie.** — La *psychologie*, selon l'étymologie même du mot, *est la science de l'âme.*

Chacun devrait, pour ainsi dire, connaître sans étude l'âme que Dieu lui a donnée, et qui est la plus noble partie de son être. Mais ce chef-d'œuvre, où le Créateur a imprimé sa propre image, est ignoré du grand nombre, au moins sous plus d'un rapport. Le miroir nous a dès longtemps rendu familiers les traits de notre visage; il est temps de nous rendre compte aussi : 1° de l'*existence* et de la *nature* de notre âme; 2° des magnifiques ressources ou *facultés* dont elle est douée.

Cette science *grandit*, dans le sens vrai du mot,

parce que la *grandeur* qu'elle nous donne à nos propres yeux est fondée sur la vérité. *Connais-toi toi-même*, disaient les philosophes anciens à ceux qui voulaient acquérir la sagesse : excellent conseil, que l'étude de la psychologie met en pratique.

II. **Le corps et l'âme.** — Notre corps est une substance *matérielle :* nous le voyons, nous le touchons ; il est soumis à toutes les lois de la matière, et, comme elle, il tombera un jour en dissolution. Notre âme est un *esprit :* nous ne pouvons en constater l'existence, ni par nos yeux, ni par nos mains, ni par aucun de nos sens ; mais seulement par les actes qu'elle accomplit, car notre âme agit.

Ce n'est d'ailleurs ni le corps séparé de l'âme, ni l'âme séparée du corps qui constituent l'homme, mais *l'union intime de ces deux substances.* L'âme a été créée pour vivre dans un corps ; et si, par sa nature, celui-ci est inférieur à l'âme, il ne faut pas moins en admirer la merveilleuse structure. Nulle part, dans la création matérielle, Dieu n'a si justement proportionné les moyens avec la fin.

« Le jeu des organes, dit Bossuet, y est aussi aisé que ferme. A peine sentons-nous battre notre cœur, nous qui sentons les moindres mouvements du dehors. Les artères vont, le sang circule, toutes les parties s'incorporent leur nourriture, sans troubler notre sommeil, sans distraire nos pensées, sans exciter tant soit peu notre sentiment, tant Dieu a mis de règle, de proportion, de délicatesse et de douceur dans de si grands mouvements. » (*Traité de la connaissance de Dieu et de soi-même.*)

Et Fénelon : « Notre corps est une boue, mais une boue travaillée de main divine. »

III. **Le physique et le moral.** — A la différence des anges, qui sont de purs esprits, l'homme est donc esprit et corps. Il fallait, dans la magnifique harmonie de la création, cet être intermédiaire, tenant à la fois du monde spirituel et du monde matériel.

On dit *le physique* et *le moral*, pour désigner ce qui a trait au corps ou à l'âme : la beauté physique, par exemple, d'un individu, d'une race, n'a rapport qu'à la pureté des lignes du visage, à la bonne grâce du corps; la beauté morale porte sur les qualités de l'âme, c'est-à-dire de l'esprit et du cœur.

Il y a *influence réciproque du physique sur le moral*. Quand le corps souffre, l'âme elle-même, si elle ne réagit, demeure accablée; est-il alerte et dispos, elle se sent aussi plus de vigueur. De même, les joies et les peines du cœur ont infailliblement leur écho dans l'être corporel; les émotions se peignent sur le visage. Une belle âme transforme pour ainsi dire le corps.

IV. Les trois vies dont nous disposons. — Notre propre expérience nous fait aisément distinguer *trois vies*, qui se mêlent l'une à l'autre dans toutes nos actions.

1º Boire, manger, dormir, se promener, sont des faits de la **vie animale**, de celle qui nous est commune avec la bête. Ces *actes nécessaires* ne doivent être pris que comme des *moyens*, et non comme la *fin* de notre existence.

2º Penser, raisonner, étudier : autant d'actes qui nous révèlent une vie plus élevée que la précédente, la **vie intellectuelle**, celle de créatures raisonnables pouvant dépasser la matière.

3º Accomplir le bien ou le mal, en vertu de la liberté que Dieu nous a laissée, constitue une troisième vie, la **vie morale**.

Ces deux dernières vies indiquent nécessairement un autre principe d'action que notre corps, et ce principe, c'est *l'âme*.

V. Certitude de l'existence de l'âme. — Il se rencontre, même dans nos sociétés civilisées, des hommes dépravés par la passion, qui osent affirmer qu'il n'y a ni âme, ni Dieu, et que *tout est matière*. La vie animale leur suffit, et ils trouvent commode, pour vivre à leur guise, de soutenir cette absurde théorie.

Distinguons, en dehors des *matérialistes* de toute nuance, les *positivistes*, non moins répréhensibles dans leurs affirmations : pour eux, il n'y a de réels que les *faits corporels*, tombant sous les sens ; ils rejettent comme dépourvus de *positif* ceux qui sont inaccessibles à la raison. « Je ne crois pas à l'âme, disait le chirurgien matérialiste Broussais ; car je ne l'ai jamais trouvée au bout de mon scalpel. » Et un chimiste de la même secte : « Je croirai à l'existence de l'âme, quand j'en aurai découvert une au fond de ma cornue. »

Ces raisonneurs à faux vivent cependant de la vie intellectuelle : ils pensent, ils jugent ; mais ils voudraient nous persuader que le cerveau, logé dans le crâne, est le siège de la pensée et qu'il la produit, tout comme la nourriture produit le sang par le travail de la digestion. Répondons-leur hardiment que le corps ne peut donner ce qu'il n'a pas, c'est-à-dire la pensée, laquelle, n'étant pas corporelle, vient d'une cause plus élevée que le corps, à savoir de notre âme. C'est ce qu'exprime très bien Louis Racine :

> Je pense. La pensée, éclatante lumière,
> Ne peut sortir du sein de l'épaisse matière.
> J'entrevois ma grandeur : ce corps lourd et grossier
> N'est donc pas tout mon bien, n'est pas moi tout entier.
> Quand je pense, chargé de cet emploi sublime,
> Plus noble que mon corps un autre être m'anime...
> Ces deux êtres, liés par des nœuds si secrets,
> Séparent rarement leurs plus chers intérêts :
> Leurs plaisirs sont communs, aussi bien que leurs peines.
> L'âme, guide du corps, doit en tenir les rênes.

VI. Nature de l'âme. — Notre âme n'est pas composée de parties, comme sont les substances matérielles : bois, fer, liquides, gaz, etc. : on peut diviser ces substances, les diminuer, les augmenter, en évaluer le poids, les dimensions. Impossible de faire cela pour l'âme : prendre *la moitié, le quart d'une pensée* ; prêter une couleur, une forme, un poids à un sentiment, sont des choses tellement insensées, qu'elles feraient sourire un enfant.

Or, à des propriétés ou à des *effets différents*, correspondent des *causes différentes* ; donc notre âme n'a aucun rapport de substance avec la matière : elle est simple et immatérielle. De là découlent les deux propriétés qui font sa grandeur : **spiritualité et immortalité.**

VII. Notre âme est spirituelle, c'est-à-dire qu'elle est *esprit*, et douée par conséquent de ce qui est le privilège des esprits : de *sentiment*, d'*intelligence* et de *volonté*. Rappelons-nous, pour nous en convaincre, ce qui est dit de la création du premier homme : « Dieu souffla sur sa face une respiration de vie. » Ce souffle de Dieu, qui est l'âme humaine, doit ressembler à son principe et en porter les principaux traits.

VIII. Notre âme est immortelle. — 1° La raison nous démontre cette vérité. Qu'est-ce en effet que la mort ? C'est une séparation, une dissolution de parties ; mais comment ce qui est simple et non composé de parties pourrait-il se dissoudre et mourir ? De plus, l'âme est douée d'intelligence et de volonté : c'est ce qui la constitue, tout ainsi que le cœur, la tête, les membres constituent le corps ; donc l'âme immortelle conservera à jamais son intelligence et sa volonté, qu'elle exercera avec plus de perfection encore, étant délivrée des entraves du corps.

2° Le témoignage du genre humain confirme cette croyance à l'immortalité. Les anciens honoraient après leur mort les grands hommes, dont ils faisaient des dieux, des demi-dieux et des héros ; ils évoquaient les morts et leur offraient des sacrifices. Ces pratiques, universellement répandues dans les religions païennes, attestent que partout on croyait à la survivance des âmes, auxquelles les poètes donnaient pour partage les châtiments du *Tartare* ou les joies des *Champs-Élysées*. La même foi à l'immortalité se retrouve chez les peuples modernes, étrangers au christianisme, ainsi que l'attestent, non seulement les missionnaires, mais un grand nombre de voyageurs.

Or, sur une vérité si importante, qui naturellement

échappe à nos sens, et qui loin de favoriser nos passions tend à les réprimer, ce consentement unanime est une preuve très puissante.

3° **Mais Dieu ne pourrait-il anéantir l'âme?** — Disons d'abord qu'aucune puissance créée n'a ce pouvoir, parce que, pour anéantir, il est besoin de la même force que pour créer. L'homme qui ne crée rien n'anéantit rien non plus : il ne fait que bouleverser. Dieu, absolument parlant, pourrait détruire l'âme : mais étant données sa *sagesse*, sa *bonté* et sa *justice*, il lui est *impossible de le vouloir*.

La *sagesse de Dieu* a fait toutes choses de manière à leur conserver leurs propriétés naturelles. La lumière doit briller, elle brille ; le feu doit tendre en haut, il y tend ; l'âme est de sa nature immortelle : Dieu infiniment sage ne lui enlèvera pas cette prérogative.

L'homme a un vif désir du parfait bonheur ; ce désir est tellement constant et naturel, que nul ne peut s'en défendre : d'où il faut conclure que Dieu lui-même l'a mis en nous. Or il est évident que le parfait bonheur n'existe pas sur la terre. Si donc l'âme est anéantie, elle n'aura jamais l'accomplissement de ce désir : Dieu ne mènerait donc pas sa créature à sa fin ; il ne ferait que la tourmenter vainement, ce qui répugne à sa *bonté* infinie.

Enfin, il est certain que ni le vice n'a son châtiment, ni la vertu sa récompense dans la vie présente. Donc, il y aura une vie future ; autrement Dieu ne serait pas *juste*.

IX. Conclusion : l'âme supérieure à toute la création matérielle. — Chaque créature humaine possède pour trésor une âme spirituelle et destinée à l'immortalité. Cette âme tient de la nature de Dieu, et surpasse par conséquent l'univers en grandeur ; car l'univers périra, il n'est qu'un reflet du Créateur, et ne participe pas à sa nature.

Voici la *gradation* qu'on ne devrait jamais perdre de vue, dans l'estimation des êtres créés par rapport à notre âme et à Dieu. L'ordre inférieur de la nature, le règne minéral, est au service du règne végétal; celui-ci est pour le règne animal; tous trois sont faits pour la vie corporelle de l'homme : le corps pour l'âme, et l'âme pour Dieu.

Telle est la *dignité de l'âme humaine*. Un père de famille, grand chrétien, disait à ses enfants : « Mes enfants, il y a dans ce monde deux classes d'hommes : ceux qui mettent le corps avant l'âme, ce sont les plus nombreux; et ceux qui mettent l'âme avant le corps, voulant avant tout assurer son bonheur en ce monde et en l'autre. »

Exercices pratiques oraux ou écrits.

— Lorsqu'on distingue entre elles l'*éducation physique*, l'*éducation intellectuelle* et l'*éducation morale*, n'indique-t-on pas par là même les trois vies dont nous disposons?

— *O Dieu! quel hymne je viens de chanter à ta gloire!* s'écriait Galien, médecin de l'antiquité, après avoir disséqué un cadavre en présence de ses disciples. Cette parole n'est-elle pas frappante dans la bouche d'un païen?

— « Si les hommes connaissaient leur âme, dit le P. Gratry, ils aimeraient Dieu et ils s'aimeraient les uns les autres... *L'âme s'ignore elle-même.* » La *psychologie* opère cette révélation : dire comment?

— Tirer quelques applications pratiques de ce conseil de Montaigne : « Ce n'est pas une *âme*, ce n'est pas un *corps* qu'on dresse dans l'*éducation*, c'est *un homme;* il ne faut pas les dresser l'un sans l'autre. »

LEÇON III

FACULTÉS DE L'AME. — SENSIBILITÉ

Sensibilité physique. — Sensibilité intellectuelle et morale.

SOMMAIRE

I. Ce qu'on entend par facultés de l'âme.
II. Les trois facultés : sensibilité, intelligence, volonté.
III. Leur but commun.
IV. La sensibilité. Ses deux formes.
V. 1° Sensibilité physique : Sensations.
VI. Comment les sensations arrivent à l'âme.
VII. Valeur morale des sensations.
VIII. 2° Sensibilité intellectuelle et morale : sentiments.
IX. Variété des sentiments ; leur commune origine.

I. **Ce qu'on entend par facultés de l'âme.** — L'âme, fille de Dieu par sa nature, possède à ce titre d'admirables pouvoirs qui achèvent de la marquer à l'image de son Créateur. Ces *pouvoirs* ou *facultés* de l'âme sont les *aptitudes dont elle dispose pour accomplir certains actes ou pour éprouver certaines modifications.*

Je combine, par exemple, le plan d'une partie de plaisir en un jour de vacances : que de pensées se croisent dans mon esprit ! Émotions, désirs, raisonnements, résolutions arrêtées, vue anticipée des choses que je souhaite ; ces actes, et bien d'autres qui se succèdent en moi, témoignent des ressources variées que mon âme possède.

II. **Les trois facultés : sensibilité, intelligence, volonté.** — Cette multitude d'actes auxquels se livre l'esprit rentrent dans trois genres de faits d'où découlent tous les autres. Je puis *sentir, connaître* et *vouloir*. Remontant aux causes qui produisent ces effets, je conclus que l'âme possède trois facultés principales : la **sensibilité**, l'**intelligence** et la **volonté**.

1° *Ces facultés sont distinctes.* Impossible de confondre le sentiment de l'*amour filial* avec le travail qu'accomplit l'esprit pour résoudre un *problème d'arithmétique*, non plus qu'avec l'acte de la volonté qui, devant un commandement, prononce : *je veux* ou *je ne veux pas*.

2° Cependant *elles ne sont pas séparées*. L'âme tout entière, simple et une, passe dans chacun des actes qu'elle produit, mais en laissant telle ou telle de ses facultés dominer les autres. — Je souffre d'un mal de dents : ici, la sensibilité est surtout en jeu ; cependant l'intelligence ne reste pas inactive, elle réfléchit aux moyens de soulager ce mal, tandis que la volonté décide ou rejette l'exécution de ces moyens. On peut raisonner de même sur tous les faits dont l'âme est le théâtre.

III. Leur but commun. — Chacune des facultés contribue, quoique d'une manière différente, à l'accomplissement de la destinée humaine. L'*intelligence* est faite pour *le vrai*, et elle le poursuit ; la *sensibilité* recherche *le beau* ; la *volonté* trouve sa satisfaction dans *le bien* : ce qui revient à dire que toutes, si on ne les fait dévier de leur but, aspirent à Dieu, qui est vérité, beauté et bien infinis.

Mais pour que ces puissances se développent et réalisent le plan divin, il faut des soins et des labeurs : l'âme, pas plus que le corps, n'atteint sans travail sa pleine maturité. L'éducation des peuples, comme celle des individus, consiste dans le développement harmonique de ces trois facultés ; autre est la civilisation qui favorise de préférence le bien-être et le luxe, autre celle qui s'attache avant tout à former les âmes.

Il est à remarquer que plus les facultés sont *équilibrées*, plus l'âme s'épanouit en œuvres parfaites : la sensibilité ne tire pas tout à elle aux dépens de l'intelligence, celle-ci se garde d'étouffer la volonté. S'agit-il de productions littéraires, on verra, chez notre grand Racine, par exemple, ce que peut produire l'accord si rare de la sensibilité la plus exquise et d'une raison toujours sûre d'elle-même; J.-J. Rousseau, au contraire, dut à une sensibilité exaltée les erreurs et les fautes de sa vie.

IV. **La sensibilité. Ses deux formes.** — La *sensibilité* est la *faculté que l'âme possède de jouir ou de souffrir*, d'éprouver du *plaisir* ou de la *douleur*. Ces deux mots, plaisir et douleur, n'ont besoin d'aucune définition; car *vivre*, c'est *sentir* : il suffit donc de vivre pour expérimenter les deux effets opposés de la sensibilité.

Je jouis de me trouver près d'un bon feu, lorsque la bise souffle au dehors; je souffre si la porte, en se fermant, m'écrase le doigt. Mais je jouis d'une manière plus élevée en voyant revenir à la santé un père ou une mère tendrement aimés; de même que je souffrirais autrement de leur perte que d'une contusion ou d'une chute.

La sensibilité prend donc *deux formes*. Tantôt elle est mise en jeu par les organes des sens et produit les *sensations* : c'est la *sensibilité physique*; tantôt elle a sa source dans l'intelligence et dans le cœur, et produit les *sentiments* : c'est la *sensibilité intellectuelle et morale*.

La première, de beaucoup inférieure en dignité, se développe plus tôt que la seconde. L'enfant au berceau n'a d'autre faculté en partage que la *sensibilité physique* : il ne peut ni connaître, ni vouloir, ni éprouver de sentiments; mais il peut souffrir ou jouir dans son corps, ce qu'il témoigne par ses pleurs et ses ris inconscients.

V. **Sensibilité physique; sensations.** — On appelle *sensation* l'*impression* agréable ou désagréable que l'âme éprouve à la suite de l'*action des corps sur les sens.*

Nous avons *cinq* sens : la *vue*, l'*ouïe*, l'*odorat*, le *goût* et le *toucher*, dont les *organes* sont les *yeux*, les *oreilles*, le *nez*, la *langue* et les *mains*. Ce ne sont pas les organes qui éprouvent la sensation, mais l'âme avec laquelle ils communiquent. L'œil fermé, je puis encore avoir la sensation de ce que j'ai vu ; de même, un amputé ressent des douleurs qu'il rapporte au membre dont il est privé.

La faim, la soif, le bien-être ou le malaise du corps appartiennent également à la sensibilité physique, mise en jeu par les organes intérieurs.

VI. Comment les sensations arrivent à l'âme. — Un merveilleux instrument, le *système nerveux*, sert de transmetteur unique à la variété comme infinie des impressions dont notre être physique est capable. On peut comparer cette transmission incessante à l'envoi d'un *télégramme*. L'objet extérieur ou intérieur qui frappe un de nos organes fait la fonction de la *pile* ; l'organe frappé est l'*appareil manipulateur* qui envoie la dépêche ; le sens de l'âme correspondant à l'organe est l'*appareil récepteur* ; enfin le nerf ébranlé joue le rôle de fil conducteur.

Il y a quelquefois impression sans que cela produise de sensation ; c'est le cas de la paralysie. L'inverse a lieu dans le rêve, où nous éprouvons des sensations qui ne correspondent à aucune impression extérieure.

La distraction ou l'habitude détruisent ou diminuent la sensation : l'horloge vient de sonner près de moi, et je demande quelle heure il est, n'ayant entendu aucun son ; l'oreille a cependant fait sa fonction, mais l'âme n'a pas répondu à cet avertissement.

VII. Valeur morale des sensations. — Les sens, sagement gouvernés, nous procurent des jouissances voulues de Dieu, qui, dans sa bonté, a créé des biens divers pour le corps et pour l'âme. Ce qui est beau et gracieux, dans les personnes et dans les choses, flatte agréablement la vue ; le chant des oiseaux, le parfum des fleurs et les spectacles variés de la nature délectent les sens ; il en est de même des chefs-d'œuvre de l'art. Ce sont là autant de sourires de notre Père des cieux : il faut garder purs ces plaisirs providentiels, en s'élevant plus haut que la jouissance prise en elle-même.

Eugénie de Guérin connaissait bien ce secret : « Je suis heureusement née, écrivait-elle, pour habiter la campagne... Si bien des choses nous manquent ici, celles dont nous jouissons sont bien douces, et j'en bénis Dieu tous les jours. Tous les jours, je me trouve heureuse d'avoir des bois, des eaux, des prés, des moutons, des poules qui pondent, de vivre enfin dans mon joli et tranquille Cayla...

« A mon réveil, j'ai entendu le rossignol, mais rien qu'un soupir, un signe de voix. J'ai écouté longtemps, sans jamais entendre autre chose ; c'était comme le premier coup d'archet d'un grand concert. Tout chante ou va chanter... »

Quant aux *sensations désagréables*, aux douleurs physiques, elles ne sont pas toutes nuisibles, et il ne faut pas les fuir d'instinct. L'animal n'a pas d'autre règle que de rechercher ce qui flatte ses sens, et de repousser ce qui les blesse ; mais l'homme, doué de raison, ne peut agir ainsi. Il doit supporter certaines douleurs et s'imposer des privations, soit pour conserver la santé, soit pour tenir le corps sous la dépendance de l'âme.

VIII. **Sensibilité intellectuelle et morale ; sentiments.** — Ce ne sont plus les sens qui mettent ici l'âme en mouvement ; c'est l'intelligence et le cœur, produisant, sous le nom de *sentiments*, ces émotions variées qui se succèdent en nous, et qui donnent le branle à notre volonté.

Nous parlions tout à l'heure, à propos de la sensibilité physique, du plaisir et de la douleur ; les sentiments font plutôt naître la *joie* ou la *tristesse*. Cette distinction est passée dans le langage usuel : on a du plaisir à savourer des fruits délicieux ; mais on éprouve une *joie* intime à les partager, ou même à s'en priver pour en faire don à quelque personne chère; l'extraction d'une dent cause de la douleur, et l'on appelle *tristesse* la peine que laisse au cœur un deuil de famille.

Une *différence* profonde existe donc entre la *sensation* et le *sentiment*. Un esprit ordinaire peut avoir, grâce à la constitution physique de ses organes, des sensations très vives; mais les sentiments élevés sont le privilège des âmes heureusement douées, âmes vivantes et vibrantes, capables, pour l'ordinaire, d'accomplir de grandes choses.

IX. **Variété des sentiments; leur commune origine.** — « La mer, dit Bossuet, n'a pas plus de vagues quand elle est agitée par les vents, qu'il ne naît de pensées différentes de cet abîme sans fond, et de ce secret impénétrable du cœur de l'homme. » Suivons-nous nous-même pendant une heure seulement; c'est comme un flux et reflux perpétuel de désirs ou de craintes, d'ennuis ou de joies, de sympathies ou d'antipathies.

Ce *va-et-vient* des sentiments qui s'entre-croisent, et la lutte morale qui en peut résulter, ont été admirablement rendus par nos grands poètes, Corneille, Racine : rôle d'Auguste dans *Cinna*; d'Hermione, dans *Andromaque*; de Néron, dans *Britannicus*, etc.

Tous les hommes d'ailleurs ne sont pas affectés de la même manière, en présence d'un même fait. Il n'y a qu'une géométrie : deux et deux feront toujours quatre; mais dans le domaine des sentiments, quelle diversité, au sein même du vrai! Voici un incendie, ou une tempête sur mer, ou un splendide lever de soleil, ou enfin un acte public de dévouement; parmi les témoins de ces faits, les uns seront profondément émus, les autres le seront moins : ceux-ci verront les choses en artistes; ceux-là en savants ou en profonds penseurs; d'autres resteront froids et impassibles.

On peut néanmoins, en s'étudiant soi-même, constater que ces sentiments si divers découlent de quelques *inclinations* ou penchants innés, qui existent chez tous les hommes. Ce sont : 1° les *inclinations personnelles;* 2° les *inclinations sociales;* 3° les *inclinations supérieures.*

Exercices pratiques oraux ou écrits.

— Signaler le rôle de chacune des *facultés de l'âme* dans la *lecture d'une belle page,*... dans une *partie de jeu,*... dans un *danger* imprévu et imminent,... etc.

— Demeurer dans la *sensation,* est-ce remplir le but de Dieu ? « L'homme doit sans cesse remonter du dehors au dedans, vers ce qui est plus haut que nous : du corps à l'âme, de l'âme à Dieu. » (*P. Gratry.*)

— Une vive *sensibilité* chez l'enfant est-elle de bon augure ?

— Les *pessimistes* et les *optimistes* ne sont-ils pas également outrés dans leurs sentiments ? Inconvénients de chacun de ces excès.

— Différence entre *s'étourdir* et *se consoler,* lorsqu'on est sous le poids de la douleur : quels remèdes offrir alors à la sensibilité ?

LEÇON IV

SENSIBILITÉ (SUITE)

Inclinations personnelles. — Inclinations sociales.

SOMMAIRE

I. Inclinations personnelles : 1° Appétits ou besoins corporels.
II. 2° Besoins ou inclinations de l'âme.
III. Inclinations sociales en général.
IV. 1° Philanthropie, sympathie.
V. 2° Amitié; ses conditions.
VI. 3° Affections de famille.
VII. 4° Patriotisme.

I. **Inclinations personnelles.** — 1° **Appétits ou besoins corporels.** — Les inclinations *personnelles* ont pour fin notre propre avantage, soit qu'elles recherchent les biens du *corps*, soit qu'elles aient en vue ceux de l'*âme*.

On comprend sous le nom d'*appétits ou besoins corporels* tout ce qui tend à satisfaire l'*instinct de conservation* que la Providence a départi aux êtres doués de sensibilité : besoin des aliments qui réparent les forces, besoin de repos et de mouvement, besoin d'exercer les sens, etc. Ces inclinations, bonnes en elles-mêmes, doivent être réglées par la volonté, en vue d'un bien meilleur que le contentement naturel qui s'y trouve attaché. « Il faut manger pour vivre, et non pas vivre pour manger, » répétait, avec une comique admiration, l'Harpagon de Molière, pour donner raison à son avarice : ce mot n'en renferme pas moins une vérité élémentaire, s'appliquant à toutes les satisfactions des sens.

A côté de ces *inclinations ou penchants légitimes*, beaucoup se créent des *besoins factices*, plus ou moins funestes, et toujours encombrants dans la vie, parce que l'habitude les rend impérieux et tyranniques. De là, les exagérations du luxe, du confortable, l'abus des liqueurs fortes, etc. Les Orientaux se perdent par l'opium, dont ils se font une nécessité.

L'industrie, avec toutes ses merveilleuses productions, est née des besoins corporels de l'homme : d'abord de ses besoins indispensables, pour s'abriter, se vêtir, se nourrir; puis de cette tendance innée qui le porte à faire toujours mieux, afin d'arriver au meilleur et au plus agréable.

II. 2° **Besoins ou inclinations personnelles de l'âme.** — Les inclinations personnelles de l'âme se résument dans l'*amour de soi* ou *amour-propre*, source comme inépuisable de sentiments, ainsi qu'il est facile de le constater. Que de rêves, que d'angoisses, que de combinaisons et de démarches, en vue de ce bonheur que tout notre être réclame, parce qu'en effet nous sommes créés pour cette fin ! — Il y a un *bon* et un *mauvais amour-propre*.

Le *bon amour-propre* est celui qui nous pousse à sauvegarder notre *vraie dignité*, celle de créatures raisonnables et intelligentes. Il fait naître et développe en nous le sentiment de l'*honneur*, avec ses nobles fiertés : « Plutôt la mort que la souillure... Qui peut vivre infâme est indigne du jour...; » le sentiment d'une louable *émulation* : « Pourquoi ne pourrais-je pas, en fait de vertu, d'application au travail, de réussite dans telle branche d'études, etc., ce que peuvent ceux-ci ou celles-ci ? » le sentiment de l'*ambition*, qui se propose d'aller haut et loin dans le bien : de là sortent les héros et les saints; le sentiment d'une saine *curiosité*, par laquelle on cherche à s'instruire, pour se grandir soi-même afin de remplir plus largement sa tâche ici-bas.

Le *mauvais amour-propre* n'est autre que *l'égoïsme* sous toutes ses formes. Ce mot vient du pronom latin *ego, je,* parce que l'égoïste tourne perpétuellement dans le cercle du *moi,* et ne voit rien au delà de sa personne; ce qui, entre parenthèse, dénote un esprit borné. Chez lui, toutes les inclinations personnelles dégénèrent en mauvaises tendances : l'amour de la vie devient *lâcheté;* la dignité personnelle se tourne en *orgueil;* l'émulation en *jalousie;* et ces inclinations plus élevées, qui nous portent au delà de nous-mêmes, vers nos semblables ou vers Dieu, diminuent ou s'éteignent.

La Rochefoucauld, dans ses *Maximes,* a tristement exagéré cette vérité : que le mauvais amour-propre contrefait parfois la vertu. Selon lui, « l'amitié, la reconnaissance, la modestie, la libéralité, ne sont qu'un commerce où l'amour-propre a toujours quelque chose à gagner. » Cela est faux : le cœur de l'homme, le cœur du chrétien surtout, peut s'élever à la vraie, et même à la sublime vertu, en dépit du mauvais amour-propre.

III. **Inclinations sociales en général.** — Les inclinations sociales, que l'on nomme aussi *affections,* sont celles qui nous attirent vers nos semblables.

Dieu a donné à tous les êtres qui composent la grande famille humaine cet *instinct de sociabilité;* la *misanthropie* ou haine des hommes est un sentiment contre nature. « Le plus grand plaisir de l'homme, c'est l'homme lui-même, » a dit Bossuet. Non seulement notre vie matérielle, mais plus encore notre vie morale a besoin de ce contact et de cet échange mutuel que nous procure la société de ceux qui nous entourent. Le prisonnier n'a pas de plus dure privation que l'isolement cellulaire, et l'on doit souvent le lui adoucir, dans la crainte qu'il n'en perde la raison ou la vie.

Il est vrai que les peuples sont souvent en guerre les uns contre les autres; que certaines tribus sauvages se montrent féroces envers les étrangers, et qu'enfin des haines particulières existent d'individu à individu; mais ce sont là des déviations de la nature humaine : le principe premier demeure.

IV. 1° **Philanthropie; sympathie.** — L'*amour de l'humanité* en général se nomme *philanthropie :* c'est une tendance qui nous porte à nous intéresser au bien de nos semblables, sans même les connaître. « Je suis homme; rien de ce qui tient à l'homme ne m'est étranger, » a dit, il y a longtemps, le poète païen Térence. — Montecuculli, l'adversaire de Turenne, rendait à la louange du héros ce magnifique témoignage : « Il est mort aujourd'hui un homme qui faisait honneur à l'homme; » oubliant ainsi toute nationalité et toute vue de parti, pour ne songer qu'à l'humanité, glorifiée dans l'illustre général.

C'est sur ce penchant naturel et instinctif que le christianisme a greffé un autre amour plus fort : la charité, dont le propre est de se sacrifier afin d'obliger le prochain.

La *sympathie*, inclination plus particulière que la précédente, nous met, comme à notre insu, en harmonie d'impression avec nos semblables. L'enfant au berceau éprouve déjà cette tendance : il rit ou il pleure, selon qu'il voit rire ou pleurer autour de lui. Ce besoin, l'homme l'étend jusqu'aux animaux : il sympathise aisément avec eux, et en général avec tout ce qui a, ou paraît avoir sentiment et vie : personnages de théâtre, héros de romans, êtres imaginaires que l'on se crée par ses lectures. Ces sympathies indiscrètes peuvent devenir funestes; de là l'importance du choix à faire dans tout ce qui provoque ce genre d'inclination.

Le mot *sympathie* désigne encore, par opposition à l'*antipathie*, un attrait naturel qui nous porte vers telle ou telle personne, de préférence à d'autres.

La *pitié*, la *compassion*, l'*admiration*, le *respect*, l'*estime* : autant de sentiments qui découlent de la disposition que nous venons d'étudier.

V. 2° **Amitié : ses conditions.** — Le cœur de

l'homme a besoin des douceurs de l'amitié. Un *ami* est *un autre soi-même*, avec lequel on ne peut garder de secret, parce que tout est commun : joies et peines, jouissances et privations. « L'ami fidèle, dit la sainte Écriture, est une forte protection; celui qui l'a trouvé a trouvé un trésor : ni l'or, ni l'argent ne sont à comparer à la sincérité de sa foi. »

La véritable amitié suppose certaines *conditions* : 1º la *prudence* dans le choix : on ne peut donner le nom d'amitiés à des relations nouées à la hâte, sans connaissance ni estime mutuelles; 2º il faut que la *vertu* et non l'intérêt en soit la base; ainsi s'aimaient saint Basile et saint Grégoire de Nazianze lorsque, jeunes étudiants à Athènes, ils se portaient l'un l'autre vers le bien; 3º chacun doit, par une *bienveillance réciproque*, vouloir donner à son ami tout ce qu'il a, afin que le bien de l'un soit celui de l'autre, selon ce que dit Cicéron : *Ou l'amitié trouve l'égalité déjà faite, ou elle la fait,* en supprimant les distances.

On connaît les vers si bien sentis de La Fontaine sur l'amitié :

> Qu'un ami véritable est une douce chose !
> Il cherche vos besoins au fond de votre cœur,
> Il vous épargne la pudeur
> De les lui découvrir vous-même :
> Une ombre, un rien, tout lui fait peur,
> Lorsqu'il s'agit de ce qu'il aime. (*Les deux Amis.*)

VI. 3º Affections de famille. — C'est au sein de la famille que les inclinations sociales trouvent avant tout à s'exercer; sans la famille, le cœur humain ne pourrait jamais s'élever à l'amour des autres hommes. L'affection des *parents* pour leurs *enfants*, de ceux-ci pour leurs parents, et des *frères et sœurs* entre eux, tient tellement aux fibres les plus intimes de la *nature*, que l'on nomme *dénaturés* les êtres qui s'en affranchissent.

De plus, ces inclinations sont *désintéressées :* la vraie mère aime son enfant pour lui-même, et plus qu'elle-même. L'amour filial porte également en soi ce caractère d'abnégation. Il est à remarquer toutefois que l'amour qui descend et s'incline vers l'être inférieur est plus fort que celui qui remonte à un être plus élevé. Les parents aiment donc plus qu'ils ne sont aimés; et Dieu le permet ainsi parce que, dans l'ordre ordinaire des choses, les enfants doivent les quitter pour remplir la carrière que la Providence leur assigne.

VII. 4° **Le patriotisme.** — Entre la famille et la grande société humaine se trouve la *patrie* ou *pays de nos pères*. Une inclination puissante et comme indestructible attache à leur patrie tous « les cœurs bien nés », qui regardent comme un blasphème cette détestable maxime : « Là où l'on est bien, là est la patrie. »

Le toit paternel et le sol natal ne constituent pas la patrie, quoiqu'ils lui prêtent le charme le plus doux. L'*unité de territoire, de race, de lois, de langue*, non plus que les *intérêts communs*, ne disent même pas tout ce que ce mot renferme : il y a, au-dessus de tout cela, ce qu'on pourrait appeler *l'âme de la patrie*, c'est-à-dire l'union de tous les compatriotes dans les mêmes sentiments, dans les mêmes volontés, en vue du bien commun. L'amour de la patrie se nourrit des traditions d'honneur que lui ont léguées ses âges glorieux; il se retrempe même dans le souvenir de ses défaites, qu'il voudrait pouvoir venger; car l'idée de *sacrifice* est intimement liée au *sentiment patriotique*.

A ne regarder que nous-mêmes, nous devons plus à notre famille qu'à notre patrie, et plus à notre patrie qu'à la société humaine. Toutefois, comme l'intérêt particulier doit céder à l'intérêt général, nous comprenons la parole échappée au grand cœur de Fénelon : *J'aime mieux ma famille que moi-même; j'aime mieux ma patrie que ma famille; mais j'aime mieux le genre humain que ma patrie.*

Exercices pratiques oraux ou écrits.

— Comment entendre ce dicton populaire : *Charité bien ordonnée commence par soi-même?*

— Fénelon a dit : « La *curiosité* des enfants est un penchant de la nature qui va au-devant de l'instruction. » Comment tirer parti de cet instinct, et comment en éviter les écueils ?

— Y a-t-il une *bonne* et une *mauvaise ambition* ? Exemples.

— Montrer la vérité de cette maxime : *Ne vivre que pour soi, c'est être déjà mort.*

— Quelles sont les *inclinations* salutaires que l'étude de l'*histoire* cultive et développe ? Comment le fait-elle ?

— Rappeler quelques traits de l'histoire sainte relatifs à l'amitié de *David et de Jonathas*. Y appliquer les caractères de la vraie amitié.

— Les *meilleurs conseils* ne sont pas ordinairement les *plus agréables* : pourquoi ?

— On a dit très délicatement : *Lorsque mon ami rit, c'est à lui à m'apprendre la cause de sa joie ; lorsqu'il pleure, c'est à moi à découvrir la cause de son chagrin.* Quels sentiments se révèlent dans cette manière d'agir ?

— *L'exilé partout est seul !* Rappeler la page bien connue de Lamennais sur ce texte touchant.

— Quel tort ferait à ses élèves un professeur d'histoire qui dissimulerait les *défaites* de la patrie ?

LEÇON V

SENSIBILITÉ (SUITE)

Inclinations supérieures. — Les passions.

SOMMAIRE

I. Inclinations supérieures; leur objet.
II. 1er Sentiment ou amour du vrai.
III. 2° Sentiment ou amour du beau.
IV. Le beau, le joli, le sublime.
V. 3° Sentiment ou amour du bien.
VI. 4° Sentiment religieux.
VII. Les passions; comment elles naissent des inclinations.
VIII. Bonnes et mauvaises passions.
IX. Responsabilité des passions; leur rôle.
X. Conclusion sur la sensibilité.

I. Inclinations supérieures; leur objet. — Les inclinations *supérieures* ont pour objet le *vrai*, le *beau* et le *bien*; elles se résument, et viennent toutes se confondre dans le *sentiment religieux* ou l'amour de Dieu, parce que Dieu seul peut satisfaire complètement ces inclinations dont il a doté l'âme humaine.

II. 1° Sentiment ou amour du vrai. — Ce sentiment se révèle dès le jeune âge. « *Est-ce vrai?* » demande l'enfant, au cours de l'*histoire* qu'on lui raconte, comme s'il comprenait que *le vrai seul* mérite de provoquer l'intérêt. Nous n'aimons naturellement ni à tromper, ni à être trompés, et le *mensonge* ne se produit que parce qu'une passion, plus forte que l'amour de la vérité, dérobe au menteur l'odieux de ce vice.

Lorsqu'on commence à goûter les plaisirs de la pensée, on se détache insensiblement des satisfactions mesquines ou malsaines de la sensibilité inférieure; le cœur, aussi bien que l'esprit, s'affectionne au vrai. *Chercher la vérité*, même au prix des plus grands efforts, devient un plaisir : qu'est-ce donc de la trouver ! L'élève qui a réussi une composition, un problème, goûte en petit la joie délicate du savant, dont les labeurs viennent d'aboutir à quelque importante découverte.

Archimède, fou de bonheur, s'écriait par les rues de Syracuse : *Eurêka! Je l'ai trouvé!* parce qu'il avait résolu le problème du poids spécifique des corps.

Augustin Thierry, le restaurateur des études historiques au XIXe siècle, se voua à de tels labeurs pour rendre la vérité aux premiers siècles de notre histoire, qu'il y perdit la vue et la santé. « Voilà ce que j'ai fait, disait-il en rappelant ses travaux excessifs, et je le ferais encore, si j'avais à recommencer ma route. Aveugle et souffrant sans espoir et presque sans relâche, je puis rendre ce témoignage qui, de ma part, ne sera pas suspect : il y a quelque chose qui vaut mieux que les jouissances matérielles, mieux que la fortune, mieux que la santé elle-même, c'est le dévouement à la science. ».

L'illustre *Pasteur* commença, très jeune encore, à goûter cette inexprimable satisfaction qui jaillit de la vérité trouvée. On raconte que, vers l'âge de vingt-deux ans, observant, au cours d'une expérience sur les sels, une loi très importante et jusque-là inconnue, il fut pris d'une telle émotion de bonheur, qu'il quitta tout hors de lui le laboratoire, saisi d'un tremblement dont il ne pouvait se défendre.

Combien plus encore la soif de la vérité est-elle satisfaite, lorsqu'elle peut s'étancher à la source infinie qui est Dieu! C'est l'occupation des saints de la terre; ce sera celle des saints du ciel. « Je comprends, dit Bossuet, que, ravis de ce divin exercice de connaître, d'aimer et de louer Dieu, ils ne le quittent jamais, et qu'ils éteignent pour le continuer tous les désirs sensuels. »

III. 2° Sentiment ou amour du beau. — L'amour du beau ou *sentiment esthétique* est l'inclination qui nous attire vers ce qui est *beau*, et nous fait repousser le *laid*.

Le beau est la splendeur du vrai : cette définition, attribuée à Platon, signifie que le vrai seul peut nous charmer réellement ; lorsqu'il nous apparait comme vivant et lumineux, nous nous sentons en présence du *beau*, et *nous admirons*. Le jeune Thucydide, saisi de ce sentiment, pleurait, en entendant Hérodote lire aux Jeux Olympiques son *Histoire de la Grèce*, où l'image de la patrie lui apparaissait dans son idéale beauté : de ce jour, il fut historien. L'émotion du beau provoque en effet à l'imitation : *Et moi aussi je suis peintre !* s'écria le Corrège à la vue d'un tableau de Raphaël.

Si la passion ou l'ignorance ne nous trompaient trop souvent, le *faux* nous semblerait toujours *laid*, et nous nous en éloignerions d'instinct. Du moins, devons-nous savoir que l'admiration du beau, l'*enthousiasme*, est un sentiment précieux à cultiver, parce qu'il est très salutaire ; l'âme, a-t-on pu dire, devient belle en admirant le beau :

> Le beau, c'est vers le bien un sentier radieux ;
> C'est le vêtement d'or qui le pare à nos yeux
> (*Brizeux.*)

Mais *où trouver ce beau* qui donnera des ailes à notre âme, et lui procurera de si pures jouissances ? Il n'est pas loin de nous ; Dieu l'a mis à notre portée : plus l'âme est pure, plus elle le rencontre aisément. La *nature* le présente partout à nos regards ; non seulement dans ses grands spectacles : le ciel étoilé, les montagnes, l'océan, les forêts, mais jusque dans la plus humble fleur et dans l'insecte aux ailes diaprées. Sans doute, l'artiste et le poète sauront exprimer mieux que personne le sentiment provoqué par ces merveilles ; cependant la satisfaction de les goûter demeure, même à ceux qui n'ont pas leur génie ; il suffit pour cela de lire le nom de Dieu à travers les œuvres de la création.

La *beauté morale* complète la beauté physique. C'est

peu qu'un beau visage, s'il n'a pour lui que le charme des traits extérieurs, et s'il ne reflète pas la beauté de l'âme, c'est-à-dire la *vertu*, et surtout la *bonté*. Cette beauté morale, nous la trouvons donc dans l'auréole que donne la vertu, et aussi dans les productions du génie, lorsqu'il s'inspire aux sources pures. La *simplicité* en est la marque suprême.

IV. Le beau, le joli, le sublime. — Le *beau proprement dit* tient le milieu entre le joli et le sublime. Le beau, en *poésie*, c'est *Homère, Sophocle, Racine*; dans la *peinture, Raphaël; Mozart* dans la *musique*; et, dans la nature, la baie de Naples ou quelque site alpestre.

Le *joli* offre moins de grandeur et de puissance : la fleur, l'oiseau sont surtout jolis; en *poésie*, les genres inférieurs, la *fable*, par exemple, s'en tiennent à cette qualité moyenne.

Le *sublime* dépasse toutes les mesures : *Eschyle, Corneille, Bossuet, Michel-Ange* en ont atteint les hauteurs. La nature a aussi son sublime: sublime de puissance dans l'océan en fureur; sublime de grandeur dans les sommets neigeux de l'Himalaya ou des Andes.

V. 3° Sentiment ou amour du bien. — L'homme est porté à aimer le *bien*, qui n'est autre que la vertu, et à détester de la même force le *mal moral* ou le vice. Et cependant, malgré cet amour instinctif du bien, que de créatures humaines courent au mal! combien accomplissent comme par force leur tâche idéale, qui serait de toujours faire le bien! Mais cette ivraie, fruit de la chute originelle, n'empêche pas que le bon grain primitif ne subsiste encore, et que la *vertu* ou le *bien accompli* ne soit l'attrait le plus délicieux de toute âme droite et honnête, ainsi que nous le verrons plus amplement, en étudiant la morale.

VI. 4° Sentiment religieux. — L'homme a besoin de Dieu, et ne trouve qu'en lui le plein contentement des aspirations supérieures de son âme. Ni le savant, ni l'artiste, ni même le saint, ne sont complètement satisfaits de leurs œuvres et de leurs efforts. Un idéal plus élevé, qui n'est autre que l'*infini*, les remplit sans cesse de nouveaux et plus ardents désirs.

> Je ne puis, malgré moi l'infini me tourmente...

disait Alfred de Musset, dans la fougue de ses plaisirs.

Le sentiment de la divinité est tellement gravé dans le cœur humain, que les tribus les plus sauvages ont leurs autels et leur religion. La *crainte*, le *respect* et l'*amour* sont les formes principales que revêt ce sentiment, suivant les conceptions que les hommes se font de Dieu, regardant surtout sa puissance et sa justice, ou ne considérant que sa bonté. Lorsqu'il règne vraiment dans l'âme, il donne à toutes les autres aspirations leur ampleur et leur développement, et devient par là même la source d'une joie intime dont l'expérience seule peut donner l'idée.

VII. Les passions; comment elles naissent des inclinations. — Les passions, dans le sens particulier où nous prenons ce mot, sont de *violents mouvements de l'âme qui la portent vers un objet ou qui l'en détournent*. C'est ainsi que l'on dit : la passion de l'envie, de la colère; la passion de la musique, des voyages, etc.

Elles naissent des inclinations, et n'en sont qu'une forme différente, d'où il suit que chacun porte en soi le germe de toutes les passions. Mais tandis que l'inclination est calme et permanente, la passion est *impétueuse*, et généralement *passagère* comme une crise. Plusieurs inclinations existent en nous sans se faire tort mutuellement ; la passion veut *tout pour elle*, et absorbe les autres tendances ; l'avare, par exemple, ne voit plus que son trésor.

L'habitude, *l'imagination*, un *plaisir souvent répété*: telles sont les causes les plus ordinaires qui transforment l'inclination en passion.

VIII. Bonnes et mauvaises passions. — Les passions ne sont pas toutes condamnables; loin de là.

C'est surtout des *inclinations personnelles* : appétits corporels et amour-propre, que naissent les *mauvaises passions*. Elles peuvent aller jusqu'à dégrader l'homme, et à lui faire perdre sa dignité de créature raisonnable.

Les *bonnes et nobles passions* découlent des *inclinations supérieures*; ce sont elles qui soulèvent l'âme, qui donnent au poète et à l'orateur leurs accents les plus émus, qui inspirent les grands dévouements et les poussent jusqu'à l'héroïsme. O'Connell, Montalembert, Garcia Moreno, Lamoricière et tant d'autres, dont nous saluons les noms avec fierté, étaient possédés de ces saintes passions.

On dit avec raison que le cœur humain n'a au fond que deux passions, l'*amour* et la *haine*, parce que toutes se réduisent à ces deux sortes, et que toujours la passion aime ou repousse l'objet qui la produit.

IX. Responsabilité des passions; leur rôle. — Les passions, n'étant pas des lois de la nature, sont plus ou moins *notre œuvre*. On ne doit donc ni excuser, ni légitimer les passions mauvaises, sous prétexte qu'on n'en est pas responsable : c'est là de la morale de roman ou de théâtre faite pour lâcher la bride à tous les désordres.

Il est certain néanmoins que contenir ou régler les passions n'est pas chose facile. Bossuet conseille de ne pas prendre de « droit fil » une passion que l'on veut corriger, l'ambition par exemple, mais d'agir de ruse, lui substituant, s'il se peut, une passion inoffensive. Ainsi fit saint François Xavier, passionné pour la gloire humaine, et qui, converti par saint Ignace, donna pour objet à son ambition démesurée la conquête des Indes au christianisme.

Est-ce un malheur d'avoir des passions? — Non. Une âme sans passions est une montre sans ressort; elle sera nulle dans l'action. Les maux et les biens sortent, il est vrai, de cette source; mais de même que les éléments, l'eau, l'air, le feu, nous servent ou nous affligent, sans que nous songions à les supprimer pour cela : ainsi devons-nous raisonner à l'égard des passions, et en tirer tout le profit qu'elles nous peuvent donner.

X. Conclusion sur la sensibilité : son influence dans la vie; ses avantages et ses dangers. — Cette riche faculté embellit ou attriste la vie, selon la direction qui lui est donnée. Nous sommes portés à voir toutes choses, même nos plus importants devoirs, à travers nos goûts et nos aversions : « Cela me plaira-t-il ? Cela me déplaira-t-il ? » En suivant ce courant de l'instinct, nous détournerions notre sensibilité du rôle que la Providence lui a départi. Sa grande force étant d'*aimer* ou de *haïr*, elle a pour mission de nous ouvrir le chemin du devoir, en nous faisant aimer ce qu'il commande, et détester ce qui nous en détourne.

On est d'ailleurs plus ou moins doué sous le rapport de la sensibilité, comme sous celui de l'intelligence : est-il à désirer d'être riche en ce point ?

Un *cœur sensible*, un *bon cœur*, comme on dit vulgairement, semble au premier abord plus fait pour souffrir qu'un *cœur insensible*. Celui-ci, par le vice de sa nature, échappe en effet à une foule de peines que ressentent seuls les bons cœurs : pour lui, il n'existe guère ni bonheur ni malheur. Fontenelle, qui vécut cent ans, dut peut-être en partie cette longévité au système qu'il s'était imposé de s'éviter toute émotion, de ne jamais rire ni pleurer, et de ne se point attendrir sur les maux d'autrui. Dieu nous préserve d'allonger à ce prix notre existence !

Il est évident qu'un cœur sensible se trouve à tout instant en contact avec le bonheur ou avec le malheur : sa nature vivante et complète lui fait goûter délicieusement les plaisirs et les joies; il ressent très vivement ses propres chagrins, aussi bien que ceux de ses amis. Mais cette compassion même lui procure une satisfaction intime et délicate, qu'il ne voudrait sacrifier à aucun prix.

Ce n'est pas l'*émotion* proprement dite qui constitue le *bonheur* : elle peut l'accompagner, mais elle ne lui est pas essentielle. Il n'y a donc aucun profit à exciter, en soi ou dans les autres, une certaine *sensibilité nerveuse*, exagérée, toute en dehors, et toujours avide de nouvelles secousses. « Les plaisirs simples, dit Fénelon, sont moins vifs et moins sensibles, il est vrai, mais ils donnent une joie égale et durable, sans aucune suite maligne : les autres, au contraire, sont comme les vins frelatés, qui plaisent d'abord plus que les naturels, mais qui altèrent la santé. »

Ernest Hello, analysant le roman de *Paul et Virginie*, critique à bon droit « cette prose sentimentale, bonne à faire pleurer sur un canapé une femme en toilette qui s'ennuie :

— « Eh! levez-vous donc, madame! Soyez sûre qu'il y a dans votre voisinage des douleurs vraies à consoler, des œuvres vraies à soutenir. Soyez sûre que dans votre voisinage quelqu'un travaille pour faire quelque chose, quelqu'un poursuit un but, quelqu'un a une volonté. Quand vous avez pleurniché avec un philosophe humanitaire, êtes-vous plus disposée à aider ceux qui travaillent? Vous n'êtes plus seulement capable de vous soulever, il vous faut un oreiller de plus sous la tête; et comment en serait-il autrement?... »

Ainsi, le *mauvais usage de la sensibilité* produit, entre autres désordres, l'*ennui*, qui tourne aisément à une mélancolie dangereuse. Alors on se jette dans la *dissipation*, parce que, ne trouvant rien en soi qui agrée, on espère rencontrer dans des amusements ou dans des lectures frivoles de quoi compenser ce que l'on a perdu.

Exercices pratiques oraux ou écrits.

— Pourquoi est-il dangereux de remplir l'esprit des enfants d'histoires de *revenants* et de *fantômes*?

— Montrer l'abus que l'on fait parfois des expressions : *beau*, *sublime*, appliquées un peu à tout; et, d'autre part, l'absurdité de certaines épithètes : *gentil*, *drôle*, *insensé*, etc., que l'on ose employer pour qualifier le beau, le sérieux et le grand.

— « L'enthousiasme, dit Mme de Staël, est de tous les sentiments celui qui donne le plus de bonheur. » — « C'est un signe de médiocrité d'esprit que d'être incapable d'enthousiasme. » Justifier ces deux assertions.

— Être *impressionnable*, et croire qu'on est *raisonnable* : cela se voit-il? Comment le reconnaît-on?

— Les beaux-arts ne doivent-ils pas développer le *sens du beau*, sous peine de manquer leur but? N'est-ce pas d'après ce principe que Mgr Dupanloup donnait le conseil suivant : « De l'histoire et non des dates; de la *musique* et non des *sons*; des idées et non des mots. »

— Commenter ce mot de Balmès : « *Les passions, bons instruments, mais mauvaises conseillères.* » Elles disent, comme l'enfant gourmand : « *Donnez-m'en trop!* »

— « Je poursuis la jouissance, dit le *Faust* de Gœthe, et dans la jouissance je regrette le désir! » Relever ce trait de la passion.

— Comment la passion de l'*orgueil* peut-elle tourner à bien?

— La *mélancolie* : Y a-t-il une mélancolie légitime et salutaire? — Caractères de la mélancolie *malsaine*? Quels écrivains l'ont acclimatée en France au XIXe siècle?

— « La poésie est à la fois l'*exercice*, la *joie* et la *sauvegarde* de la jeunesse. » (*Martha*.)

LEÇON VI

INTELLIGENCE

Trois groupes de facultés intellectuelles. — De l'attention.

SOMMAIRE

I. L'intelligence, privilège de l'homme.
II. Les trois groupes des facultés ou ressources de l'intelligence.
III. Les idées et les pensées. Importance de cette question.
IV. L'attention; ses différentes formes : observation, réflexion.
V. Nécessité de l'attention.
VI. Défauts opposés, ou obstacles à l'attention.
VII. Puissance de l'attention dans les œuvres de l'esprit.
VIII. Rôle de l'attention dans la vie pratique.

1. **L'intelligence, privilège de l'homme.** — L'*intelligence* (*intelligere*, *comprendre*), appelée aussi *entendement*, est la *faculté que notre âme possède de connaître*, c'est-à-dire *d'avoir des idées, de penser*.

En étudiant la sensibilité, nous avons dit quelle jouissance apporte à l'âme le contentement de ses inclinations les plus élevées; or c'est par l'intelligence que nous parvenons à la *connaissance du vrai, du beau et du bien*, objets de ces tendances supérieures.

Par elle, l'homme se distingue de *l'animal*, lequel peut sentir et souffrir, mais est incapable d'avoir une pensée ni de porter un jugement. L'homme au contraire, même le plus dénué, possède ce pouvoir, et c'est en cela que résident sa grandeur et sa supériorité. « Il n'est, selon la forte expression de Pascal, qu'un roseau, mais un *roseau pensant*. Et quand même l'univers l'écraserait, l'homme serait encore plus noble que ce qui le tue, parce qu'il sait qu'il meurt, et l'avantage que l'univers a sur lui, l'univers n'en sait rien. Toute notre dignité consiste donc dans la pensée. »

II. Les trois groupes des facultés ou ressources de l'intelligence. — *Avoir des idées, penser :* telle est la fonction propre de l'intelligence. Il est évident d'ailleurs que cette faculté comporte des degrés très divers : les grands esprits, les hommes de génie, les élèves doués de moyens extraordinaires, sont, sous ce rapport, plus riches que le commun des mortels ; mais ceci n'altère nullement ce qui en constitue l'essence.

On peut ranger en *trois groupes* les diverses ressources ou facultés de l'intelligence : 1° Les unes, *perception* et *raison*, concourent à l'acquisition des idées ; 2° les autres, *mémoire* et *imagination*, à la conservation des idées ; 3° d'autres enfin, au travail ou élaboration des idées, en vue d'arriver au *jugement* et au *raisonnement*.

Expliquons d'abord ce qu'il faut entendre par ce terme d'*idée*, et posons la *condition essentielle au fonctionnement de l'intelligence*, à savoir l'*attention*.

III. Les idées et les pensées. Importance de cette question. — L'idée est la *représentation d'une chose dans l'esprit*, ainsi que l'indique le mot lui-même, qui signifie *forme, apparence.* Lorsque nous regardons une fleur, un paysage, un tableau, ou lorsqu'on nous dépeint une chose quelconque, il s'en forme en nous une image, et comme une sorte de *vue intérieure.*

Si nous mettons en rapport les unes avec les autres les *idées* qui sont dans notre esprit, nous formons des *pensées*, que nous pouvons exprimer par la parole. Ces deux termes d'ailleurs se prennent souvent l'un pour l'autre, dans le langage ordinaire ; et l'on dit d'une *pensée*, aussi bien que d'une *idée*, qu'elle est *vraie, claire, gracieuse, sublime* ; ou au contraire *fausse, obscure, triviale,* etc.

Cette question des idées, de leur acquisition, de leur

développement, a une importance capitale. « Ce sont les idées qui mènent le monde, » a-t-on pu dire; ce sont elles aussi qui mènent les individus, puisque chaque homme n'agit que sous l'impulsion de quelque idée. Ce n'est pas d'en avoir plus ou moins qui importe surtout; c'est d'y mettre le choix, la clarté et la vie. Lorsque le *sentiment* s'unit à une *idée* forte et puissante : celles de *patrie*, d'*honneur*, de *religion*, par exemple, la volonté est capable de grandes choses.

IV. L'attention; ses différentes formes : observation, réflexion. — L'attention (*ad tendere, tendre vers*) est comme le regard de l'âme; on peut la définir : *la direction de l'esprit sur un objet et sa concentration sur cet objet afin de le mieux connaître*. Pour être vraiment attentif, il faut le vouloir, ce n'est pas un acte instinctif; on y doit dépenser de l'énergie, puisqu'il s'agit de ramasser pour ainsi dire toutes ses forces intellectuelles, et de les lancer vers un même but.

Lorsque l'attention s'applique aux choses extérieures, elle se nomme **observation**. On observe la constitution d'une plante, d'un animal, un phénomène de la nature, etc. C'est une heureuse disposition, que de savoir ainsi regarder et observer; l'instruction et l'éducation y peuvent beaucoup profiter : on apprend mille choses en se jouant.

Si l'attention nous replie plutôt vers nous-mêmes, elle devient la **réflexion**. L'esprit, ayant butiné au dehors par l'observation, travaille au dedans sur ces matières, afin d'en tirer de justes aperçus. *Méditer* a presque le même sens; c'est une réflexion plus approfondie, et s'appliquant surtout à l'avenir : on médite sur ce qu'on doit faire. Enfin, *contempler*, c'est encore réfléchir, mais avec un sentiment d'admiration qui fait disparaître l'effort : ainsi on contemple les grandes vérités éternelles, et, dans l'ordre matériel, les beautés de la création.

V. Nécessité de l'attention. — L'attention est la *condition essentielle de tous les actes de l'intelligence*.

A quoi nous servirait ce magnifique pouvoir de connaître, si nous étions incapables de fixer notre esprit par l'attention? Une personne inattentive regarde sans voir, écoute sans entendre, étudie sans comprendre ; on la croirait dépourvue d'intelligence, tandis que c'est surtout l'attention qui lui fait défaut.

Il est donc nécessaire d'apprendre dès le bas âge à *faire attention*, selon le mot si souvent répété à l'enfant ; car les dons naturels les plus remarquables s'annulent sans cette précieuse disposition, tandis qu'avec elle on possède une source toujours féconde d'idées et de sentiments. Les connaissances acquises au prix d'un plus grand effort d'attention sont les plus durables ; les gens qui ne peuvent appliquer leur esprit demeurent dans le médiocre. Un fou qui fait attention est un fou guérissable. « Cette qualité, dit Bossuet, rend les hommes graves, sérieux, prudents, et capables de grandes affaires. »

« Ne croyez pas, monseigneur, écrivait ce grand prélat au Dauphin son élève, ne croyez pas qu'on vous reprenne si sévèrement pendant vos études pour avoir simplement violé les règles de la grammaire en composant. Il est sans doute honteux à un prince, qui doit avoir de l'ordre en tout, de tomber dans de telles fautes ; mais nous regardons plus haut quand nous en sommes si fâché, car nous ne blâmons pas tant la faute elle-même que le *défaut d'attention* qui en est la cause.

« Ce défaut d'attention vous fait maintenant confondre l'ordre des paroles ; mais si nous laissons vieillir et fortifier cette mauvaise habitude, quand vous viendrez à manier, non plus les paroles, mais les choses mêmes, vous en troublerez tout l'ordre. Vous parlez maintenant contre les règles de la grammaire : alors vous mépriserez les préceptes de la raison. Maintenant vous placez mal les paroles, alors vous placerez mal les choses : vous récompenserez au lieu de punir, vous punirez quand il faudra récompenser ; enfin, vous ferez tout sans ordre, si vous ne vous accoutumez dès votre enfance à tenir votre esprit *attentif*, à régler ses mouvements vagues et incertains, et à penser sérieusement en vous-même à ce que vous avez à faire. »

VI. **Défauts opposés, ou obstacles à l'attention.** — Les deux principaux obstacles à l'attention sont la *distraction* et la *préoccupation*.

1° **La distraction** (*distrahere*, séparer) attire l'esprit hors de l'objet auquel il devrait s'appliquer. Que ce soit par paresse ou par vanité, par légèreté ou par étourderie, le résultat est le même : rien de sérieux ne se produit dans une âme distraite, elle n'est qu'effleurée, jamais atteinte.

Il est vrai que des hommes de génie, La Fontaine, Ampère, etc., sont restés célèbres par leurs distractions dans les choses de la vie; mais le terme est impropre ici : ils étaient plutôt absorbés par une pensée supérieure, que distraits et éparpillés comme le sont les esprits légers. « Ceux-ci, dit Balmès, laissent tomber à terre, comme choses de rebut, l'or et les pierres précieuses, tandis que les esprits attentifs tiennent note des moindres paillettes et les recueillent. »

2° La préoccupation (*præ occupare, devancer, prendre auparavant*) oppose à l'attention un autre genre d'obstacle. Lorsque la place est déjà prise, et que la tête est remplie d'une multitude de pensées étrangères à l'objet présent, impossible d'avoir sur cet objet aucune idée durable; se mettre à étudier dans une telle disposition est chose inutile. Il faut, pour se préserver de cet écueil, prendre chaque occupation une à une, en son temps (*age quod agis : faites ce que vous faites*), sans vouloir toujours déborder sur ce qui n'est plus ou sur ce qui n'est pas encore.

VII. Puissance de l'attention dans les œuvres de l'esprit. — Non seulement l'attention est indispensable au développement des facultés intellectuelles, mais sa puissance est telle qu'on peut la regarder comme la *compagne* inséparable *du génie* et le *secret de la force humaine*. Toutes les grandes œuvres, toutes les découvertes marquantes sont nées du travail de l'attention et de la réflexion.

Lorsqu'on demandait à Newton comment il avait découvert le grand principe de la gravitation : « En y pensant toujours, » répondait-il. Et l'on sait comment la simple observation d'une pomme tombant à terre, lui ouvrit la voie à ces sublimes théories. C'est en réfléchissant sur l'effet produit par deux verres rapprochés, que Galilée découvrit le télescope. Le même savant se laissa un jour absorber en suivant les oscillations d'une lampe suspendue à la voûte de la cathédrale de Pise : de cette remarque attentive, il tira les importantes lois du pendule.

Cela ne veut pas dire que l'attention suffit pour découvrir la vérité; il y faut joindre les dons de l'intelligence; mais elle en centuple les ressources. On peut la comparer au microscope, qui permet d'étendre comme à l'infini le champ des observations sur ce qui échapperait à l'œil nu : c'est ainsi que l'esprit attentif saisit les *nuances* et les *détails* et se remplit d'*idées nettes*, là où l'esprit léger ne voit qu'un bloc, d'où il ne tirera aucune pensée distincte.

VIII. **Rôle de l'attention dans la vie pratique.** — La puissance de l'attention ne s'étend pas seulement à la vie intellectuelle : elle influe considérablement sur la vie morale. L'habitude de ne prêter aux choses qu'une attention indécise, irréfléchie, empêche dans la pratique de rien conduire à bien.

S'agit-il de la *conversation*, la personne distraite y commet mille bévues; écoutant à peine, elle interrompt sans prendre garde, répond à contresens, et provoque de fâcheuses et inutiles discussions. Incapable de saisir une recommandation, un conseil, elle commet oubli sur oubli, et compromet ses plus graves intérêts. Les *manques d'attention* ne se pardonnent pas aisément dans les relations de société, tandis que l'urbanité et la courtoisie sont partout les bienvenues : or ces qualités si attrayantes naissent en partie de l'attention.

On sait d'autre part ce que valent, au foyer domestique, les *petites attentions*, c'est-à-dire cette vigilance affectueuse que chacun y dépense pour les autres, afin d'assurer le bonheur de tous. Mais les esprits distraits sont peu frappés des besoins et des maux d'autrui ; de sorte que la charité compatissante demande, elle aussi, une âme attentive et réfléchie.

L'attention, avons-nous dit, est une affaire de *volonté*; et comme on ne veut bien que ce qu'on aime, il est bon de se stimuler dans cette poursuite par la vue des résultats qui en découlent, et que nous venons de signaler. Pourquoi les sciences sérieuses, l'étude de la religion, par exemple, semblent-elles fastidieuses à de jeunes esprits inattentifs? C'est que la vérité, la belle et radieuse vérité qu'ils devraient y découvrir, leur reste voilée, par suite de leur irréflexion : ils errent aux abords, distraits et ennuyés, sans jamais entrer dans le sanctuaire où elle réside.

Exercices pratiques oraux ou écrits.

— Quelle part, absolument *personnelle*, reste à l'élève, même avec les meilleurs professeurs et les ouvrages classiques les plus parfaits?

— Comment peut-on développer l'*esprit d'observation*?

— « La pierre de touche d'un système d'éducation, c'est s'il produit le *pouvoir de penser*. » Déduire de là le but à poursuivre en étudiant, aussi bien qu'en enseignant.

— « Rien ne mûrit dans l'esprit sans la *réflexion*. » Pourquoi?

— Montrer la liaison qui existe entre *l'attention* et *la présence d'esprit*.

— *Légèreté* n'est-elle pas fille d'*irréflexion*?

— *Je n'y ai pas pensé!* Quelle disposition fâcheuse se révèle dans cette perpétuelle réponse de l'enfant léger et étourdi?

LEÇON VII

INTELLIGENCE (SUITE)

Acquisition des idées par la perception et la raison.

SOMMAIRE

I. De l'acquisition des idées en général.
II. Perception : la conscience, premier moyen de perception.
III. Les sens, second moyen de perception.
IV. Le goût et l'odorat.
V. Le toucher.
VI. L'ouïe.
VII. La vue.
VIII. La raison; caractère des notions qu'elle nous donne.
IX. Rôle de la raison.
X. Éducation de la raison.
XI. Sens commun et bon sens.

I. De l'acquisition des idées en général. — Le premier besoin de l'intelligence, faite pour connaître, c'est d'*acquérir des idées*. Elle le peut, grâce aux moyens d'action que la Providence lui a départis, qui sont la perception et la raison.

Nous percevons une foule d'idées, soit par ce qu'on appelle le *sens intime* ou la *conscience*, soit par nos *sens extérieurs*, sans lesquels l'intelligence serait plongée dans un éternel engourdissement. Mais cette première source de richesses, la *perception*, demeurerait insuffisante, si des notions d'un ordre supérieur ne nous étaient fournies par la *raison*, qui est, dans l'ordre naturel, le plus précieux don que Dieu ait fait à l'homme ici-bas.

II. Perception : la conscience, premier moyen de perception. — Le mot *conscience* se prend dans deux sens différents. Tantôt il désigne la voix intérieure qui juge nos actions, et nous laisse la joie ou le remords; tantôt il signifie cette connaissance intime que notre âme prend d'elle-même, et qui s'exprime en disant *qu'on a conscience de soi*[1].

Il est évident qu'avoir ainsi conscience de soi est la première condition pour connaître, c'est-à-dire pour exercer son intelligence. L'enfant, dans le premier âge, n'est pas encore en possession de ce pouvoir : il ne se rend pas plus compte de ce qu'il est ou de ce qu'il pense, que le chat avec lequel il joue. « Bébé s'est fait mal! Bébé veut cela! » Voilà son langage : il n'est encore qu'*un autre*, à la troisième personne. Le *moi* s'éveille peu à peu avec la réflexion; et alors commencent à germer les idées produites par la conscience : *Je veux, je pense, je sens, je me connais*; et celles-ci encore, qui renferment la *notion d'identité* : *J'étais moi hier, avant-hier, comme je le suis aujourd'hui.*

Ce témoignage de la conscience, d'une *certitude absolue*, sert de base à tous nos autres jugements; de plus, il est tout *personnel* : chacun a conscience de soi-même, mais nullement des autres, ni du monde extérieur.

On peut être *inconscient*, par suite de quelque maladie mentale; on l'est momentanément sous l'empire de la distraction ou de l'habitude, et il faut alors faire effort pour se ressaisir : mais cela n'empêche pas la loi de demeurer.

III. Les sens, second moyen de perception. — Les sens sont de puissants auxiliaires de la pensée, pourvu qu'ils dépassent la sensation. — J'aperçois une fleur *rouge* : j'ai la sensation de cette couleur; je flaire un bouquet de violettes : j'ai la sensation de ce *parfum*. Mais si *je* remarque que la couleur du coquelicot n'est

---

[1] C'est là ce que les philosophes appellent la *conscience psychologique*. Quant à la *conscience morale*, qui discerne entre le bien et le mal, nous en traiterons dans la leçon XIX.

pas celle du lys, et que la violette n'a pas le parfum de la rose, *la sensation devient perception* : je fais un usage actif de mes sens; ils travaillent à me donner des idées, à me faire porter des jugements.

Nos cinq sens suffisent admirablement pour mettre notre âme en relation avec les objets extérieurs. Tous néanmoins n'ont pas la même importance, quant aux notions qu'ils nous fournissent. En s'élevant du moins au plus, on peut les classer ainsi : *le goût et l'odorat, le toucher, l'ouïe, la vue.*

IV. Le goût et l'odorat. — Ces deux sens, intimement liés ensemble, nous donnent plus de sensations que de perceptions : ils font jouir ou souffrir, plutôt qu'ils n'instruisent. Les dégustateurs et les chimistes arrivent sans doute à une connaissance raffinée des saveurs et des odeurs; mais cet intérêt est d'un ordre spécial.

L'éducation à donner au *goût* est surtout préventive : il faut lui enlever toute délicatesse excessive, toute tendance aux excès.

« Tâchez, dit Fénelon, de faire à l'enfant un sang doux, par le choix des aliments et par un régime de vie simple. Que ses repas soient réglés, en sorte qu'il mange toujours aux mêmes heures, assez souvent, à proportion de son besoin... Qu'il ne mange rien de haut goût, qui l'excite à prendre au delà du nécessaire, et qui le dégoûte des aliments plus convenables à sa santé; qu'enfin on ne lui serve pas trop de choses différentes, car la variété des viandes qui viennent l'une après l'autre soutient l'appétit, après que le vrai besoin de manger est satisfait. »

L'*odorat* prévient le goût, et le porte à rechercher ou à fuir ce qui lui agrée ou ce qui lui répugne. Le renard de La Fontaine

... se réjouissait à l'odeur de la viande
Mise en menus morceaux, et qu'il croyait friande.

Ce sens est intimement lié à la *mémoire* et à l'*imagination;* un parfum éveille parfois une foule de souvenirs ; l'odeur de l'aubépine ou des foins coupés nous remet sous les yeux telle partie champêtre, tel paysage.

L'odorat excite la sensibilité et ne doit jamais être flatté outre mesure; les Orientaux se sont énervés par l'abus des parfums.

V. Le toucher. — Ce sens, répandu par tout le corps, nous donne les notions du *chaud* et du *froid*, des *surfaces polies* ou *rugueuses*; et, par la main, celles de la *résistance*, de l'*étendue*, de la *forme* et de la *solidité*.

La main, « merveilleux compas à cinq branches, » comme on l'a qualifiée, se moule sur les objets, saisit tous les contours, rend compte à notre esprit de la matière, si bien qu'un philosophe ancien, Anaxagore, a pu dire : « L'homme pense, parce qu'il a une main. » La faculté qu'a le pouce de s'opposer aux doigts, rend ce membre tellement différent des membres analogues chez les animaux les plus industrieux, que ce fait seul suffirait pour marquer la supériorité intellectuelle de l'homme. Et quelles merveilles, en effet, la main n'accomplit-elle pas : depuis les travaux manuels, plus spéciaux à la femme, jusqu'aux chefs-d'œuvre de l'art et de l'industrie!

Durant le *premier âge*, le *toucher* est le sens instructif par excellence : l'enfant porte la main à tout ce qu'il peut atteindre, et forme ainsi, non sans y attraper plaies et bosses, son petit savoir primitif. Plus tard, la vue supplée en partie au toucher, bien que ce dernier organe ait souvent à contrôler les perceptions douteuses des yeux, quant aux dimensions et aux formes. C'est sans doute pour perfectionner ce sens du toucher, et pour augmenter ses ressources que, dans tous les temps et chez tous les peuples, les enfants se sont plu à des jeux tels que celui de *colin-maillard*, qui les forcent à reconnaître par les mains, et les habituent à se conduire dans l'obscurité.

Le triomphe de cet exercice du toucher, c'est l'instruction des *sourds-muets* et des *aveugles*, rendue possible grâce au langage artificiel des doigts et de la main, inventé par l'abbé de l'Épée; les aveugles ont l'alphabet

Braille, en relief, et lisent avec les doigts. La charité ingénieuse est même parvenue à instruire de malheureux enfants sourds-muets et aveugles, en combinant avec une admirable patience les moyens propres à chacune de ces infirmités.

La Quinzaine du 1er décembre 1900 rapportait à ce sujet un fait bien digne d'être connu. « La jeune *Marie Heurtin*, frappée dès sa naissance de ce triple malheur, avait été recueillie en 1895, à l'âge de dix ans, dans un établissement religieux situé non loin de Poitiers. Privée de toute culture intellectuelle, cette pauvre petite apparut tout d'abord comme un monstre furieux. Une admirable éducatrice, la sœur Sainte-Marguerite, entreprit l'œuvre surhumaine de percer de telles ténèbres et d'arriver à l'âme de l'enfant. Ne pouvant utiliser que le *toucher*, elle parvint peu à peu à lui faire entrer dans l'esprit, d'abord les idées des objets ou les *substantifs*; puis leurs qualités ou les *adjectifs*; puis, par comparaison, des idées abstraites et spirituelles. Combinant ensuite l'alphabet mimé et celui des aveugles, la patiente maîtresse a vu son œuvre couronnée du plus beau succès : Marie *converse* dans les mains des nombreuses sourdes-muettes et des sœurs de l'établissement de Larnay, où la charité lui a donné une seconde vie, la vie intellectuelle. »

VI. **L'ouïe.** — L'ouïe et la vue sont les deux sens esthétiques : ce sont eux qui nous donnent la perception de la beauté, et qui produisent les idées les plus fécondes.

L'ouïe, en général, nous fait connaître le *son*; et, par la culture, nous apprend à en découvrir la *hauteur*, l'*intensité* et le *timbre*. Mais surtout, cette faculté d'entendre nous met en relation avec nos semblables : c'est le *sens social*, par lequel nous recueillons la voix humaine, « écho de l'âme, » si propre à nous charmer, qu'il n'y a peut-être pas d'infirmité plus triste que la surdité.

L'oreille permet à la fois de jouir et de s'instruire. C'est une jouissance que l'harmonie et la beauté du langage, de même que les sons discordants imposent une véritable souffrance. Le vers mesuré et tous les rythmes poétiques sont nés de ce besoin d'harmonie. Le son de la *voix parlée* doit être formé, tout aussi bien que celui de la *voix chantée*; car il y a aussi la *musique de la parole :* les moyens à employer à cet effet sont la lecture et la récitation.

La musique vocale ou instrumentale peut apporter à l'âme de très saines émotions. L'enfant y est déjà sensible; plus tard, il se plaira à retrouver dans les chants qui le berçaient autrefois, les fraîches impressions du matin de la vie. C'est donc chose salutaire de développer, durant la jeunesse, le sens musical.

Il est évident que la faculté d'entendre constitue la source principale de l'instruction; pour qu'elle produise tout son effet, on doit *apprendre à écouter,* tout aussi bien qu'on apprend à parler. « Celui qui sait écouter, disait Lavater, pourra réussir dans tout ce qui est à la portée de l'esprit humain. »

VII. **La vue.** — La vue nous donne la connaissance de la *lumière* et des *couleurs;* grâce à l'exercice et à l'habitude, elle juge aussi des *distances* et des *dimensions.* C'est en ce dernier point surtout qu'elle peut être cultivée; le *dessin* est la grande école de la vue : apprendre à dessiner d'après nature, c'est *apprendre à bien voir.*

Par une sorte de géométrie naturelle, les yeux envisagent à leur place respective les objets situés à différentes distances, tandis que, régulièrement parlant, nous devrions les voir sur le même plan, ainsi qu'on l'a constaté chez des aveugles subitement guéris. Les *erreurs* ou *illusions d'optique* ne sont que de faux jugements, que la raison et l'expérience redressent sans peine. Une longue allée parallèle *semble* se terminer en un point; une tour carrée, vue de loin, *paraît* ronde; des collines situées à l'horizon *ont l'air* de se confondre avec le ciel : mais, comme dit La Fontaine :

Mon œil ne me nuit point par son illusion;
 Mon âme, en toute occasion,
Développe le vrai caché sous l'apparence.
 Je ne suis point d'intelligence
Avecque mes regards, peut-être un peu trop prompts...
Quand l'eau courbe un bâton, ma raison le redresse :
 La raison décide en maîtresse.
    (*Un animal dans la lune.*)

On peut dire que la vue, c'est le *tact prolongé :* là où la main ne saurait atteindre, elle s'élance en un instant, et touche en quelque sorte le sommet des montagnes ou la voûte étoilée. Les instruments d'optique augmentent encore son champ d'observation, soit dans le monde des astres, soit dans le domaine des infiniment petits. Ainsi nous ouvre-t-elle le grand livre de la nature, où notre regard rencontre sans cesse les vestiges du Créateur, sa pensée, l'image de sa beauté, de sa grandeur : *sens éducatif,* par conséquent. *Sens artistique* aussi : c'est de lui que relèvent l'architecture, la sculpture, la peinture; c'est aux images perçues par la vue que la poésie doit ses plus beaux ornements.

VIII. **La raison.** — **Caractère des notions qu'elle nous donne.** — On peut définir la raison : *la faculté de comprendre,* c'est-à-dire de *connaître le pourquoi et le comment des choses.*

Il est certain que nous possédons des *notions innées,* indépendantes des sens, et même de la conscience, laquelle ne peut que constater ce qui se passe en nous. Telles sont les idées de *cause,* d'*infini,* de *parfait,* de *vrai,* de *bien;* d'où nous tirons les principes fondamentaux qu'on appelle *données de la raison* ou *vérités premières,* par opposition aux vérités acquises. Les unes règlent plutôt la pensée; les autres, la conduite pratique [1] :

Tout ce qui est doit avoir une fin.

Le tout est plus grand que sa partie.

Les corps existent dans le lieu; ils sont réciproquement impénétrables.

Il faut aimer ce qui est bon et faire ce qui est juste.

Il faut affirmer ce qui est vrai.

Ne fais pas à autrui ce que tu ne voudrais pas qu'on te fît à toi-même.

Il est mal d'agir contre sa conscience.

La vertu mérite une récompense.

---

[1] Nous avons donné et expliqué, dans la leçon Ire de cet ouvrage, quelques-uns de ces principes.

Ces **principes de raison** possèdent deux caractères particuliers : ils sont *universels* et *immuables*. Partout et toujours l'humanité les a affirmés : ils n'ont jamais eu de commencement et ne cesseront jamais d'être, pas plus que la vérité qui est Dieu. C'est le patrimoine de tous, la lumière des intelligences, leur point de contact et leur rendez-vous ; en sorte que l'accord régnerait toujours parmi les hommes, si chacun se plaçait sincèrement sur le terrain de la raison, sans avoir égard aux passions qui cherchent à les en détourner. « Avec ceux qui contestent les principes, on ne discute pas, » disaient les anciens philosophes.

IX. **Rôle de la raison.** — La raison doit tenir, dans l'exercice des facultés de l'âme, la place d'honneur : à elle de gouverner en reine. Les *sens* ne nous donnent que des *notions relatives* et non indispensables, tandis que ce soleil de vérité nous illumine la région supérieure de l'*absolu* et de l'*universel*, ce qui revient à dire que l'objet final de la raison, c'est Dieu.

Mais, chose admirable, cette même raison qui dépasse de si haut les sens, a besoin d'eux cependant. Que ferait-elle, sans les matériaux qu'ils lui fournissent, et que deviendraient, dans cette inaction, les principes déposés en elle ? Ce serait, a-t-on dit ingénieusement, comme un moulin muni d'un outillage parfait, mais qui n'aurait rien à moudre. Les aveugles et les sourds-muets se trouvent dans ce triste cas, à moins qu'on ne supplée par le toucher aux sens qui leur font défaut.

Ainsi la raison a pour rôle d'*établir dans l'âme*, et dans tout ce que l'âme peut atteindre, *l'ordre et la vérité* : il suffit pour cela d'en suivre les principes. Elle nous assure, par exemple, que « tout effet a une cause » ; que de gens cependant jugent des choses de la vie comme si le hasard menait tout ! Elle nous dit « qu'il faut affirmer ce qui est vrai » ; combien trahissent la vérité, dès que leur intérêt y trouve son avantage !

Ce rôle de la raison est permanent : jamais elle ne doit abdiquer, sinon devant les mystères de la foi ; mais cette abdication est son plus beau triomphe. Malheur à ce *rationalisme* [1] orgueilleux, qui a fait dans nos sociétés modernes, et qui fait encore tant de victimes, prétendant soumettre Dieu et ses dogmes à la mesure de la raison humaine.

X. Éducation de la raison. — L'homme d'esprit; l'homme raisonnable. — L'instinct précède la raison, et l'enfant n'a pas d'abord d'autre guide. Mais déjà les *petites raisons* de Bébé étonnent et font sourire : ce sont les premières lueurs du flambeau qui bientôt éclairera sa jeune âme. On doit en favoriser le développement, et répondre, dans la mesure du possible, aux *pourquoi*, si familiers à cet âge. « Il ne faut jamais, dit Fénelon, être importuné de ces demandes : ce sont des ouvertures que la nature nous offre pour faciliter l'instruction de l'enfant. »

M⁽ᵐᵉ⁾ de Maintenon répétait souvent aux jeunes filles de Saint-Cyr : « Mes enfants, on ne peut être ni trop, ni trop tôt raisonnable. » Sans doute, la raison seule serait froide ; mais la sensibilité a précisément pour fin d'en tempérer la raideur : elle doit l'échauffer sans l'obscurcir. Toutes les *études* en général, et les *sciences abstraites*, les *mathématiques* en particulier, réclament le concours actif de la *raison* : celle-ci se perfectionne d'ailleurs dans le travail qu'elle y dépense, et ce perfectionnement est le meilleur résultat à obtenir de l'étude elle-même.

La raison atteint sa *maturité* lorsque, dans toute question sérieuse offerte à l'esprit, elle s'élève à la région des *principes*, s'attachant aux *idées supérieures*, au lieu de s'égarer dans les détails. Ce culte des grandes lignes est d'autant plus nécessaire à notre époque, que les notions secondaires y abondent, et menacent de tout envahir.

Un *homme d'esprit* diffère-t-il d'un *homme raison-*

---

[1] Le *rationalisme* (de *ratio*, raison) est la doctrine de ceux qui nient la révélation, prétendant tout rapporter, même les mystères et les miracles, à des causes naturelles.

nable? Ces deux physionomies ne s'excluent nullement ; mais il y a quelques nuances entre elles. « Plus on a de raison, dit M. Caro, plus on a de principes et de caractère ; plus on a d'esprit et plus on a de talent. Quand on a de la raison et qu'on manque d'esprit, on est capable de se proposer un grand but, mais souvent on le manque. Quand on a de l'esprit, et qu'on manque de raison, on est fécond en moyens, mais on ne se propose rien de grand. »

XI. **Sens commun et bon sens.** — La raison toute spontanée et qui laisse de côté la réflexion et la science, prend le nom de *sens commun*. On pourrait l'appeler la monnaie courante de la vie ; sortir du sens commun, c'est sortir du sens humain.

Le *bon sens* n'est que le sens commun appliqué aux cas particuliers et aux questions pratiques : c'est une qualité individuelle, susceptible de beaucoup de degrés, et qui porte à discerner ce qui convient à tel moment précis. L'ignorant peut y prétendre comme le savant ; souvent même celui-ci, absorbé dans les hautes spéculations, manque de ce bon sens vulgaire.

On aime à raconter, bien que le fait soit assez peu authentique, que le célèbre physicien Ampère fit un jour venir son menuisier : « Mon ami, lui dit-il, vous allez percer dans la porte que voici deux chatières, une grande et une petite : l'une pour mon gros chat, l'autre pour le petit. — Mais, monsieur!... balbutia l'ouvrier, visiblement étonné de cet ordre. — Comment! vous ne me comprenez pas? répliqua le savant : j'ai deux chats... — Mais, monsieur, acheva enfin le brave homme, il me semble que là où le gros chat passera, le petit passera bien aussi. — C'est vrai! exclama Ampère. Et dire que je n'y avais pas songé! »

Exercices pratiques oraux ou écrits.

— Comment peut-on *apprendre à voir*, *à entendre*, à faire enfin profiter l'âme des données des sens?

— La *passion* et la *raison* en présence d'un *devoir* : rappeler quelques passages de nos grandes tragédies, dans lesquelles cette lutte morale est admirablement retracée.

— *Esprit raisonneur, esprit raisonnable* : est-ce la même chose?

— Qu'entend-on par *solidité d'esprit?* — Louis XIV faisait-il un bel éloge de Mme de Maintenon lorsqu'il l'interpellait par ces mots bien connus : « Qu'en pense *Votre Solidité?* »

— *L'expérience* n'est-elle pas une sorte de raison mûrie par le temps et par la pratique de la vie?

— Justifier, par quelque exemple, cette maxime de Franklin : *Si tu ne veux pas écouter la raison, elle te donnera sur les doigts.*

— Bossuet dit que *le bon sens est le maître de la vie humaine:* comment cela?

— Rechercher, dans tel fait historique, dans telle œuvre poétique, dans tel ouvrage, la *vérité générale* qui s'en dégage, abstraction faite de tout nom propre, de toute application particulière. (*Saint Louis prisonnier; Napoléon à Sainte-Hélène; l'Ange et l'Enfant*, de Reboul ; *les Aventures de Télémaque*, etc.)

LEÇON VIII

INTELLIGENCE (SUITE)

Conservation des idées par la mémoire et l'imagination.

SOMMAIRE

I. La mémoire et l'imagination dans leur forme primitive.
II. La mémoire; deux faits y sont compris.
III. 1° Conservation des idées; 2° rappel des idées.
IV. Culture de la mémoire; ses qualités.
V. L'association des idées, élément de la mémoire.
VI. Importance morale des associations d'idées.
VII. L'imagination; double forme.
VIII. 1° Imagination reproductrice.
IX. 2° Imagination créatrice; applications.
X. L'imagination créatrice et le génie.
XI. Avantages et dangers de l'imagination.
XII. Comment cultiver l'imagination ?

I. **La mémoire et l'imagination dans leur forme primitive.** — Si nos idées devaient s'évanouir au moment de leur apparition, nous serions incapables de *penser*, puisque nous ne pourrions les *comparer* entre elles. L'absence du souvenir est une véritable mort intellectuelle, comme on peut le constater dans l'*amnésie* ou perte de la mémoire, causée par certaines affections cérébrales. C'est donc par la mémoire, et aussi par l'imagination, que les *idées acquises se conservent*, et deviennent même plus vivantes.

Dans leur forme primitive, ces deux facultés tiennent plus des *sens* que de l'*intelligence*. Que l'on consulte, en effet, ses *souvenirs d'enfance*, on y trouvera surtout des *sensations* : les lieux, les personnes, tel objet, tel son de voix, tout ce qui a frappé les sens, s'est gravé profondément dans le cerveau encore tendre. On ne songeait pas à garder ces souvenirs, mais les impressions s'en faisaient d'elles-mêmes : **mémoire et imagination** se mêlaient confusément. Plus tard, avec la réflexion, chacune de ces puissances a pris son rôle propre.

II. La mémoire : deux faits y sont compris. — La *mémoire* est la *faculté que nous avons de nous souvenir du passé*. Idées, sentiments, résolutions, connaissances quelconques : tout ce qui est entré dans notre intelligence peut être rappelé par la mémoire.

L'exercice de cette faculté comprend donc deux faits : 1° la *conservation des idées*; 2° leur *reproduction* ou leur *rappel*.

III. 1° Conservation des idées; 2° rappel des idées. — La *conservation des idées* est en soi un véritable mystère, que la science cherche en vain à expliquer. Dieu ayant créé l'âme à son image, est-il étonnant que certains faits psychologiques échappent à notre compréhension ? Du moins connaissons-nous les moyens qui favorisent ce précieux pouvoir.

1° Les souvenirs se gravent d'autant mieux dans la mémoire, qu'ils ont été accompagnés d'une certaine *émotion* de peine ou de plaisir : tels, un accident dont on a été témoin, ou une douce surprise ménagée par l'affection. Au contraire, tout ce que l'esprit accueille avec indifférence et froideur n'y laisse aucune trace durable.

2° Plus on déploie d'*effort* et d'*attention* pour retenir, plus les connaissances se gravent profondément.

3° La *répétition* des choses apprises est une condition indispensable à leur conservation; en sorte que l'on a pu dire avec vérité « que la meilleure manière d'apprendre, c'est d'enseigner ».

4° L'*ordre* est encore une loi indispensable de cette faculté. Ne pas aller sans suite d'une étude à l'autre, ranger ses connaissances d'après une méthode bien comprise : c'est amasser avec fruit.

Le rappel des idées peut être tout *spontané;* soit qu'elles nous reviennent faiblement, comme une simple *réminiscence;* soit qu'elles se présentent vives et fortes, sans travail de notre part, ou même comme souvenir importun. Telle Athalie, obsédée de son lugubre songe :

Je l'évite partout; partout il me poursuit.

Dans l'un et l'autre cas, il y a toujours quelque cause intérieure ou extérieure qui, à notre insu, provoque ce retour.

Le *rappel volontaire* s'appuie sur un souvenir pour ressaisir les autres; les premiers mots d'une leçon, le début d'un morceau ou d'un chant nous aident à retrouver le reste. L'*association des idées,* dont nous parlerons tout à l'heure, joue dans ce travail le principal rôle.

IV. Culture de la mémoire; ses qualités. —

« Sans une vaste mémoire, dit Mgr Dupanloup, on n'est guère un homme de génie. » Il est à remarquer, en effet, que toutes les grandes intelligences possèdent excellemment ce don. Ainsi ne faut-il pas accepter ce proverbe, créé par les esprits paresseux : *Bonne mémoire, peu de jugement.* Ces deux facultés ne se font point tort l'une à l'autre : comment pourrait-on juger, c'est-à-dire comparer, si la mémoire était vide?

Lorsque Montaigne condamne la science *purement livresque,* disant que *sçavoir par cœur n'est pas sçavoir,* il s'attaque uniquement à cette *mémoire de perroquet,* qui retient les mots sans s'inquiéter des idées. Encore doit-on, dans le premier âge, faire acquérir à l'enfant, par l'étude du *mot à mot,* les expressions qui lui font encore défaut, et dont il ne saisira bien le sens que plus tard.

L'auteur des *Essais* a soin de déclarer ailleurs que

la mémoire est l'étui de la science. Il la faut donc *cultiver*, afin qu'elle féconde, comme il convient, toutes les autres facultés de l'âme. Ceux qui sont le mieux doués naturellement sous ce rapport ont encore à gagner; et ceux qui paraissent plus dénués peuvent beaucoup acquérir, par des exercices sagement réglés.

En général, ce qu'on confie à la mémoire au moment du sommeil reparaît vivant *au matin* dans l'esprit : il se fait à ce moment comme une aurore intellectuelle, surtout si l'on étudie dans un *air pur*, qui n'alourdit pas le cerveau. — La *récitation* est un exercice scolaire indispensable, tant pour développer la mémoire que pour lui conserver les connaissances acquises. Ce travail peut être beaucoup facilité par des *vues d'ensemble* (tableaux synoptiques) et par la *revision* des matières; car, dit ingénieusement le P. Gratry : « La mémoire est une faculté qui oublie, » et l'on ne sait vraiment à fond que ce que l'on a maintes fois répété.

Les *qualités* d'une bonne mémoire sont : la *docilité* à apprendre vite et beaucoup, la *fidélité* à conserver les connaissances acquises, et la *promptitude* à les retrouver à l'instant voulu. Rarement ces trois qualités se rencontrent ensemble; il s'y mêle plus ou moins les défauts opposés : mais, encore une fois, le travail modifie heureusement les lacunes natives.

V. **L'association des idées, envisagée comme élément de la mémoire.** — On entend par *association des idées la tendance qu'ont nos idées à s'appeler mutuellement les unes les autres*, en sorte qu'il suffit de réveiller l'une d'elles, pour que plusieurs autres se présentent à l'esprit.

1º Cet enchaînement peut être *naturel et logique*, c'est-à-dire fondé sur la raison et la réalité.

Tantôt il est tiré des *ressemblances* ou des *contrastes*. Tel site, tel objet, la vue d'une personne, certaine question à résoudre, me remettent en mémoire des choses, des personnages ou des notions analogues : Napoléon rappelle César. De même, les contraires se rapprochent; les crimes de Néron ramènent, dans l'esprit de Burrhus, le souvenir des vertus que ce prince avait d'abord fait paraître :

> Ah ! de vos premiers ans l'heureuse expérience
> Vous fait-elle, seigneur, haïr votre innocence ?
> Songez-vous au bonheur qui les a signalés ?
> Dans quel repos, ô ciel ! les avez-vous coulés !...

Tantôt des circonstances de *temps*, de *lieu*, provoquent l'association des idées; les synchronismes en histoire, les tableaux généalogiques, les éphémérides répondent à ce besoin. Louis XIV me fait songer à Racine, à Bossuet, à Condé, en un mot à tous ses illustres contemporains. Le Colysée rappelle les martyrs; la Sainte-Chapelle, saint Louis : tout aussi bien que la maison paternelle fait revivre dans la mémoire les années de l'enfance.

2º L'association des idées est souvent *arbitraire*, et ne dépend que de l'impression du moment, du caractère de chacun. Lorsque ces rapprochements inattendus sont justes, nouveaux, pittoresques, ils produisent les *traits d'esprit*, et répandent dans la conversation la variété, les grâces et l'enjouement. Il est vrai que souvent on se trouve tout à coup si loin du point de départ d'une causerie familière, qu'il semblerait impossible de refaire la route parcourue : cependant il y a toujours quelque trace au moins de liaison entre les idées mises en jeu.

Ces rapprochements piquants ont donné naissance aux figures les plus ordinaires du langage : *l'allusion*, *l'allégorie*, *l'antithèse*, *l'ironie*, etc. C'est ainsi que La Fontaine, à propos des *deux Canards* qui proposent à la *tortue* « de la voiturer par l'air, et de lui faire voir mainte république », lance cette plaisante allusion :

> Ulysse en fit autant.

Puis, ce naïf aparté :

> On ne s'attendait guère
> A voir Ulysse en cette affaire.

La manière habituelle dont chacun associe ses idées

crée parmi les hommes deux genres d'esprits très différents. Les uns procèdent surtout d'après l'ordre logique, d'après les principes communs : ce sont les *bons esprits*, moins précoces sans doute, mais susceptibles d'une profonde culture. Les autres, plus libres, plus originaux, franchissent règles et barrières; ils saisissent au vol des rapports et des contrastes imprévus. Ce sont les *esprits brillants*, qui se font peut-être plus admirer, mais qui souvent demeurent superficiels.

VI. Importance morale des associations d'idées. — L'association des idées influe non seulement sur la mémoire, mais sur l'âme entière et sur toute la vie morale : elle y crée une foule d'*habitudes*. Il importe donc de s'accoutumer de bonne heure, d'une part, à ne pas associer faussement les idées; d'autre part, à multiplier les *rapprochements ingénieux* et féconds. On doit souvent se demander en étudiant : Qu'est-ce que ceci me rappelle? Où ai-je déjà rencontré ce nom? Quel fait analogue puis-je comparer à celui-ci? etc.

L'enfant joint à tort l'idée de ténèbres à celle de danger; d'indépendance à celle de bonheur; et, chez la plupart des hommes, les idées de richesse et de plaisir équivalent à la félicité parfaite. C'est l'œuvre de l'éducation de redresser ces *alliances défectueuses*, en unissant au contraire, par des leçons et des exemples, les idées de bien et de vertu à celles d'estime, de joie et de vraie grandeur.

Ainsi, quelques *idées maîtresses*, heureusement enchaînées, imprimeront à toute la conduite un cachet de sagesse et de pondération. On ne donnera nul crédit aux *préjugés superstitieux*, qui n'ont d'autre fondement que des associations ridicules.

VII. L'imagination. Double forme sous laquelle elle s'exerce. — L'imagination est la *faculté par laquelle nous nous formons des images*, soit de *choses absentes* et qui existent réellement, soit de *choses fictives* et inventées. Cette représentation intérieure, fondée sur les *souvenirs*, peuple notre esprit de tout un monde qui tantôt s'y meut et s'y agite, tantôt paraît sommeiller; plus vivant chez les uns que chez les autres, mais toujours important à diriger.

Les *sens* concourent à l'exercice de l'imagination, qui travaille sur leurs données et spécialement sur celles de la vue. Elle évoque, comme une habile enchanteresse, les sensations que l'âme a éprouvées, nous remet sous les yeux les traits d'une personne chère ou des horizons disparus : et elle le fait avec d'autant plus de force, que l'impression première a été plus vive.

La *mémoire* intervient aussi, mais elle ne fournit que le simple souvenir. Qu'on lui donne, par exemple, un fait historique, la *Retraite de Russie :* son rôle consiste à le raconter exactement. Laissez au contraire l'imagination s'emparer de ces mêmes éléments, elle en composera le tableau tout frissonnant de V. Hugo :

> Il neigeait. On était vaincu par sa conquête.
> Pour la première fois, l'aigle baissait la tête.
> Sombres jours ! L'empereur revenait lentement,
> Laissant derrière lui brûler Moscou fumant.
> Il neigeait. L'âpre hiver fondait en avalanche :
> Après la plaine blanche, une autre plaine blanche...
> On ne connaissait plus les chefs ni le drapeau.
> Hier la grande armée, et maintenant troupeau.
> On ne distinguait plus les ailes ni le centre.
> Il neigeait...
> (*L'Expiation.*)

L'imagination s'exerce sous deux formes distinctes : 1° elle peut être simplement *reproductrice ;* 2° *créatrice ou poétique.*

VIII. 1° **L'imagination reproductrice.** — Cette sorte d'imagination transforme en images nos idées, nos sentiments, nos souvenirs ; mais elle les *modifie*, et généralement les *agrandit*.

C'est le propre des enfants, et aussi des peuples primitifs, d'amplifier de la sorte : ainsi s'expliquent les *légendes* et les *contes* merveilleux dépassant toujours la réalité ; les héros d'Homère, ceux de nos romans de chevalerie sont nés de la même tendance. En revoyant certains lieux que nous avons habités dans le jeune âge, nous éprouvons comme un désenchantement, parce que notre imagination nous les avait montrés plus beaux et plus grands qu'ils ne l'étaient réellement. Par un grossissement semblable, les souvenirs tristes et pénibles deviennent parfois des spectres effrayants. Il est donc indispensable que la *raison* intervienne à propos, et mette un frein aux excès de cette faculté.

Dans le *rêve* et la *rêverie*, de même que dans la *folie*, l'imagination travaille d'une manière presque inconsciente. En ces divers états, elle est plutôt *passive*, se laissant emporter sans direction et sans règle, et justifiant le mot de Malebranche, qui l'appelle *la folle du logis*.

IX. 2º L'imagination créatrice : ses applications générales. — L'imagination créatrice va plus loin qu'une reproduction amplifiée; *elle démolit pour reconstruire :* elle donne un corps à l'idée et au sentiment, et c'est dans ce sens qu'elle crée.

La *balance*, qui sert à peser, nous fait songer à tout ce qui est juste et exact; aussi, voulant représenter *la justice*, la peignons-nous sous les traits d'une femme portant une balance à la main. Il en est ainsi de tous les symboles et emblèmes, des blasons, etc. : ce sont autant d'inventions issues de l'imagination. En combinant nos propres connaissances, nous faisons surgir devant nous, à la lecture de quelque récit de voyage, ou les glaces flottantes du pôle, ou les immenses forêts vierges, ou les feux d'un volcan, bien que nous n'ayons jamais contemplé ces spectacles.

Cette puissance créatrice précède toute instruction. Elle apparaît chez *l'enfant*, qui ne trouve aucun jeu plus charmant que celui où il a mis sa part d'invention. « Voyez, dit le P. Girard, comme il range ses petits soldats, sa maisonnette, ses moutons; comme il se réjouit de ses combinaisons! Il appelle sa mère, afin qu'elle en jouisse à son tour. »

L'agriculteur, l'industriel, aussi bien que le guerrier et l'homme d'État, ont sans cesse à utiliser cette ressource inventive, puisque le but à atteindre, quel qu'il soit, prend toujours dans l'esprit un corps et une figure. Xénophon, dans son *Économique*, assure, et la chose est vraie, « que l'imagination règne jusque dans une cuisine bien tenue. »

Le savant lui doit ces *hypothèses*, ou affirmations encore non prouvées, qu'il lance en pâture, pour ainsi dire, dans le champ des connaissances humaines; c'est un beau rêve à atteindre : ballons dirigeables, télégraphie sans fil, etc. Alors on discute, on creuse, on étudie, et l'on arrive, grâce à ces sortes de pressentiments, à d'admirables découvertes.

X. **L'imagination créatrice et le génie.** — Le *génie* dépasse encore les résultats dont nous venons de parler : tout ce qu'il produit porte le cachet de la *grandeur* et de la *nouveauté*. Une *imagination* brillante, jointe à une vive *sensibilité* et à une *raison* ferme et sûre : telles sont les facultés qui distinguent les hommes de génie.

Pour que ces facultés ne restent pas stériles, il faut que la *volonté* soutienne l'œuvre entreprise, et y dépense du travail et des labeurs. L'inspiration, si puissante soit-elle, ne peut suffire, dans l'ordre naturel, pour enfanter de grandes choses; mais laissons le poète ou l'artiste mûrir l'*idéal* entrevu par eux, et bientôt ils nous donneront ce tableau, cette statue, ce chant, ce poème, où ils auront imprimé la force créatrice. Alors les hommes, émus, admirent : leur joie éclate en transports, et la postérité ratifie ces applaudissements.

Horace Vernet a souvent passé, selon son aveu, douze et quinze nuits sans dormir, et ne pensant à autre chose qu'au tableau qu'il avait à faire. « Mais, ajoute-t-il, quand je me mets en face de ma toile blanche, mon tableau est achevé : *je le vois.* »

Le génie d'ailleurs se rencontre dans toutes les voies ouvertes à l'esprit humain : Homère, Michel-Ange, Christophe Colomb, Bossuet, Mozart, Newton, Napoléon sont loin de se ressembler; chacun représente une sorte différente de génie, mais tous sont marqués au front d'une grandeur indiscutable. Voyons, pour ce qui est de l'éloquence, comment Bossuet excelle à se créer ces images vivantes, qui donnent à sa parole des éblouissements divins :

« Nous ressemblons tous à des eaux courantes, *dit-il* (*Oraison funèbre de la duchesse d'Orléans*.) De quelque superbe distinction que se flattent les hommes, ils ont tous une même origine, et cette origine est petite. Leurs années se poussent successivement comme des flots : ils ne cessent de s'écouler, tant qu'enfin, après avoir fait un peu plus de bruit et traversé un peu plus de pays les uns que les autres, ils vont tous ensemble se confondre dans un abîme, où l'on ne reconnaît plus ni princes, ni rois, ni toutes ces autres qualités superbes qui distinguent les hommes; de même que ces fleuves tant vantés demeurent sans nom et sans gloire, mêlés dans l'océan avec les rivières les plus inconnues. »

XI. Avantages et dangers de l'imagination. — L'imagination peut faire le bonheur ou le malheur de toute une vie, parce qu'elle est intimement liée à ce qu'il y a de meilleur en nous, le cœur; et à ce qu'il y a de plus redoutable, les passions violentes. Force active par excellence, elle produit les saints ou les scélérats, les héros ou les fous : tout dépend de la manière dont elle se laisse gouverner par la raison.

1º **Ses avantages.** Elle est un *stimulant* incomparable dans l'accomplissement du devoir, dans la pratique du dévouement et de la vertu. Grâce à *l'idéal* qu'elle forme dans l'esprit, elle entraîne l'activité, la rend ingénieuse et inventive. Elle a le secret de répandre des charmes sur la tâche la plus austère, et de nous préserver des découragements, gardant toujours dans notre ciel un coin bleu qui nous console.

Nos grands dogmes chrétiens sont admirablement faits pour seconder cette faculté dans son rôle salutaire : le paradis et les anges, les symboles du culte, les ravissantes figures des saints, toute cette poésie religieuse enfin, n'a-t-elle pas de quoi peupler l'imagination la plus active ?

2º **Ses dangers.** A côté des joies pures dont elle

embellit l'existence, elle mêle trop souvent *le faux* au vrai, se perd dans les rêves de *châteaux en Espagne* ou de maux imaginaires, fait perdre le vrai sens de la vie, et produit l'exaltation maladive des déclassés et des *incompris*. Elle flatte habilement toutes les passions, faisant miroiter aux yeux du joueur l'or qu'il convoite; à ceux de l'ambitieux, l'éclat des honneurs; à l'homme irrité, le plaisir de la vengeance. En agissant sur les masses, elle peut devenir la source des plus grands désordres sociaux : quand l'imagination populaire est surexcitée, il se couve toujours quelque révolution.

XII. Comment cultiver l'imagination ? — On ne doit ni l'étouffer, sous prétexte qu'elle est dangereuse, ni la développer outre mesure, à raison des charmes dont elle dispose. Dieu, qui nous a donné cette riche faculté, veut qu'elle produise, grâce à une sage culture, non seulement des fleurs, mais des fruits durables.

Cette culture consiste d'abord à développer, dès l'enfance, le *goût du beau* sous toutes ses formes : beautés de la nature avec ses incomparables tableaux, beautés de l'art dont on fera admirer les chefs-d'œuvre; lecture de nos grands écrivains. Les diverses branches d'études, l'histoire par exemple, y peuvent largement contribuer: il faut tâcher d'y saisir non de vagues fantômes, mais des héros vivants, qui demeureront gravés dans la mémoire sous des traits ineffaçables.

Rien ne retient mieux les excès de l'imagination que de *l'exercer* avec sagesse : aussi peut-on dire que les *beaux-arts*, en général, sont un *superflu nécessaire*. Un esprit exclusivement mathématique aura pour lui la prudence et le bon gouvernement dans les affaires, mais il risquera fort d'être anguleux et morose. Comme ce savant bourru, il dira peut-être, en sortant de la représentation d'*Athalie* : « Qu'est-ce que cela prouve? » Un peu de poésie, entrant dans la vie par l'imagination, adoucit ces raideurs, et complète ce que la seule raison ne peut donner.

Enfin, on doit *éviter les lectures romanesques*, qui

exaltent l'imagination sans aucun profit pour l'intelligence. Elles sont incompatibles avec le souvenir de Dieu : or, « plus la pensée de Dieu est absente, dit M. Laurentie, plus l'imagination est désordonnée. »

Exercices pratiques oraux ou écrits.

— Que faut-il penser de la *mnémotechnie* ou art mécanique de la mémoire ?

— Beaucoup de personnes ne *pensent* bien que parce qu'elles ont gravé de bonne heure dans leur *mémoire* des choses *bien pensées*; elles n'*écrivent* bien que parce qu'elles ont retenu des choses *bien écrites* : quelle conclusion tirer de cette remarque ?

— Ne peut-on pas appliquer au phénomène de *l'association des idées* le mot de Vauvenargues : « Ce n'est point un grand avantage d'avoir l'esprit si vif si on ne l'a juste. La perfection d'une pendule n'est pas d'aller vite, mais d'être réglée. »

— Pourquoi les *images* et les *illustrations* sont-elles employées avec avantage dans les ouvrages destinés à l'enfance et à la jeunesse ?

— Peut-on substituer impunément l'*imagination* à la *réflexion* ?

— L'*idéal* est nécessaire à la jeunesse : quelles facultés surtout contribuent à le former ?

— Un écrivain a dit, au début de ses *Souvenirs d'enfance* : « Ce qu'on dit de *soi* est toujours *poésie*. » Est-ce vrai, et pourquoi ?

— « Celui qui a de l'imagination sans érudition a des ailes et n'a pas de pieds. » (*Joubert*.) — Que faut-il de plus à l'écrivain complet ?

LEÇON IX

INTELLIGENCE (SUITE)

Travail ou élaboration des idées.

SOMMAIRE

I. Le travail des idées et les opérations qu'il exige. — La comparaison, nécessaire à ce travail.
II. 1° L'abstraction ; le concret et l'abstrait.
III. Avantages de l'abstraction ; sans elle pas de science humaine possible.
IV. 2° La généralisation ; usage dans les sciences et dans la vie.
V. 3° Le jugement : sens philosophique et sens usuel.
VI. Esprits justes, esprits faux. Causes des faux jugements.
VII. Comment se forme le jugement.
VIII. 4° Le raisonnement, ses procédés : induction, déduction, analogie.

I. **Le travail des idées et les opérations qu'il exige. — La comparaison, nécessaire à ce travail.** — Après avoir vu comment les idées s'acquièrent par la *conscience*, les *sens* et la *raison* ; comment la *mémoire* et l'*imagination* les conservent et leur prêtent la vie, il nous reste à étudier le *travail* proprement dit *de l'intelligence* sur ces matières, qui sont en nous comme l'or en fusion. Tantôt elle *sépare*, tantôt elle *groupe* ; mais surtout, elle saisit les *rapports* des choses, et en déduit de nouvelles connaissances. De là, quatre opérations intellectuelles : l'abstraction, la généralisation, le jugement et le raisonnement.

Chacune d'elles se sert avec profit de la comparaison. Qu'est-ce que comparer ? — C'est diriger son attention sur deux ou plusieurs objets, sur divers faits, afin d'en saisir les rapports ou les différences.

Si toutes nos connaissances n'étaient que des *unités isolées*, elles formeraient en nous un véritable chaos, et nous ne pourrions les utiliser. — J'ai vu tel animal, puis tel autre, puis tel autre encore : en les comparant entre eux, je remarque : ou qu'ils se ressemblent, et alors j'emploie le même nom pour les désigner; ou qu'ils diffèrent, et je donne à chacun un nom particulier. Ainsi, la comparaison met de l'ordre dans les notions multiples que nous acquérons et les simplifie : d'où la nécessité d'apprendre à *comparer avec justesse*.

II. 1° L'abstraction; le concret et l'abstrait. —

On appelle *abstraction* (*détacher de*) *l'opération par laquelle l'esprit considère à part ce qui en réalité est inséparable*. — Dans le langage vulgaire, ce terme n'a pas la même rigueur : « J'admire cette peinture, dira-t-on, abstraction faite des défauts qui s'y trouvent. » La philosophie s'en tient à la définition exacte : dans une *feuille de papier*, par exemple, si on ne considère que l'*étendue* ou la *longueur*, qualités inséparables de cet objet, on fait une abstraction.

L'*abstrait* n'existe, comme on le voit, que dans la pensée; c'est l'esprit qui le construit. Il a pour opposé le *concret*, qui possède une existence réelle : nous le trouvons tout fait autour de nous. J'ai l'idée d'une orange : idée concrète; je songe à la forme de ce fruit, la rondeur : idée abstraite.

Les noms d'*individus*, qu'ils soient *noms communs*, *noms propres*, ou *noms collectifs*, sont des idées concrètes : maison, Paris, armée.

L'*adjectif qualificatif* est la forme première que prend l'idée abstraite : *blanc, large, haut, innocent*, etc. Puis on en fait aisément un nom abstrait : *la blancheur, la largeur, la hauteur, l'innocence*. Enfin, on peut abstraire davantage encore, au moyen de termes généraux : la *forme* est une idée plus abstraite que celles de *rond*, de *carré*, d'*ovale*, qui sont renfermées en elle.

III. Avantages de l'abstraction; sans elle, pas de science humaine possible. — C'est la faiblesse de l'esprit humain qui l'oblige à faire des abstractions ; Dieu et les anges n'en ont nul besoin : leur intelligence embrasse d'un coup d'œil l'ensemble et les détails des choses auxquelles elle s'applique.

Pour nous, il n'en va pas de même. Le *naturaliste* qui veut étudier une fleur en sépare les parties, et les examine tour à tour ; le *peintre* considérerait dans cette fleur d'autres qualités, s'il voulait la reproduire sur la toile : chacun, en vue d'une fin différente, opérerait par abstraction.

Malgré l'infériorité intellectuelle que suppose cette opération, remercions le Créateur de nous en avoir donné le secret. Sans elle, la science humaine serait absolument nulle, et se bornerait aux idées concrètes. Les *sciences abstraites*, telles que l'arithmétique ou la géométrie, paraissent arides au premier abord ; mais elles sont plus simples, plus claires, et en somme plus faciles que les sciences physiques. Dans celles-ci, les observations tombent sous les sens : elles embrassent donc un domaine comme infini ; toutefois ce vaste champ effraye en général moins que les seuls chiffres, parce qu'il charme davantage l'imagination.

Il faut, dans la *vie pratique*, savoir user de *l'abstraction* : ne pas voir, ni juger en bloc, mais distinguer ce qui doit l'être dans les choses et dans les personnes. Ainsi faisait notre malin Boileau, « dont la muse, charitable et discrète, savait, dans Chapelain, de l'homme d'honneur distinguer le poète. »

IV. 2° La généralisation ; son usage dans les sciences et dans la vie. — *Généraliser*, c'est *ranger en groupes un nombre quelconque d'êtres isolés*, c'est-à-dire *former des idées générales*.

J'aperçois un *papillon*, une *mouche* et une *abeille*, entre lesquels je trouve certains traits communs, qui me les font reconnaître pour des *insectes* : c'est une première généralisation. Si je réunis d'autres groupes à celui-ci, j'arrive à une agglomération beaucoup plus étendue, où se rencontrent, avec les insectes, les *crustacés*, les *mollusques*, etc. : c'est l'*embranchement des annelés*. Ainsi s'établissent les classifications en *espèces*, *genres*, *ordres*, *classes*, etc.

Non seulement l'histoire naturelle, mais toutes les sciences, ont recours à la généralisation, qui, d'une part, soulage la mémoire, et, de l'autre, donne à l'esprit les seuls points d'appui solides. Il n'y a pas en effet de *science du particulier*; si l'on veut toujours s'en tenir aux seuls détails, fussent-ils pleins d'intérêt, on n'a rien acquis de fructueux. Ce sont les *idées générales* qui constituent la charpente de toutes les connaissances; ce sont celles-là aussi qui survivent à tout. Donc, si l'abstraction est indispensable, comme nous le disions plus haut, la généralisation ne l'est pas moins.

C'est à elle que nous devons les *lois* ou principes fondamentaux sur lesquels reposent les *sciences*, et qui n'ont été formulées qu'après les observations multiples de faits isolés. D'elle aussi nous viennent ces *adages* ou dictons populaires sur le temps, les saisons, etc. : on ne les a trouvés qu'en allant, après maintes expériences, du particulier au général.

Mais combien il faut se garder des *fausses généralisations*, source féconde d'erreurs ! C'est le défaut des enfants et des personnes à imagination : une circonstance fortuite, une parole sans importance, un cas spécial leur font de suite porter des appréciations générales, qui se traduisent par les termes exagérés : *toujours*, *partout*, *tout le monde*.

V. 3° **Le jugement; sens philosophique et sens usuel de ce mot.** — *Le jugement est l'opération par laquelle l'esprit aperçoit les rapports des idées entre elles et les affirme.* C'est dans cet acte que l'intelligence trouve le plus important exercice de ses facultés : toute sa perfection consiste à bien juger.

La *philosophie*, s'en tenant au sens strict du mot, ne voit dans le jugement qu'une *affirmation*, d'où résulte la *proposition*. Exemple : J'ai dans l'esprit les deux idées de l'*océan* et de la *profondeur*; les mettant en rapport, je puis formuler un *jugement affirmatif* : *L'océan est profond*, ou un *jugement négatif* : *L'océan n'est pas profond*. Ce jugement sera *vrai* ou *faux*, selon que les idées seront liées d'après la réalité, ou en dehors de la réalité.

Les deux idées mises en rapport se nomment *sujet* et *attribut*; l'affirmation s'exprime par le *verbe*, et la *proposition*, comme on le voit, est le jugement exprimé.

Il faut donc, pour exercer son jugement, croire et affirmer quelque chose, c'est-à-dire conclure, et ne pas s'en tenir à des idées qui flottent dans l'esprit. C'est pourquoi, dans le *sens usuel*, ce mot sert à désigner *toute décision qui demande un certain discernement*. Avoir un bon jugement, c'est distinguer avec maturité le vrai du faux, le juste de l'injuste. Qu'il s'agisse de choses vulgaires, où le jugement se confond avec le bon sens, ou qu'il faille prononcer sur le mérite d'un écrivain, d'un artiste, sur les grands faits de l'histoire, c'est toujours la même précieuse faculté qui est en jeu.

VI. **Esprits justes, esprits faux. Causes des faux jugements.** — Les *esprits justes* sont ceux qui saisissent habituellement les vrais rapports des choses, et qui affirment ou nient d'après cette appréciation exacte. Les *esprits faux*, au contraire, unissent de bonne foi dans leurs jugements des choses qui n'ont point de rapport, et se croient dans le vrai.

Cette différence caractéristique est la plus importante à établir au point de vue pratique. Entre un esprit brillant mais faux, et un esprit plus lent à saisir, mais habile à bien juger, il n'y a pas à hésiter : celui-ci produira seul des fruits excellents, et son commerce sera aussi plus agréable. Rien ne remplace la *rectitude de jugement*, laquelle peut, à la rigueur, suppléer à une foule de lacunes, selon le mot piquant de La Rochefoucauld : « On peut être un sot avec beaucoup d'esprit; mais on ne le sera jamais avec un peu de jugement. »

C'est le bon jugement qui, sous le nom de *tact*, donne aux relations sociales le charme le plus exquis, et empêche ces blessures, souvent si douloureuses, que prodiguent, comme à leur insu, les personnes qui en sont dénuées. Le jugement droit survit à tout, et ne fait que s'affermir avec l'âge, alors que tout le reste a disparu.

Il y a un don naturel de bien juger, qui tient à un heureux équilibre des facultés intellectuelles : toutefois les faux jugements naissent souvent d'autres causes que d'une intelligence médiocre.

1° **La précipitation** et le manque d'attention font que l'on prononce sur ce que l'on connaît à peine, parce qu'on n'a envisagé les choses qu'à la hâte, et fort confusément. C'est ce que La Bruyère critique finement dans ses *Caractères* :

« Que dites-vous du livre d'*Hermodore*? — Qu'il est mauvais, répond *Anthime*. — Qu'il est mauvais? — Qu'il est tel, continue-t-il; que ce n'est pas un livre, ou qui mérite du moins que le monde en parle. — Mais l'avez-vous lu? — Non, » dit Anthime.

2° **La vanité présomptueuse** empêche d'hésiter ou de paraître douter sur des questions qui demanderaient un sérieux examen ; on se fait gloire de les trancher à la légère : « C'est comme cela !... J'ai dit !... » Un esprit droit a le bon sens d'avouer son ignorance ou son erreur : « Je ne sais pas... Je me suis trompé... » Et il ne prononce jamais qu'à bon escient.

« Un borgne, dit Pascal, reconnaît qu'il est borgne ; mais un esprit faux ne peut convenir de ce qui lui manque. » Et La Rochefoucauld : « Tout le monde se plaint de sa mémoire, et personne de son jugement. » Saint François de Sales entendant un jour l'évêque de Belley, son ami, lui avouer qu'il se croyait peu de jugement, l'embrassa avec effusion, pour lui témoigner combien cet aveu lui paraissait méritoire.

3° **Les préventions** sur les personnes et sur les choses égarent, si l'on n'y prend garde, jusqu'aux jugements les plus fermes. « Souvent, dit Balmès, nous croyons *juger* et nous ne faisons que *sentir*; » les impressions ont pris les devants sur la raison et nous cachent sa lumière. Ainsi se forment les *préjugés*.

« Le plus grand dérèglement de l'esprit, c'est de croire les choses parce qu'on veut qu'elles soient, et non parce qu'on a vu qu'elles sont en effet. Nous sommes portés à croire ce que nous désirons et ce que nous espérons, soit qu'il soit vrai ou non. » (*Bossuet*.)

VII. **Comment se forme le jugement.** — Le temps de la jeunesse est le plus propre à cette importante formation. Non seulement les études proprement dites y doivent contribuer, en faisant beaucoup agir cette faculté, mais le jeu lui-même, la promenade, la conversation, les faits les plus vulgaires de la vie, offrent l'occasion de le développer.

Il faut pour cela *plus écouter que parler* : les grands parleurs amassent peu, et manquent ainsi des éléments pour bien juger. — *S'attacher aux principes* et aux définitions exactes des choses, surtout lorsqu'il s'agit de ces questions vitales auxquelles on se heurte à chaque pas : *grandeur, bonheur, fortune, progrès, devoir*, etc. — *Réfléchir* et *observer* est également indispensable, puisque pour porter des jugements sûrs on est dans la nécessité de remonter aux causes, ou de comparer plusieurs idées entre elles. Ne pas se payer par conséquent de mauvaises raisons qui n'expliquent rien, et que la paresse seule fait accepter.

« Pourquoi, demandait-on à un élève, les écoliers du temps de François Ier, partant dès cinq heures du matin aux études, avaient-ils leur chandelier à la main, comme le raconte un historien du temps? — C'était pour s'éclairer, » répond maladroitement l'élève superficiel, qui n'avait pas le courage de chercher une raison de valeur, à savoir qu'au XVIe siècle l'éclairage des rues n'existait pas encore.

VIII. **4° Le raisonnement; ses procédés: induction, déduction, analogie.** — *Raisonner*, c'est tirer une vérité d'une autre vérité déjà connue : c'est enchaîner un jugement à un autre. Les principes de la raison, évidents par eux-mêmes, forment la base de cette opération : de là son nom. Des jugements exprimés à la suite les uns des autres ne constituent pas un raisonnement : il faut que l'*unité du but* les relie entre eux, et que tous contribuent à faire atteindre le terme cherché ou la conclusion.

Tantôt, observant tour à tour plusieurs faits particuliers, on est comme *introduit* dans la connaissance d'une vérité générale : de là le nom de **raisonnement par induction**. Pascal, ayant répété sous différentes formes les expériences de Galilée et de Torricelli par rapport à la pression atmosphérique, posa le principe sur lequel est fondé le baromètre. — Il en est de même dans l'ordre moral : Joseph de Maistre, après avoir observé dans l'histoire le sort réservé aux souverains qui ont attenté contre la papauté, formula cette loi désormais historique : « Aucun souverain n'a mis la main sur un pape, et n'a pu se vanter ensuite d'un règne long et heureux. »

Tantôt, d'une vérité admise, on fait jaillir ou on *déduit* une autre vérité qui, au premier abord, aurait pu être contestée : c'est le **raisonnement par déduction**. De ce principe indiscutable : *Il ne faut jamais compter sur ce qui est incertain*, je conclus aisément *qu'il est imprudent de remettre au lendemain ce qu'on peut faire le jour même* [1].

D'autres fois, on se contente d'aller d'un *cas particulier* à un autre cas particulier : c'est l'**analogie**. « Ce remède a conjuré tel mal ; je l'emploie contre la même affection. — Une personne de ma connaissance a réussi dans telle entreprise : je puis y réussir également. »

Le raisonnement, en général, fait sortir l'homme du domaine des sens, et lui ouvre le monde de la pensée ; il contre-balance les écarts de l'imagination. Toutes les grandes découvertes scientifiques sont dues à l'*induction* : on part de ce que l'on sait, et l'on s'avance peu à peu vers l'inconnu. La *déduction* raisonne sur ce qui a été ainsi trouvé, et en tire les conséquences pratiques.

Il y a un *raisonnement instinctif* et naturel, qui a précédé toutes les règles posées depuis ; certains esprits

---

[1] La forme régulière et savante de ce raisonnement se nomme *syllogisme* : nous en parlerons dans la *logique*.

y sont plus portés que d'autres. Heureuse disposition, pourvu qu'on n'argumente pas à tort et à travers, hors du vrai et du juste ; car alors, selon le bonhomme Chrysale, de Molière :

... Le raisonnement bannit la raison.

Exercices pratiques oraux ou écrits.

— « Les connaissances éparpillées sans but, sans unité, sont comme des perles jetées çà et là, parce qu'on n'a pas eu soin de les enfiler. » Quelles *opérations de l'esprit* remédient à ce malheur ?

— Montrer, par quelques exemples, comment le *jugement* trouve à s'exercer dans l'étude de la *langue maternelle*, dans la *formation du style* ?

— « J'aime mieux, disait Montaigne, que mon élève ait la tête *bien faite* que *bien pleine*. » Qu'indiquent ces deux expressions ? Et encore : « On doit *forger* les jeunes esprits en les *meublant*, et les *meubler* en les *forgeant*. » Comment cela ?

— Le *bon goût* littéraire, artistique, tient-il uniquement au *jugement* ?...

— Quelle liaison entre la *généralisation* et la *mémoire* ? entre la *mémoire* et le *jugement* ?

— Mettre en lumière quelques marques auxquelles on reconnaît les *bons jugements*.

— « On ne s'assimile pas ce qu'on prend à la hâte. » Comparaison du travail intellectuel et de l'*élaboration des idées* avec la *digestion*.

LEÇON X

VOLONTÉ

Instinct. — Volonté libre.

SOMMAIRE

I. L'activité ou volonté : trois formes de cette faculté.
II. L'instinct. Cause providentielle et effets.
II. Caractères de l'instinct.
IV. La volonté libre : ses deux traits généraux.
V. Ce qui constitue un acte libre.
VI. Ne pas confondre le désir et la volonté.
VII. La liberté en général et le libre arbitre.
VIII. Les preuves du libre arbitre.
IX. Erreurs relatives à la liberté morale.

I. **L'activité ou volonté : trois formes de cette faculté.** — *Agir* est le besoin de tous les êtres que Dieu a doués de mouvement : c'est chez eux le signe de la vie. *L'homme agit* donc.

Ou bien il exerce son intelligence d'une manière inconsciente et irréfléchie, qui n'est autre que l'Instinct de la vie animale; ou bien il commande en maître aux divers mouvements de son âme et de son corps, grâce à la volonté, troisième faculté constitutive de l'âme humaine. Entre ces deux modes d'action s'en place un autre intermédiaire : l'habitude, dans lequel la volonté ne joue qu'un rôle restreint.

Durant le premier âge, l'enfant agit sans savoir pourquoi, sans prévoir les suites de ses actes; inutile de lui demander raison de ce qu'il fait : *l'instinct* seul le guide. Peu à peu, cette activité tout animale devient réfléchie :

avant de se résoudre à quelque chose, elle se rend compte du *but*, choisit les *moyens*, prévoit les *conséquences*. Je puis, par exemple, me livrer à la lecture ou à la promenade, selon que les raisons en faveur de l'une ou l'autre occupation entraînent mon adhésion, c'est-à-dire ma *volonté libre*. — Il est d'ailleurs impossible que la répétition des mêmes actes, bons, mauvais ou indifférents, n'engendre cette autre manière d'agir que nous avons nommée *habitude* : on lit, on écrit, on soutient de longues marches sans grand effort de volonté, lorsqu'on s'y est accoutumé.

Nous allons étudier tour à tour ces trois formes de l'activité ou de la volonté.

II. **L'Instinct. Cause providentielle et effets.** — *L'instinct est une tendance toute spontanée*, en vertu de laquelle l'animal et l'homme lui-même accomplissent *sans éducation* des mouvements nécessaires à leur conservation ou à leur fin. C'est par instinct que la fourmi ou l'écureuil amassent leur provision d'hiver, que le petit canard sortant de l'œuf va droit à l'eau; et c'est aussi la même impulsion irréfléchie qui nous porte à nous arrêter soudain au bord d'un précipice, tandis qu'une locomotive lancée hors de la voie ne fait aucun mouvement pour échapper à cette chute.

Il y a, dans ce fait de l'instinct, une admirable révélation de la sagesse de Dieu. Les animaux, privés de raison, ne peuvent *vouloir* avec connaissance et liberté, comme l'homme intelligent. Dieu y supplée en les conduisant *fatalement* à la fin pour laquelle il les a créés, et son intelligence infinie éclate à travers ces êtres inconscients. L'araignée surpasse le meilleur géomètre dans la disposition savante de sa toile; l'abeille, en construisant ses cellules hexagonales, résout, sans le savoir, le plus difficile des problèmes.

« Qui donc, dit Chateaubriand, a mis l'équerre et le niveau dans l'œil du *castor*, qui sait bâtir une digue en talus du côté des eaux, et perpendiculaire sur le flanc opposé? Savez-vous le nom du physicien qui a enseigné à ce singulier ingénieur les lois de l'hydraulique; qui l'a rendu si habile avec ses deux dents incisives et sa queue aplatie? Réaumur n'a jamais prédit les vicissitudes des saisons avec l'exactitude de ce castor, dont les magasins, plus ou moins abondants, indiquent, au mois de juin, le plus ou moins de durée des glaces de janvier. »

L'instinct de société fait accomplir des merveilles à certaines familles d'animaux qui, pris isolément, ne peuvent absolument rien.

« Durant la moisson, aucune *fourmi* ne dort plus : elle traîne, avec de petites serres qu'elle a à la tête, des grains qui pèsent trois fois plus qu'elle, et elle avance comme elle peut, à reculons. Quelquefois elle trouve en chemin quelque amie qui lui prête secours, mais elle ne s'y attend pas.

« Le grenier où tout doit être porté est public, et aucune ne pense à faire sa provision à part. Ce grenier est composé de plusieurs chambres, qui s'entre-communiquent par des galeries, et qui sont toutes creusées si avant, que les pluies et les neiges de l'hiver ne pénètrent point jusqu'à leur voûte. Les souterrains des citadelles sont des inventions moins anciennes et moins parfaites; et ceux qui ont essayé de détruire des fourmilières qui avaient eu le loisir de se perfectionner n'y ont presque jamais réussi, parce que les rameaux s'en étendent trop au large, pour qu'elles se sentent du ravage qu'on fait à l'entrée. Lorsque les greniers sont pleins et que l'hiver approche, on commence à mettre en sûreté le grain en le rongeant par les deux bouts, et l'empêchant par là de germer.

« Voilà le fonds incompréhensible d'industrie que Dieu a mis dans ce petit animal. Voilà cette espèce d'intelligence qu'il lui a donnée, pour nous forcer à remonter jusqu'à lui, à qui seul appartient de faire tant de prodiges. » (*Duguet.*)

III. Caractères de l'Instinct. — Les traits que l'on remarque dans l'instinct montrent combien cette force aveugle diffère de la volonté intelligente.

1° *L'instinct ignore le but* auquel tendent ses actes. Certains insectes, tels que les *nécrophores* (*coléoptères*), déposent leurs œufs dans la chair putréfiée de quelque animal, taupe, grenouille, en sorte que les larves de leurs petits, qu'ils ne voient jamais éclore, trouvent sans retard de quoi se nourrir.

2° *L'instinct ne progresse pas;* il est parfait immédiatement. Les fauvettes du temps de Noé construisaient leurs nids comme celles d'aujourd'hui; les abeilles, dont

Virgile chantait les travaux, n'ont pas varié dans la confection de leurs ruches. Il est vrai que l'on parvient à dresser des *animaux savants*, à rendre douces et sociables des bêtes féroces; mais ce n'est là qu'une autre forme de l'instinct, l'*imitation*, et non le progrès, dans le sens que nous attachons à ce mot.

3° *L'instinct est uniforme.* Tous les animaux de la même espèce ont exactement la même manière de faire : d'où il suit qu'*il n'y a pas d'instinct général*, comme il y a une raison humaine générale, mais seulement des instincts spéciaux et particuliers.

Quant à l'*homme*, il conserve au delà de l'enfance certains instincts utiles ou nécessaires à son existence : *instinct de conservation* et tout ce qui s'y rattache; *instinct d'imitation, de curiosité*, etc. A la différence des animaux, il peut perfectionner ces instincts, par le moyen de l'intelligence et au profit de cette faculté : c'est pourquoi les peuples sauvages et les esprits incultes vivent beaucoup par l'instinct, faute de s'être jamais élevés plus haut.

IV. La volonté libre. Ses deux traits généraux. — *La volonté est la faculté que l'âme possède de se déterminer librement à agir ou à ne pas agir.*

Cette détermination suppose nécessairement le concours de l'*intelligence*, car on ne peut vouloir ce qu'on ne connaît pas; et aussi de la *sensibilité*, qui communique un certain attrait, indispensable pour enlever le consentement de la volonté. *Penser* et *sentir* ne sont cependant pas la même chose que *vouloir* : loin de là ! Il y a des gens qui pensent et raisonnent beaucoup, sans jamais agir; d'autres sont pleins de sentiments, d'aspirations, et n'aboutissent jamais à aucune décision efficace. L'homme d'action ou de volonté passe de l'idée à l'acte.

Deux caractères généraux distinguent la volonté : 1° Ses *actes* sont *réfléchis* : je veux me rendre à tel lieu, et je m'y décide pour tel motif connu de moi; 2° Ils sont *libres*, et par conséquent *imputables* : je puis remplir le devoir de la soumission envers mes parents ou m'y soustraire; dans l'un ou l'autre cas, je demeure responsable d'une action bonne ou mauvaise.

Il y a une seule chose pour laquelle notre volonté n'est pas libre : c'est de rechercher *le bien en général*, parce que là se trouvent sa fin et son bonheur: « Je veux être heureux ! » telle est la pente invincible qui entraîne chacun ici-bas. La liberté ne porte donc que sur *les biens particuliers*, ou moyens d'arriver à ce terme désiré : là elle peut errer, prenant les faux biens pour les vrais, et ne comprenant pas que son repos parfait ne se trouve que dans *le bien infini* : Dieu même!

V. Ce qui constitue un acte libre. — On peut assigner trois phases ou trois moments, dans toute action faite de sang-froid et avec maturité : la *délibération*, la *détermination* et l'*exécution*.

1° **La délibération.** Aussitôt que l'esprit entrevoit la chose qui sollicite sa liberté, il invoque les motifs pour ou contre. Voici l'heure du lever matinal : au signal donné, il a fallu s'éveiller; mais la volonté est du même coup assaillie, comme serait une assemblée délibérante. La *raison* lui démontre que des devoirs sérieux réclament une obéissance prompte; la *conscience*, elle aussi, fait entendre sa voix; mais les *passions* : la paresse et tout son cortège, s'efforcent de l'emporter par mille suggestions habiles. Tel est le débat ouvert en quelques secondes.

2° **La détermination.** Tout bien pesé, on se décide pour un parti ou pour l'autre; c'est alors que la volonté commence à remplir son rôle souverain, en prononçant un arrêt : *Je veux!* ou : *Je ne veux pas!* Qu'elle l'exprime en paroles ou simplement par une résolution intérieure, le résultat est le même : sa responsabilité est engagée.

3° **L'exécution.** Si la détermination est sincère, et que l'objet en soit actuel et présent, l'âme s'emploie aussitôt à l'exécuter. Cette exécution peut être entravée par des obstacles inattendus et insurmontables, par quelque contrainte extérieure; mais la décision posée librement reste au compte de la volonté. — Les hommes, qui ne jugent que par ce qu'ils voient, ne peuvent louer ou condamner que l'exécution des actes : « Dieu sonde les reins et les cœurs, » et tient pour déjà réel ce qui a été résolu librement.

La part importante, on le voit, appartient à la *détermination*. Un des grands moyens de la rendre juste et courageuse, c'est de travailler sans relâche à perfectionner ses connaissances, afin de mieux user de sa liberté.

VI. Ne pas confondre le désir et la volonté. — Connaissant ce qu'est un acte volontaire, nous saisirons mieux maintenant la différence qui existe entre *désirer* et *vouloir*. Souvent, dans le langage vulgaire, ces deux faits sont pris l'un pour l'autre : on dira d'un enfant terrible qu'il est *volontaire*, parce qu'il montre des désirs violents, irréfléchis, ce qui est précisément le contraire de la volonté.

1° *Le désir tient à la sensibilité;* il naît de l'absence d'un bien quelconque, dont la possession nous attire : c'est un mélange de plaisir et de douleur, comme tout ce qui promet un bonheur incertain. Sans doute les désirs donnent au vouloir plus d'énergie et de force; mais ils en diffèrent si bien, que souvent la volonté doit lutter contre eux, et n'en tenir aucun compte dans ses déterminations.

2° *L'objet du désir ne dépend pas toujours de nous:* je désire qu'il fasse beau temps demain, mais ma volonté n'y peut rien; je désire avoir des ailes : la chose est impossible, c'est un rêve. La volonté, au contraire, a toujours pour objet des choses *possibles*, ou du moins que l'on croit telles. Elle s'exprime par l'*indicatif: je veux;* et le désir, par le *conditionnel : je voudrais*. Quand le pouvoir nous manque, alors commence le désir.

3° *Le caractère du désir est d'être fatal :* il vient en nous *sans nous*, tandis que la *volonté* est *libre;* à elle de l'accueillir ou de le repousser. De plus, les désirs sont aveugles, sujets à l'agitation et au trouble; la volonté au contraire ne marche qu'à la lumière de la réflexion : plus elle est résolue, plus elle est calme.

Tant que le *désir du bien* ne s'appuie pas sur la volonté, en lui faisant produire des actes réels, il n'aboutit à rien. On se croit vertueux, seulement parce qu'on désire l'être; et c'est dans ce sens que l'on dit parfois : « L'enfer est pavé de bonnes intentions, » c'est-à-dire de désirs vains et illusoires. Aussi est-il important de précautionner de bonne heure la volonté contre ces fausses apparences qui la veulent supplanter.

VII. La liberté en général et le libre arbitre. — Comment l'âme est-elle libre, et que faut-il entendre par ce mot *liberté,* qui charme d'autant plus, qu'on le confond trop souvent avec celui d'indépendance?

Il ne s'agit pas ici de ces *libertés extérieures* et variables, qui ne peuvent atteindre que la vie du dehors. Telles sont : la *liberté physique* ou faculté d'exercer sans obstacle ses organes corporels; le prisonnier en est privé, aussi bien que le paralytique; la *liberté civile,* qui comprend tous les droits de l'homme et du citoyen : l'esclave, l'étranger, l'enfant en sont plus ou moins destitués. On distingue encore, et chacun comprend le sens de ces expressions : la *liberté de la presse, de l'industrie, du commerce,* etc.

Autre est la *liberté intérieure* ou morale; on l'appelle **libre arbitre,** parce qu'elle consiste dans le libre choix laissé à notre volonté. La sainte Écriture loue l'homme juste « de ce qu'il a pu faire le mal et ne l'a pas fait »; tel est, en effet, le privilège accordé à la volonté humaine : elle ne subit pas fatalement le bien ou le mal, mais elle se décide pour l'un ou pour l'autre. Cette liberté ne ressemble en rien à l'*indépendance;* elle prouve au contraire que *nous dépendons,* et que nous avons à porter la responsabilité de nos actes.

Nulle vérité n'a été et n'est encore plus attaquée que celle du libre arbitre. Faut-il s'en étonner? Rien de si commode, pour vivre à sa guise, que de prétendre que l'âme agit malgré elle, comme une machine mue par des rouages inconscients. Sans doute, il existe de nombreuses circonstances où la *volonté libre* se trouve *affaiblie ou annulée* : c'est ce qui arrive dans le sommeil, la folie, le délire, l'ivresse; dans le somnambulisme non provoqué; dans un accès de passion, ou sous le poids d'une violence extérieure; mais ces exceptions ne peuvent devenir la règle, et la liberté reste malgré tout l'apanage de la nature humaine.

VIII. **Les preuves du libre arbitre.** — La *raison*, l'*expérience* et l'*autorité divine* ne nous laissent aucun doute sur la vérité du libre arbitre.

La raison nous dit que supprimer la liberté, c'est renverser les *idées*, les *sentiments* et les *institutions* universellement établis. — 1° Les idées de *mérite* et de *démérite* paraissent absurdes si l'homme est poussé malgré lui à agir ; comment récompenser ou punir des actions dignes seulement de l'animal ? — 2° Les sentiments les plus enracinés dans le cœur humain : *joies* ou *remords* de la conscience, estime de la vertu, mépris du vice, deviennent également une dérision. — 3° Les institutions communes à toutes les sociétés, et par là même indiscutables, démontrent à leur tour que notre volonté est libre : sans cette condition, les *lois* sont inutiles, les *tribunaux* injustes; plus de *devoir*, et par conséquent plus de moralité : c'est la ruine sociale.

L'expérience personnelle nous tient un langage analogue. « Que chacun de nous, remarque Bossuet, s'écoute et se consulte : il sentira qu'il est libre, comme il sentira qu'il est raisonnable. » Sans doute, nous agissons souvent par entraînement, et par une détermination spontanée : « J'ai fait cela, disons-nous, sans y penser. » Mais le pouvoir d'agir autrement existe : je suis libre de me lever ou de m'asseoir, de parler ou de me taire. Et ce que je constate en moi, tous le peuvent constater par leur propre expérience : donc nous sommes vraiment libres.

Enfin la voix de l'Église, organe de l'autorité divine, a souvent consacré cette importante vérité, particulièrement au concile de Trente, en foudroyant les erreurs de Luther et de Calvin, qui amoindrissaient le libre arbitre.

IX. Erreurs relatives à la liberté morale. — Les passions humaines, troublées et perverties depuis la chute originelle, ont essayé, par toutes sortes de systèmes, d'échapper aux conclusions rigoureuses que nous venons d'exposer. Elles ont fait, et font encore, comme l'enfant pris en faute qui se rejette sur de prétendues impossibilités, disant : « C'était plus fort que moi... J'ai été entraîné... » Toujours anciennes et toujours nouvelles, ces erreurs, habilement présentées, circulent partout et peuvent surprendre la bonne foi des ignorants. Apprenons à en démêler la fausseté.

Beaucoup peuvent être ramenées au *fatalisme* (de *Fatum, Destin*), fondement déplorable de toutes les religions païennes. Les Grecs soumettaient aux arrêts du Destin aveugle les volontés des dieux, aussi bien que celles des hommes ; un de leurs philosophes, Zénon, faisait consister toute la vertu en une résignation *stoïque* aux lois inflexibles de ce dieu. Mahomet trouva dans la paresse orientale de quoi développer et aggraver encore un tel système. « Ce qui doit arriver arrivera ! » fut le mot d'ordre de ses disciples ; et l'on sait à quels excès se porta le fanatisme musulman.

Il n'y a qu'orgueil et lâcheté dans cette prétendue résignation, dans cette attitude passive qui amoindrit la dignité humaine. Ceux qui raisonnent ainsi sur les choses indépendantes de leur action appliquent à leur propre conduite la même fausse maxime : « C'est ainsi !... Ce qui doit être sera... »

« — Mais, pouvons-nous leur répondre, il s'agit justement de savoir *ce qui doit être ;* car vous y avez votre part de responsabilité. Si vous *travaillez* à faire le bien, ce sera *le bien qui sera ;* si au contraire vous demeurez les bras croisés, sous prétexte que l'avenir est écrit, il est évident que vous aurez posé librement les causes de très funestes conséquences. » Opposons donc à l'axiome des fatalistes de toutes nuances le vieil adage, que le sens droit et chrétien a pour jamais consacré : *Aide-toi, le Ciel t'aidera !*

Et qu'on ne dise pas que, Dieu sachant toutes choses à l'avance, nous n'avons que faire d'user de notre liberté, puisqu'il n'arrivera que ce qu'il a décidé. — Comment Dieu, infiniment bon, tournerait-il à mal ce don de la liberté, le plus précieux qu'il nous ait fait, et duquel dépend notre mérite? Nous sommes aussi libres en sa présence et en face de sa science infinie, que le sont des acteurs qui jouent sous nos yeux, ou des gens que, de notre fenêtre, nous voyons circuler sur la place publique.

Sans doute, il restera toujours un profond mystère dans la conciliation de cette double vérité : *science de Dieu, liberté de l'homme;* mais ce mystère même nous est nécessaire. Si tout ce qui tient à notre responsabilité pouvait se démontrer mathématiquement, la vertu serait plutôt un calcul qu'un élan généreux de notre bon vouloir.

Un autre genre d'erreur, très accrédité de nos jours, consiste à soutenir que *tout se détermine* pour nous d'après des causes qui dépassent notre libre arbitre : *tempérament, milieu, climat, caractère,* etc. Ce sont là des *causes accompagnantes*, souvent modifiables, et qui peuvent tout au plus excuser certains actes défectueux. Nous allons voir, dans la leçon prochaine, en traitant de *l'habitude*, quelle part il faut faire à la volonté dans ces éléments du dehors dont nous subissons plus ou moins l'influence.

Exercices pratiques oraux ou écrits.

— Différence entre *agir* et *s'agiter;* entre une personne *active* et une personne *empressée*. — « S'il faut agir, prodigue-toi; s'il faut parler, ménage-toi. » (*Joubert.*)

— *L'instinct d'imitation* chez l'enfant. Offre-t-il des ressources dans l'éducation? Force de *l'exemple*.

— Savoir choisir entre les *principes décidants :* montrer que la *raison* et la *foi* renferment les meilleurs et les plus efficaces.

— Esprits *spéculatifs*, esprits *pratiques :* quelles facultés dominent dans les uns et dans les autres?

— Comment réfuter cette conclusion mensongère, mise en honneur par les romans et par le théâtre, « que le criminel est moins un *coupable* qu'une *victime* des instincts naturels et de l'hérédité »?

— *Je ne peux pas!* n'équivaut-il pas souvent à : *Je ne veux pas!* — *Vouloir, c'est pouvoir.* Comment?

— Rappeler l'exemple de *Démosthène* devenant orateur malgré tous les défauts naturels opposés à cet art.

LEÇON XI

VOLONTÉ (SUITE)

L'habitude. — Le caractère.

SOMMAIRE

I. L'habitude; son domaine.
II. Loi générale de l'habitude.
III. Habitudes actives; habitudes passives.
IV. Puissance des habitudes bonnes ou mauvaises.
V. Part de l'habitude dans l'éducation; habitudes générales, habitudes particulières.
VI. Le caractère : définition. Éléments divers qui le constituent.
VII. Deux expressions à distinguer, au sujet du caractère.
VIII. Dignité de la volonté libre. Formation par l'obéissance et l'initiative.
IX. Conclusion sur la psychologie.

I. **L'habitude; son domaine.** — Entre l'instinct et la volonté libre se place *l'habitude*, qui participe de l'un et de l'autre. On entend par habitude une *disposition permanente, acquise par des actes réitérés ou une situation prolongée.*

Nous disons *permanente*, pour distinguer l'habitude des actes isolés; et nous marquons qu'*elle s'acquiert*, afin de ne pas la confondre avec l'instinct, que nous tenons de la nature. Cette définition fait déjà comprendre que l'homme répond de ses habitudes, puisqu'il pose librement au moins le premier acte d'où elles peuvent naître.

Le domaine de l'habitude, c'est l'être humain tout entier. Tantôt *le corps* y a la part principale, comme il arrive dans la marche, l'équitation, la danse, l'agilité des doigts sur le piano; tantôt l'*âme* y domine : calculer avec facilité, agir avec réflexion, juger promptement et sûrement, sont surtout des habitudes de l'esprit.

La formation des *habitudes corporelles* s'explique aisément par ce que nous voyons se produire dans la nature. Une branche d'arbre prend la direction à laquelle on la soumet; une tige métallique se rend flexible, si on la courbe souvent et longtemps. C'est qu'en effet toute substance matérielle devient d'autant plus apte à prendre tel mouvement, qu'elle y a été plus exercée : le corps suit la même loi.

Quant aux *habitudes de l'âme*, elles ont quelque rapport avec l'association des idées, à la différence toutefois que ce ne sont pas seulement les idées qui s'attirent mutuellement et qui s'imposent, mais encore les sentiments, les impressions et les actes de la volonté. Un enfant commet un premier mensonge, ou bien il cueille un fruit qui ne lui appartient pas : que des circonstances semblables se reproduisent une seconde, une troisième fois, il sera porté à mentir ou à voler de nouveau, à moins qu'on ne l'empêche de prendre ce *mauvais pli*. On doit raisonner de même des bonnes habitudes : un premier effort de vertu peut mener loin !

II. **Loi générale de l'habitude.** — *L'habitude émousse la sensibilité et développe l'activité :* telle est la loi générale que l'on remarque dans les effets de l'habitude.

Les Lapons et les Groënlandais s'accoutument à vivre dans leurs régions glacées, qui seraient insupportables aux habitants de la zone tempérée. L'abus des liqueurs fortes rend le goût comme insensible, et porte le malheureux buveur à en augmenter sans cesse la dose. Il en est de même des émotions souvent répétées : la vue des montagnes remue profondément le voyageur qui les contemple pour la première fois, et ne cause aucune surprise à ceux pour lesquels ce spectacle est devenu familier.

L'activité produit un résultat opposé : l'ouvrier sans cesse occupé au même travail manuel y acquiert une prestesse véritablement incroyable ; de là, le profit de la *division du travail*, pratiqué dans les manufactures. « A force de forger on devient forgeron, » dit le proverbe : ceci s'applique à toutes les branches de l'activité humaine.

Il est aisé de tirer d'*utiles conclusions* de cette loi fondamentale de l'habitude. Notre *faculté de jouir* a des limites ici-bas : elle s'épuise promptement par l'abus ; notre *faculté d'agir* n'est pas enserrée dans les mêmes bornes. Ceux donc qui mettent leur fin uniquement dans le plaisir voient fondre et s'écouler, pour ainsi dire, entre leurs mains, ce qu'ils croyaient saisir : ce sont là *les blasés*, auxquels il n'est plus possible d'offrir aucune jouissance.

Remarquons d'ailleurs que l'habitude n'émousse nullement, dans la sensibilité, ce qui en fait la partie active et réfléchie, mais seulement ce que l'organisme y subit, et ce qu'il en reçoit d'impressions.

III. **Habitudes passives ; habitudes actives.** — On appelle *passifs* les faits dont la cause principale est en dehors de nous ; et *actifs*, ceux dont nous sommes surtout les agents. De là, la distinction qui découle de la loi précédente, entre les habitudes *passives* et les habitudes *actives*.

1° **Habitudes passives.** Elles naissent des *sensations répétées ou prolongées*. Les exemples en abondent : chacun des sens offre les siens. La main du verrier s'accoutume tellement au feu, que cet ouvrier travaille et taille le verre brûlant ; le pharmacien et le chimiste finissent par ne plus être incommodés des fortes odeurs qu'ils respirent sans cesse ; le meunier dort au tic tac de son moulin. « Mon sachet de fleurs, dit Montaigne, sert d'abord à mon nez ; puis il ne sert plus qu'au nez de mes voisins. »

Certaines habitudes, imposées par la contrainte, sont passives à leur origine. L'enfant, lorsqu'il a peur de l'eau froide, la subit d'abord de force; il prend tels aliments, se tient de telle manière parce qu'on le lui commande. Plus tard, il mettra dans ces actes sa propre volonté, et ce sera une heureuse avance de l'avoir plié malgré lui à des habitudes salutaires.

2° **Habitudes actives.** Les habitudes actives, pour ce qui est de l'âme, augmentent la puissance de ses facultés, dans le sens spécial qu'on leur imprime.

Considérons l'*intelligence;* si l'habitude ne venait à son aide, il lui faudrait chaque jour refaire à nouveau ses expériences de la veille : apprendre à voir, à écouter, à retenir, à comparer, à juger. Ces actes lui deviennent au contraire familiers, et demandent de moins en moins d'efforts ; la mémoire surtout profite admirablement de l'habitude, puisque la répétition est sa loi rigoureuse.

Quant à la *volonté*, elle forme en nous les *habitudes morales*, qui entrent pour une si large part dans l'accomplissement de nos devoirs quotidiens. Sans ce fonds acquis, il y aurait lieu à tout instant de délibérer, et de prononcer sur mille choses de détail, que nous faisons sans hésiter. Cela n'empêche point d'ailleurs que la volonté ne passe dans ces actes devenus habituels : elle n'y perd rien de son rôle, pas plus que l'intelligence ne s'amoindrit, bien au contraire, par l'habitude de penser.

IV. Puissance des habitudes bonnes ou mauvaises. — « L'habitude est, au dire de Montaigne, *la reine et emperière* (impératrice) *du monde.* » Nul n'échappe à sa puissance. Que l'on demande à quelqu'un pourquoi il agit de la sorte aujourd'hui ? « Parce que j'ai fait de même hier, » répondra-t-il neuf fois sur dix; et il en serait ainsi demain. Le tout est de tirer de cette force de l'habitude des avantages supérieurs aux dangers qu'elle recèle. Un acte délibéré n'est jamais indifférent, puisqu'il peut être le point de départ d'une habitude bonne ou mauvaise, qui empoignera l'âme et en deviendra la maîtresse.

Il serait donc à souhaiter que l'on ne voulût, et que

l'on ne fit jamais librement, que ce que l'on pourra toujours vouloir ou faire en face de sa conscience. Ainsi se forment les *bonnes habitudes :* la vertu n'est que l'habitude du bien.

Quant aux *mauvaises habitudes,* l'histoire en est aisée à suivre. « Une fois n'est pas coutume, » dit-on volontiers, pour excuser les concessions qui peuvent les engendrer : c'est là un funeste principe. Rien ne se perd dans l'âme, pas plus que dans la nature; et la seule idée caressée qu'on pourra se débarrasser, quand on le voudra, d'une chaîne dont on pose le premier anneau, constitue déjà un point d'appui pour l'habitude. « Oh! disait, avec un accent de désespoir, une malheureuse jeune fille que les mauvaises lectures entraînaient vers l'abîme, oh! si l'on savait ce que peut produire dans une âme d'enfant le premier feuilleton lu à l'insu d'une mère, on ne se déciderait jamais à franchir ce pas fatal! »

Pour laisser à l'âme toute sa liberté, il faut encore lutter contre la *routine,* même lorsqu'il s'agit *du bien.* Une vertu routinière s'arrête là où elle est rendue : viennent des occasions plus difficiles que le courant quotidien, elle risque fort d'y sombrer. A combattre également la *routine* dans les *idées* et dans les *jugements :* « J'ai toujours pensé et jugé comme cela! — Eh bien! si l'on vous démontre aujourd'hui que vous vous êtes trompé, pourquoi ne pas rompre avec cette opinion qui n'était qu'affaire d'habitude ? »

V. **Part de l'habitude dans l'éducation; habitudes générales, habitudes particulières.** — On a souvent comparé, non sans raison, l'âme de l'enfant au jeune arbrisseau que le jardinier dirige à son gré, parce que la tige en est encore tendre. Ainsi en va-t-il de l'habitude, durant les années de l'enfance, avant qu'elle devienne comme une *seconde nature :* c'est alors qu'il la faut diriger vigoureusement vers le bien.

Un léger effort suffit à cet âge pour remplacer une mauvaise tendance par une bonne : plus tard, cette transformation exigerait une énergie sur laquelle on ne doit pas compter. Le *progrès* d'ailleurs, en tout genre, est à ce prix. Une victoire remportée sur une habitude de paresse, par exemple, aide à l'effort suivant, et ouvre du même coup l'intelligence, qui pourra ainsi acquérir davantage.

Les *habitudes générales* sont supérieures aux *habitudes particulières*, et donnent à l'éducation sa plus haute portée, parce qu'elles fournissent les meilleures armes pour l'avenir. Ce sont elles qui préparent les conquêtes du génie. Il vaut donc mieux acquérir l'habitude du *travail*, que celle de tel genre unique de travail; l'habitude générale de la *mémoire*, du *jugement*, de la *réflexion*, plutôt que de s'attacher aux routines de la spécialité. On ne peut, au cours des études, qu'*apprendre à apprendre*, c'est-à-dire se former des habitudes qui ouvriront l'esprit à tout ce qui lui sera, dans la suite de la vie, occasion de développement.

VI. Le caractère; définition. Éléments divers qui le constituent. — Le *caractère* est la *tendance habituelle formée en nous par les penchants et les idées qui ont le plus d'action sur notre volonté*. Ce sont donc les habitudes de l'intelligence et de la volonté qui déterminent en partie le caractère; dès lors il peut être travaillé et modifié, en agissant sur ces idées et sur ces penchants.

Mais il entre dans le caractère un autre élément, lequel échappe à notre vouloir; ce sont les prédispositions physiques ou le tempérament, dont l'âme subit d'autant plus les effets que l'action en est permanente. On dit souvent, en ce sens, *l'humeur*, pour le caractère : une personne nerveuse aura l'humeur vive et impressionnable; une autre, qui est lymphatique, sera par tendance lente et sans ressort.

A mesure qu'il se forme, le caractère devient la *physionomie particulière de l'âme*, sa manière d'être : car il n'y a pas deux âmes complètement semblables, pas plus que deux visages. Et comme, selon le mot de Montaigne, « l'homme est ondoyant et divers, » ce ne peut être que le *trait dominant* de chacun que l'on qualifie par ces expressions : caractère *ardent, léger, sérieux, ferme, hautain,* etc. Mille causes diverses, outre celles que nous venons de signaler, ont d'ailleurs leur part dans cette lente élaboration. L'enfant calque ses actes extérieurs, ses sentiments, ses jugements sur ceux des personnes qui l'entourent; que d'empreintes ineffaçables cet *instinct d'imitation*, joint à l'*influence du milieu*, laissent dans son caractère !

Quelles que soient les difficultés qui s'opposent à la formation du caractère, on doit toujours travailler à cette œuvre capitale. Une enfant fort pétulante, qui s'essayait à corriger les écarts de son humeur indisciplinée, disait à une compagne, aux prises avec les mêmes luttes : « Ton caractère te gêne, dompte-le! » Le mot est énergique, et marque bien le programme de ce genre de combat.

VII. Deux expressions à distinguer, au sujet du caractère. — Le mot caractère se prend, au point de vue psychologique, en deux sens, qu'il est intéressant de distinguer.

Avoir un caractère quelconque, *bon ou mauvais*, voilà le premier sens : il s'applique à tout le monde. Chaque âme a une certaine manière de se montrer, même lorsqu'elle se dissimule. « Il n'y a pas, dit Mme Swetchine, de secret si caché que la conduite ne révèle. » L'autre sens, qui a une bien autre portée, s'exprime par cette locution : *Avoir du caractère*, c'est-à-dire régler toute sa conduite d'après certains principes dont on ne dévie pas; ou encore : *vouloir avec suite*. Une telle fermeté est moins le résultat des dispositions natives, que des efforts les plus généreux et les plus persévérants : la vie morale se déroule alors dans une parfaite *unité*, qui en constitue précisément la force.

C'est ainsi que l'amour d'une patrie opprimée fit de l'illustre *Garcia Moreno* un homme à la volonté de fer, impitoyable contre lui-même, et qui, pendant vingt ans, marcha, sans jamais fléchir, vers son but : rendre à l'*Équateur* la paix et la prospérité, en lui rendant la foi religieuse. « *Vous pouvez*, disait-il à ses ennemis, *briser ma vie; mais aucun de vous n'est assez fort pour briser ma volonté.* » Et le cri qu'il poussa en tombant sous le fer des assassins : « *Dieu ne meurt pas !* » montre assez que de tels caractères sont au-dessus de toutes les défaites.

Je crains Dieu, cher Abner, et n'ai point d'autre crainte, disait, dans le même sens, le grand prêtre Joad.

« L'abbé Emery est le seul homme qui me fasse peur, avouait un jour Napoléon. Il me ferait faire tout ce qu'il voudrait, et peut-être plus que je ne devrais. » Ce vénérable supérieur de Saint-Sulpice était, lui aussi, un homme de caractère.

Lorsque l'on dit d'une société que *les caractères* y *baissent*, cela signifie que les principes dans lesquels la volonté puise sa force y sont ébranlés. Dieu et ses droits, la patrie, la famille et les vertus domestiques : voilà les mobiles supérieurs qui forment les grands peuples et les caractères virils, aussi bien que les saints, et en dehors desquels il n'y a plus que faiblesse.

VIII. Dignité de la volonté libre. — Formation par l'obéissance et l'initiative. — De tout ce qui précède, nous devons conclure que la volonté est la *faculté maîtresse de l'âme*. Elle constitue en chacun de nous la *personnalité*, parce que, plus on sait vouloir, dans le sens juste et élevé de ce mot, plus on est *une personne;* plus au contraire on abandonne le gouvernement de l'âme aux passions, à l'imagination, aux caprices, plus on se rapproche de l'être inférieur : chose ou animal.

« La volonté, dit Lacordaire, est le siége de la puissance; c'est par là que l'homme commande et qu'il est obéi... Beaucoup pensent dire : *je veux*, parce qu'ils prononcent ce mot ; mais il y en a peu qui le disent en effet. C'est le mot le plus rare qui soit au monde, bien qu'il soit le plus fréquemment usurpé, et quand un homme en a le secret terrible, qu'il soit pauvre et le dernier de tous, soyez sûr qu'un jour vous le trouverez plus haut que vous. Ainsi fut César. »

Deux moyens, en apparence opposés, forment la volonté libre, et lui donnent la fermeté dont elle a besoin pour atteindre sa fin : *l'obéissance et l'initiative personnelle*.

1° L'obéissance. J.-J. Rousseau, qui a semé tant d'utopies dans son plan d'éducation (l'*Émile*), prétend que l'obéissance déforme et amoindrit la volonté. Mensonge! Agir à sa guise, n'obéir qu'à soi-même paraît être l'idéal de la liberté; mais si c'est le *mauvais soi-même* qui commande, dans quelle honteuse servitude ne tombe-t-on pas : servitude des caprices et de l'entêtement !

L'obéissance protège l'enfant contre cette liberté, qui n'est encore entre ses mains qu'une arme dangereuse. On doit d'ailleurs lui faire sentir que le principe des ordres qui lui sont donnés remonte plus haut que ceux qui les donnent : à Dieu. Là est la force de l'obéissance : « Je me soumets parce que je le veux ! » Là aussi la vraie liberté, puisqu'on se porte volontairement à ce qui est prescrit. Une volonté qui n'a pas été pliée à l'obéissance ne saura jamais commander, parce qu'elle sera mal équilibrée.

2° L'initiative personnelle n'est pas moins indispensable que l'obéissance. *On apprend à vouloir en voulant,* en se déterminant soi-même lorsque cela est nécessaire; en ne se laissant pas toujours porter sur les bras d'autrui, ce qui n'empêche nullement de consulter avant de prendre une décision. La volonté étant une *faculté active,* il faut *agir,* aller jusqu'au bout, malgré les difficultés : car les projets en paroles, et les *velléités* ne sont que des demi-volontés. Ainsi se forment les *volontés énergiques,* qu'il ne faut pas confondre avec les *volontés impétueuses* et violentes.

« Les volontés les plus fortes, dit Balmès, ne sont pas celles qui se heurtent à chaque instant à toutes choses; les volontés emportées cèdent lorsqu'on leur résiste, et attaquent lorsqu'on leur cède. La fermeté ne se prodigue point; elle ne fait point aux choses indifférentes l'honneur de se mesurer avec elles.

« C'est pourquoi, dans l'usage de la vie, les hommes forts sont pour la plupart condescendants, faciles, prompts à céder; ils se portent sans répugnance aux volontés d'autrui. Mais que le moment soit venu de déployer une grande force dans une affaire importante; ou, dans une moindre affaire, de cesser les condescendances et de dire : C'est assez ! Terribles comme des lions dans l'attaque, ils sont dans la résistance inébranlables comme des rochers. » (*Art d'arriver au vrai.*)

IX. Conclusion sur la psychologie. — 1º Psychologie comparée : l'homme et l'animal. L'étude des facultés de l'âme suffit pour démontrer la folie de ceux qui ont affecté de confondre l'homme avec la bête. Les uns, comme Montaigne, élèvent l'animal au niveau de la personne humaine, en lui attribuant jusqu'à nos facultés supérieures : la raison et la volonté libre. D'autres, beaucoup plus nombreux, surtout à notre époque, ont au contraire entrepris de rabaisser l'homme au niveau de la brute : *L'homme est un singe perfectionné;* tel a été leur mot d'ordre et leur point de départ : origine vraiment flatteuse pour l'humanité !

Sans doute l'*homme* se rapproche de certaines espèces d'animaux par ses besoins, sa constitution physique et ses organes corporels; cependant il en diffère si profondément sous tous les rapports essentiels, qu'il forme à lui seul comme un véritable règne, qu'on pourrait appeler le *règne humain.*

L'*animal,* de son côté, possède quelques-unes des facultés inférieures de l'intelligence : perception des sens, mémoire, imagination; mais il ne saurait réfléchir, juger et raisonner; il est privé de la parole, et le progrès lui est impossible. La sensibilité qu'il manifeste ne dépasse pas l'ordre physique. En fait de volonté, il ne possède que l'instinct et l'habitude. Ces facultés de l'animal, bien qu'elles soient fort inférieures aux nôtres, supposent néanmoins un principe immatériel, qu'on a appelé *l'âme des bêtes,* et que Dieu peut anéantir quand le corps périt.

2º Vue d'ensemble sur les facultés de l'âme. Trois pensées principales nous aideront à résumer les leçons qui précèdent.

1º L'âme, selon la juste expression du P. Gratry, est un *être fini grandissant,* et non pas un *être fini arrêté.* La loi du *progrès* s'impose à elle : non un progrès quelconque, vers tel idéal borné, mais un progrès dont Dieu même soit le modèle et le terme. Ses trois facultés représentent le mystère de la Trinité divine, dans lequel la pluralité des personnes se termine dans une admirable unité. L'homme doit donc, pour réaliser le plan providentiel, cultiver comme *distinctes* sa sensibilité, son intelligence, sa volonté, donnant à chacune l'aliment qu'elle réclame, mais en ayant soin de les ramener au *centre* où tout s'harmonise et se fond : à *Dieu* et à sa volonté.

2º *Plus les facultés se développent, plus elles peuvent recevoir.* On peut donc leur demander beaucoup, pourvu que l'on respecte la hiérarchie établie entre elles. L'intelligence trop surmenée cause l'affaiblissement de la volonté, en absorbant toutes les forces vitales ; c'est avec l'âme entière qu'il faut penser, sentir et vouloir.

3º *Mieux connaître pour mieux faire ;* telle est la fin que nous avons dû nous proposer dans l'étude de la *psychologie.* Mais comment tirer de cette science le moyen de *mieux faire* en effet ? En la complétant, et en mettant en œuvre dans les leçons qui vont suivre : *Logique, Théodicée, Morale,* les principes que nous y avons posés.

Exercices pratiques oraux ou écrits.

— « Il vaut mieux *former* les enfants que d'avoir ensuite à *réformer* les hommes. » Pourquoi cela ?

— « L'habitude de penser en donne la facilité ; elle nous rend plus pénétrants et plus prompts à tout voir. » (*Joubert.*)

— Dans quel sens entendre cette maxime : *A l'impossible, nul n'est tenu ?* Comment l'accorder avec la devise de Jacques Cœur : *A cœur vaillant, rien d'impossible ?*

— *Légèreté* à juger, à décider : quels caractères cette habitude engendre-t-elle ?

— En quoi se ressemblent et en quoi diffèrent *l'homme audacieux* et *l'homme téméraire ?* Exemples historiques à l'appui ?

— Quelles qualités dominent dans une *âme sérieuse ?* dans une *grande âme ?* dans une *belle âme ?*

— Qu'est-ce qu'un *caractère capricieux ?* Où trouver les causes de cette tendance ?

TABLEAU RÉCAPITULATIF DE LA PSYCHOLOGIE

I. EXISTENCE ET NATURE DE L'AME

EXISTENCE DE L'AME
- Le corps et l'âme. — Le *physique* et le *moral*.
- Trois vies en nous.
  - Vie *animale*.
  - Vie *intellectuelle*.
  - Vie *morale*.
- Certitude de l'existence de l'âme : réfutation du *matérialisme*.

NATURE DE L'AME
- L'âme est spirituelle, c'est-à-dire est un *esprit*.
- L'âme est immortelle.
  - La *raison*,
  - Le *témoignage du genre humain*,
  - Les *attributs de Dieu*
  prouvent cette vérité.

II. FACULTÉS DE L'AME

1° Sensibilité.

I. SENSIBILITÉ PHYSIQUE (*sensations*)
- Mise en jeu par les organes des sens.
  - Phénomène de la *sensation*.
  - Valeur morale des sensations.

II. SENSIBILITÉ INTELLECTUELLE ET MORALE produit les *sentiments*, qui tous se rapportent à trois sortes d'*inclinations innées*
- 1° Inclinations personnelles.
  - Du corps ou *appétits*.
  - De l'âme : *amour-propre*.
- 2° Inclinations sociales.
  - *Philanthropie* et *sympathie*.
  - *Amitié*.
  - *Affections de famille*.
  - *Patriotisme*.
- 3° Inclinations supérieures.
  - Sentiment du *vrai*,
  - — du *beau*,
  - — du *bien*,
  - — *religieux*.
- Les passions.
  - Elles naissent des inclinations.
  - Bonnes et mauvaises passions.
  - Responsabilité et rôle des passions.

2° Intelligence.

NOTIONS GÉNÉRALES	Les trois groupes des facultés ou ressources de l'intelligence. Les idées et les pensées.	
	L'attention, condition au fonctionnement de l'intelligence.	Différentes formes. Nécessité. Défauts opposés : *distraction*, *préoccupation*. Puissance et rôle pratique.
I. ACQUISITION DES IDÉES	1° par la Perception.	La *conscience*, premier moyen de perception. Les *sens*, second moyen.
	2° par la Raison.	Idées qu'elle nous donne (*Principes de raison*). Rôle de la raison. Éducation de la raison. Sens commun et bon sens.
II. CONSERVATION DES IDÉES	1° par la Mémoire.	*Conservation* et *rappel* des idées. Culture de la mémoire. Ses qualités : *docilité*, *fidélité*, *promptitude*. L'association des idées, élément de la mémoire.
	2° par l'Imagination.	1° Imagination *reproductrice*. 2° — *créatrice* : ses applications. L'imagination et le *génie*. Avantages et dangers de l'imagination.
III. TRAVAIL OU ÉLABORATION DES IDÉES par quatre opérations principales	Abstraction.	Le *concret* et l'*abstrait*. Usage pratique de l'abstraction.
	Généralisation.	Usage dans les *sciences* et dans la *vie*.
	Jugement.	Sens philosophique et sens usuel. Esprits justes, esprits faux. Causes des faux jugements.
	Raisonnement.	Par *induction*, par *déduction*, par *analogie*.

3º Volonté.

TROIS FORMES DE L'ACTIVITÉ OU VOLONTÉ		Instinct. — Volonté libre. Habitude.
1º L'INSTINCT	Caractères de l'instinct.	Ignorance du but. Absence de progrès. Uniformité.
2º LA VOLONTÉ LIBRE	Conditions d'un acte libre.	1º Délibération. 2º Détermination. 3º Exécution.
	Désir et volonté.	Différence, quant à l'*objet* et au *caractère*.
	Le libre arbitre.	Preuves de la liberté humaine.
	Erreurs relatives à la liberté.	Le *fatalisme* et ses conséquences. Science infinie de Dieu ne peut l'entraver. *Causes influentes* ne dépassent pas le libre arbitre.
3º L'HABITUDE	Son domaine.	Habitudes *corporelles*. — de l'*âme*.
	Sa loi générale.	Elle émousse *sensibilité* et développe *activité*.
	Habitudes passives.	Naissent de *sensations* répétées ou prolongées.
	Habitudes actives.	Aident au développement des facultés de l'âme.
	Puissance des habitudes.	Des *bonnes* habitudes et des *mauvaises*. L'habitude dans l'éducation.
	Le caractère.	Tient à l'ensemble des *habitudes intellectuelles* et *morales*. « Avoir du caractère. »
	Formation de la volonté.	1º Par l'*obéissance*. 2º Par l'*initiative personnelle*.

LOGIQUE

LEÇON XII
LA VÉRITÉ ET L'ERREUR.

SOMMAIRE
I. But de la Logique. Division de cette étude.
II. La vérité : définition. Nous devons la rechercher.
III. Degrés dans la possession de la vérité : doute, probabilité, certitude, évidence.
IV. Le doute moral et ses tristes effets.
V. Le scepticisme : sa réfutation.
VI. L'erreur et ses traits distinctifs.
VII. Causes intérieures de nos erreurs.
VIII. Causes extérieures de nos erreurs.

I. But de la Logique. Division de cette étude. La *Logique* est la *science du vrai*, ou *l'art de bien penser*, c'est-à-dire de bien user de son intelligence.

Déjà, en traitant de la sensibilité, nous avons signalé, comme une des inclinations les plus fortes de l'âme humaine, le besoin qu'elle éprouve de *la vérité :* elle en est avide comme l'œil est avide de lumière. Et cependant, nous sentons en nous-même et nous voyons autour de nous que *l'erreur* est souvent accueillie avec plus d'empressement que la vérité, et qu'elle retient dans les ténèbres des esprits faits pour la clarté du grand jour. D'où cela peut-il provenir? L'intelligence n'est-elle pas armée de pouvoirs admirables, raison, mémoire, jugement, pour atteindre le vrai? — Oui, sans doute, mais il faut utiliser ces moyens, en dépit des obstacles qui conspirent à les rendre inutiles.

C'est à quoi précisément s'applique la Logique. Ne dit-on pas, d'une personne qui sait pousser jusqu'au bout ses principes et leurs conséquences : « C'est un *esprit logique...* Elle est *logique dans ses conclusions?* » Ce qui rend plus intéressante encore cette nouvelle étude, c'est qu'elle est l'acheminement direct au but final de toute existence humaine, et qu'elle ne nous apprend à trouver *le vrai* que pour nous établir dans *le bien* et dans la vertu : *voir juste pour marcher droit.*

L'un des plus grands maux qui puissent atteindre les individus comme les sociétés, c'est lorsque le faux s'établit à côté du vrai sur le pied de l'égalité, sans que ce rapprochement soulève l'indignation. Ce spectacle, hélas! n'est-il pas fréquent de nos jours, et n'y a-t-il pas très grande utilité à offrir ici aux jeunes intelligences quelques brèves notions de Logique, que l'on pourrait intituler : *A la conquête de la vérité!*

Nous établirons tout d'abord la nature de la *vérité*, et ses caractères distinctifs, opposés à ceux de l'*erreur*; puis les *moyens* par lesquels nous pouvons connaître la vérité et la communiquer aux autres, qui sont : le *Langage,* le *Témoignage des hommes* et la *Méthode.*

II. La vérité : définition. Nous devons la rechercher. — Qu'est-ce que la vérité? « C'est *ce qui est,* » répond Bossuet; d'où il suit que Dieu est la vérité même, puisqu'il possède l'*être infini.* Par rapport à nous, la vérité est la *réalité des choses :* connaître les choses telles qu'elles sont, c'est être dans la vérité.

Lorsqu'on appelle *or* ou *diamant* ce qui n'est que cuivre ou verre; lorsqu'on qualifie d'*heureux* celui qui est arrivé à la fortune par le crime, on sort de la réalité, c'est-à-dire de la vérité. — « D'où vient l'homme? Où va-t-il? » Si je réponds qu'il vient de Dieu, son créateur, et qu'il retourne à Dieu, je suis dans le vrai et le réel.

Or cette vérité, qui est *une* en Dieu, se *diversifie*, pour des esprits créés comme les nôtres; de sorte que nous avons à chercher et à travailler pour en réunir les fragments épars, et pour en posséder le plus qu'il nous est possible ici-bas. *Le savant* poursuit la vérité scientifique; *l'orateur, l'écrivain* cherchent à convaincre ceux qui les écoutent ou les lisent, de ce qu'ils croient être la vérité; chacun enfin, dans la vie ordinaire, est jaloux de faire valoir *ses raisons*, c'est-à-dire de mettre la vérité de son côté. Nous sentons en effet que la vérité nous grandit, nous achève, et qu'elle mérite d'être aimée et possédée pour elle-même.

Reste à savoir si l'on ne se trompe pas souvent dans cette recherche ou cette appréciation; car enfin, d'après un des principes fondamentaux de la philosophie, *oui et non* ne peuvent être vrais en même temps de la même chose. Et cependant, que d'opinions contradictoires n'entendons-nous pas soutenir chaque jour, avec autant de force de part et d'autre! Il y a donc lieu de distinguer les *divers degrés* auxquels on peut arriver dans la *possession de la vérité*.

Remarquons d'ailleurs, dès maintenant, que si les mystères et les dogmes de la foi ne réclament que notre adhésion, parce que Dieu même les propose, il reste encore, dans les *questions religieuses*, dans les preuves historiques du christianisme, par exemple, de quoi exercer et captiver nos facultés de raisonnement : l'on peut même dire que la raison, instruite par une saine logique, prépare les grands croyants.

III. **Degrés dans la possession de la vérité : doute, probabilité, certitude, évidence.** — La vérité ne change pas : elle est à l'abri de toutes les vicissitudes. Les passions humaines auront beau s'attaquer aux éternels principes qu'elle proclame, et dire, pour excuser leur faiblesse, que *le vrai est faux*, et que *le faux est vrai*, rien n'altérera son immutabilité. On peut la comparer au soleil, qui possède toujours le même foyer de chaleur et de lumière, quels que soient les nuages interposés entre lui et nous; ou quel que soit le bandeau épais dont nous couvrions nos yeux pour ne le pas voir. C'est donc la disposition de notre esprit, ce sont nos moyens de connaissance, qui établissent les divers degrés selon lesquels nous arrivons au vrai.

Il y a d'abord le **doute**, ou état d'un esprit qui flotte entre le faux et le vrai, sans se fixer à rien; puis la **probabilité**, dans laquelle on incline davantage vers la proposition qui semble la plus vraie, bien qu'il y ait encore de l'indécision : souvent, dans les choses de la vie, il faut agir d'après les probabilités; enfin la **certitude**, ou adhésion ferme et inébranlable à la vérité reconnue telle. Lorsque le jour complet, c'est-à-dire l'**évidence**, se fait dans l'âme, il n'y a plus de délibération possible : on se rend à cet éclat vainqueur.

On distingue : la *certitude physique*, qui nous est donnée par les sens extérieurs, et qui a pour objet les choses matérielles : il est certain que le soleil s'est levé ce matin, qu'il se lèvera demain; il est certain que je tiens une plume ou un livre à la main, que je suis en tel lieu, etc.; — la *certitude morale*, ou conviction venant du sens intime ou du témoignage des hommes : j'ai la certitude qu'un acte de vertu rend heureux celui qui l'a accompli; il me paraît évident que Charlemagne et Louis XIV ont vécu; que la ville de Londres existe, bien que je ne l'aie jamais vue.

Souvent nous adhérons à la vérité, malgré certaines ombres qui nous restent : c'est la *croyance*, laquelle demeure libre, tandis que la certitude s'impose à l'esprit. Dans l'ordre des vérités religieuses, la croyance devient la *foi* : Dieu seul peut y obliger ses créatures. On comprend d'ailleurs qu'elle ne puisse reposer sur l'évidence sans ombres, puisqu'elle serait alors forcée et sans mérite, et que, par cela même, notre esprit comprendrait l'infini de Dieu, ce qui est impossible.

IV. Le doute moral et ses tristes effets. — Autant la possession de la vérité rend l'homme heureux, autant le doute, qui est un état contre nature, lui est pénible, surtout lorsqu'il porte sur les questions capitales d'après lesquelles s'oriente la vie : Dieu, l'âme et son avenir. Dans l'ordre naturel, le doute, qui est plutôt l'indécision, se guérit par la culture de l'intelligence et l'affermissement de la volonté; dans l'ordre des choses surnaturelles, la foi en est le remède : elle supplée à nos jugements faillibles et bornés.

Un livre saisissant de vérité[1] retraçait naguère les douleurs intimes de quelques-unes de ces *victimes du doute*, choisies parmi les écrivains du XIXᵉ siècle. On y entend des aveux tels que celui-ci, de *Jouffroy*, qui pleure avec des larmes de sang la foi de son enfance, dont une philosophie orgueilleuse l'a dépouillé : « Comment vivre en paix, dit-il, quand on ne sait ni d'où l'on vient, ni où l'on va, ni ce qu'on a à faire ici-bas; quand tout est énigme, mystère, sujet de doutes et d'alarmes? Vivre en paix dans cette ignorance est chose contradictoire et impossible. »

« Nous sommes, s'écriait *George Sand*, qui n'a que trop contribué à jeter les âmes dans ce mal affreux, nous sommes une génération infortunée, une colonie errante dans l'infini du doute, cherchant, comme Israël, une tente de repos, mais abandonnée, sans prophète, sans guide, sans étoile, et ne sachant même pas où dresser une tente dans l'immensité du désert. »

Et ces cris de douleur de tant de poètes, tourmentés de la même angoisse :

Le doute aussi m'accable, hélas ! et j'y succcombe.
Mon âme fatiguée est comme la colombe
Sur le flot du déluge égarant son essor ;
Et l'olivier sauveur ne fleurit pas encor.
(Hégésippe Moreau.)

Et *Byron* : « O rêves de mon enfance, combien je vous regrette ! Je ne puis vous oublier, puisque devant moi je n'ai que des ténèbres ! »

Enfin, *Alfred de Musset* :

Qu'est-ce donc que ce monde, et qu'y venons-nous faire,
Si pour qu'on vive en paix il faut voiler les cieux?

---

[1] *Les Victimes du doute*, par Mgr Baunard.

Passer comme un troupeau, les yeux fixés à terre,
Et renier le reste : est-ce donc être heureux ?
Non, c'est cesser d'être homme et dégrader son âme.
(*L'Espoir en Dieu.*)

On le voit, par ces citations qui pourraient être multipliées, après avoir douté volontairement entre le vrai et le faux, l'esprit humain porte le même doute coupable entre le bien et le mal, entre le vice et la vertu : les barrières sacrées sont rompues, et les âmes, déjà plongées dans les ténèbres, s'affaissent dans la fange.

V. Le scepticisme; sa réfutation. — Le doute, érigé en système, a pris le nom de *scepticisme*, d'un mot grec qui signifie : *je cherche*. Cette doctrine, poussée à l'extrême, prétend que l'homme est incapable de posséder aucune vérité.

Il s'est rencontré à toutes les époques des intelligences faussées, qui ont soutenu cette sorte de *folie philosophique*. *Pyrrhon* enseignait à Athènes, vers la fin du IVe siècle avant J.-C., un scepticisme universel, absolu, appelé de son nom *pyrrhonisme*, et dont la formule : *Qui sait ?* a été renouvelée par notre *Montaigne*. *Que sais-je ?* était la conclusion familière de ce dernier, qui trouvait « que le doute est un doux oreiller pour une tête bien faite ».

Le scepticisme, quelles que soient ses nuances, renferme une contradiction flagrante, puisqu'il affirme *qu'il est vrai que la vérité n'existe pas; qu'il est certain qu'il n'y a pas de certitude*. Que si le scepticisme va jusqu'à douter de sa propre affirmation et de son propre doute, alors il cesse d'être intelligent, et c'est le cas de dire avec Pascal : « L'homme ici fait la bête. »

Il y a un doute plus pernicieux peut-être que celui des savants, tels qu'ont été Bayle, Kant, Hume, Berkeley, etc., lesquels raisonnent en sceptiques, mais ne peuvent être compris de tous : c'est le *doute contemporain*, léger, railleur, qui s'insinue partout, non seulement dans le domaine de la vertu, mais dans celui des arts, de la littérature, de l'histoire. « Ces doctrines, disait

Lamennais, sont la négation et le suicide de l'intelligence elle-même. »

VI. L'erreur et ses traits distinctifs. — *L'erreur est un jugement faux*, appuyé sur une raison qui a l'apparence de la vérité.

Tantôt elle consiste en une *fausse conséquence* tirée d'un *principe vrai*; tantôt en une *conséquence légitime* tirée d'un *principe faux*. Le mot du paresseux : « J'ai bien le temps ! » renferme une erreur, parce que Dieu, qui en effet nous donne le temps, ne nous a pas promis de le prolonger à notre gré. — De cet axiome trompeur : « Le plaisir avant tout ! » on peut conclure en bonne forme qu'il faut échapper le plus possible à la contrainte du travail. Ici l'erreur est dans le principe posé.

L'erreur diffère donc : 1º *de l'ignorance* qui ne connaît pas et ne juge pas; l'enfant détruirait un billet de banque comme un papier ordinaire, il en ignore la valeur; — 2º *du mensonge*, qui parle contre sa croyance : « Au loup ! au loup ! » criait le jeune berger menteur; de loup, il n'en était pas trace; — 3º *du préjugé*, qui peut être une opinion vraie, mais acceptée sans examen : « Cette personne a un mauvais caractère. — Comment le savez-vous ? — Je le suppose. » C'est là un préjugé.

VII. Causes intérieures de nos erreurs. — — 1º **L'imperfection de nos facultés.** Sans doute l'esprit de l'homme est capable de grandes choses; « mais enfin, comme dit Bossuet, ses vues sont toujours courtes par quelque côté. » Notre intelligence, bornée par sa nature, demeure sujette à l'erreur : Dieu seul est infaillible.

Déjà nous avons signalé, dans la psychologie, plusieurs causes de ces *défaillances intellectuelles*. Les *sens* nous trompent souvent : « J'ai vu ceci; j'ai entendu cela. — En êtes-vous sûr? C'est précisément le contraire qui est vrai. Vous avez vu sans bien regarder; vous n'avez prêté qu'une oreille distraite. » La *mémoire* oublie; et ces oublis diminuent d'autant le fonds d'expérience que cette faculté devrait amasser en nous. *L'imagination* déforme, augmente ou diminue la vérité, avec l'intention de nous tromper. *L'ignorance* enfin conduit souvent à l'erreur, parce que l'orgueil et la légèreté d'esprit portent à juger et à décider même sur ce qu'on ne sait pas.

C'est pourquoi il faut avoir à cœur de travailler toute sa vie à perfectionner ses facultés : *réfléchir, observer, comparer* sont des exercices propres à tout âge. Plus l'intelligence est éclairée, plus elle voit ce qui lui manque et en convient humblement; « il n'y a rien de plus rare, au contraire, qu'un demi-savant modeste. »

2° **Les passions.** Au lieu de ne nous laisser convaincre que par la raison, nous cédons trop souvent aux mouvements de la passion.

L'orgueil ne veut rien écouter : « Ce n'est pas moi qui ai dit cela, qui ai eu cette idée; donc c'est faux ! » De là, le *besoin de contredire* à quelque prix que ce soit; il suffit, à certaines personnes, que quelqu'un dise *blanc* pour qu'elles répondent *noir*. Non pas que les discussions n'aient leur raison d'être; elles échauffent et éclairent la vérité. Mais des contradicteurs à outrance perdent la notion du vrai; ils veulent à tout prix avoir le dernier mot, et ne se résignent jamais à dire : « Vous avez raison, je me suis trompé. » Leur décision est prise à l'avance… un peu comme dans *le Loup et l'Agneau* de La Fontaine.

L'amour-propre nous fait juger des choses par rapport à nous, sans tenir compte de la réalité : « Il m'est avantageux que telle personne soit ainsi; que tel fait se soit passé de telle manière : donc j'affirme que cela est. — Mais si les autres soutiennent un avis opposé ? — Ils sont tous des opiniâtres ! »

Les *sympathies* et les *antipathies*, les *amours* et les *haines* : autres sources d'erreurs. Tout est bien, tout est agréable dans ceux que nous aimons; tout, jusqu'à leurs défauts. Ce que nous venons de désapprouver dans quelqu'un qui nous déplaît, nous y applaudissons dans tel autre qui revient à nos goûts; tant est vraie la maxime de La Rochefoucauld : « L'esprit est souvent la dupe du cœur. » Ce qu'on désire ardemment semble facile, et conforme à la justice; ce qu'on redoute paraît injuste et difficile.

Que l'on cherche au fond de toutes les hérésies, on trouvera toujours dans leurs auteurs quelque passion mauvaise qui a troublé l'esprit. « Car, si les grandes pensées viennent du cœur, les grandes erreurs en naissent aussi, » dit Balmès; et souvent, « c'est le cœur qui fait mal à la tête. »

VIII. **Causes extérieures de nos erreurs.** — 1º Les fausses autorités. Il est dans l'ordre que nous acceptions, sur l'autorité d'autrui, une foule de notions qui échappent à nos sens ou à notre intelligence; mais il ne faut pas confondre cette nécessité, dont nous étudierons plus loin les conditions, avec l'indifférence et la paresse intellectuelles, qui acceptent tout sans examen. De là, cette force incroyable exercée par l'opinion, tant sur les foules que sur les individus : « Tout le monde dit ainsi ! » Et l'on adopte soi-même ces *opinions toutes faites*, afin de s'éviter la peine de démêler la vérité.

2º Les apparences. C'est une faiblesse encore très commune de s'arrêter à la surface des choses, et à des dehors mensongers. *L'éclat* et *le succès* sont pour beaucoup de gens l'enseigne du vrai mérite : « Il a réussi, donc il a raison ! Cet autre a subi des épreuves et des échecs, donc il a tort ! » De même, le *langage pompeux* et agréable, un *ton de voix* insinuant, de la jactance et de l'audace font accepter toutes les faussetés, et jusqu'au pire poison de l'erreur; tandis que la vérité, belle seulement de sa simplicité, ne rencontre que peu d'amis. Et cependant :

Rien n'est beau que le vrai; le vrai seul est aimable.

« Mais ces formes sont rudes... Mais cette personne m'est hostile... » Il se peut; néanmoins il y a du vrai dans ses raisons ; or la vérité doit être accueillie, de quelque part qu'elle nous vienne. Sans doute, les manières extérieures ne peuvent être dédaignées, et le poëte nous représente

> La Vérité toute nue
> Sortant un jour de son puits,

et repoussée de tous, jusqu'à ce que la gracieuse Fable fût venue à son aide. C'est au jugement qu'il appartient de distinguer ce qui n'est qu'apparence.

Concluons en disant que le malheur ne consiste pas à se tromper, mais à persévérer dans une erreur connue, et à laisser ainsi diminuer en soi l'amour de la vérité.

Exercices pratiques oraux ou écrits.

— Avoir simplement l'idée d'une fée, d'un monstre ailé, d'une montagne d'or, d'un fleuve de sang, etc.; est-ce une erreur? Où commence l'erreur? Est-elle dans l'*idée* ou dans le *jugement*?

— Que répondre à ceux qui disent : « Je ne crois plus à rien en fait de vertu? »

— « Il faut du *courage* pour croire et de l'*audace* pour douter. » (*Hello.*) — Justifier cette parole par quelque exemple historique.

— Puisque la *vérité absolue* n'est qu'en Dieu, ne doit-on pas s'attendre à trouver des contradictions même sur des questions qui contiennent beaucoup de vrai?

— « Il n'y a que la vérité qui blesse, » dit-on aux gens susceptibles; expliquer ce mot.

— « Les *bons jugements* voient le *bien* à côté du *mal*; » montrer par des faits à quelles erreurs on s'expose en agissant autrement, puisqu'on en viendrait alors à prouver que *tout est mal*.

— Quel état d'âme peignait le mot de Gœthe, s'écriant à ses derniers instants : *De la lumière! De la lumière!*

— « L'esprit n'est *raisonnable* que parce qu'il connaît Dieu, *raison suprême*; il n'y a pas une étincelle de raison ou d'intelligence, là où ne rayonne pas l'éternelle vérité. » (*P. Gratry.*) — Que conclure de cette importante remarque?

LEÇON XIII

MOYENS D'ARRIVER A LA VÉRITÉ

Le langage.

SOMMAIRE

I. Le langage en général; sa nécessité.
II. Langage d'action. Son rôle.
III. Langage écrit. Écriture idéographique; écriture phonétique.
IV. Langage oral. La parole : son origine divine.
V. Le mot est à la pensée ce que le corps est à l'âme.
VI. Influence de la pensée sur la parole.
VII. Influence de la parole sur la pensée.

I. Le langage en général; sa nécessité. — Plus la vérité apparaît désirable, plus on doit s'efforcer de la posséder pleinement, et de s'éloigner de toute erreur. De quels moyens disposons-nous pour parvenir à cette fin? Plusieurs nous sont déjà connus; c'est d'abord le *sens intime*, qui nous fait dire avec certitude : J'existe, je souffre, je jouis...; puis la *raison*, à laquelle nous devons les vérités premières; enfin les données des *sens* : de la vue et de l'ouïe en particulier.

Ces ressources nous ont-elles suffi pour arriver au degré de connaissance où nous nous trouvons actuellement? Non, sans doute : il a fallu y joindre le *témoignage de nos semblables*, par le moyen de la *parole*. Depuis les premiers mots que la voix maternelle bégayait à nos oreilles, combien de vérités nous sont venues par ce merveilleux instrument !

Mais la parole elle-même n'est qu'une forme du *lan-*

gage en général, lequel peut être défini *un ensemble de signes propres à manifester les idées ou les sentiments.*

On distingue : le langage d'action, le langage écrit et le langage oral.

II. Langage d'action. Son rôle. — Le langage d'action, soit *naturel*, soit *artificiel*, ne s'adresse guère qu'aux yeux. Il consiste dans les *gestes* du corps, dans les *mouvements* et les *jeux de la physionomie*, dans les *sons inarticulés*, que la douleur, la joie, ou tout autre sentiment très vif arrachent spontanément.

Les *gestes* accompagnent la parole ou la suppléent. Un orateur doit posséder cette science du geste ou de l'action. Un chef d'armée peut, sans dire mot, marquer de la main tout un mouvement de bataille. La *mimique artificielle* des sourds-muets leur tient lieu de langage parlé.

La *physionomie* dit plus encore que le geste. Souvent un regard, un sourire, des larmes, valent de longs discours ; la rougeur qui monte au front, ou la pâleur qui l'envahit, trahissent les émotions de l'âme. On peut mentir avec effronterie en parlant ou en écrivant ; mais il est presque impossible que le visage ne laisse percer, au moins pour un regard attentif, quelque trouble révélateur.

Il est certain que l'ascendant de la parole dépend beaucoup du langage d'action : de l'attitude, de l'expression de la physionomie ; tant nous sentons que l'âme s'y laisse voir, avec plus de sincérité encore que dans le discours lui-même.

III. Langage écrit. Écriture idéographique ; écriture phonétique. — Le langage écrit fixe la parole, qui n'est qu'un souffle de la voix ; il en fait survivre l'auteur et centuple son action, en permettant qu'il soit entendu à travers les temps et les distances.

Le degré de perfection de ce langage, chez les différents peuples, a marqué, et marque encore aujourd'hui, le développement plus ou moins parfait de la pensée. Lorsque, vers la fin du XVe siècle, l'imprimerie commença à se répandre, on sentit de toutes parts un prodigieux essor donné à l'esprit humain par cette diffusion, jusque-là inconnue, de l'écriture.

On distingue : 1° l'écriture qui *dessine l'idée*, et que l'on appelle pour cela **idéographique**. Telle était celle des anciens Égyptiens : un *rond* signifiait chez eux le *soleil*; une *épée*, la *guerre*; une *charrue*, les *travaux des champs*, etc. Leurs *hiéroglyphes*, inventés depuis, marquaient déjà un perfectionnement sur cette simple représentation de l'idée, laquelle exige une quantité comme innombrable de signes. Les Chinois, qui ne se sont pas élevés au-dessus de ce type primitif, possèdent environ trente mille lettres dans leur langue; la vie d'un homme suffit à peine pour les apprendre toutes.

Les *chiffres* et les *signes algébriques* appartiennent aussi à l'écriture idéographique.

2° L'écriture **phonétique** ne représente pas les objets et les idées, mais les *sons de la voix*, beaucoup moins nombreux, lesquels, en se combinant, forment les mots. Ces signes ou lettres, au nombre de vingt-cinq en français, suffisent à exprimer toutes les nuances de la pensée : ils composent l'*alphabet*, découvert, dit-on, par les Phéniciens.

Les *langues indo-européennes*, dont le grec, le latin, — et le français, issu de cette dernière langue, — font partie, ont sur le type chinois l'immense avantage des modifications ou *flexions des mots*. Que de ressources variées dans les diverses formes de nos verbes, dans notre syntaxe : et quelle clarté en résulte dans le discours! Chez les Chinois, le verbe compte à peine : l'ordre des mots est tout, et souvent il faut interrompre son interlocuteur pour obtenir une explication, et s'assurer que l'on a compris.

IV. **Langage oral : La parole; son origine divine.** — La parole, où *ensemble de sons articulés*, est le langage par excellence; il pénètre par l'ouïe jusqu'à l'âme, qui sympathise comme d'instinct avec la voix humaine. Ce privilège de la parole, réservé à l'homme, met pour ainsi dire un abîme entre lui et les animaux, même les mieux doués.

Sans entrer dans les discussions des savants au sujet de *l'origine de la parole*, disons, sans crainte de nous tromper, que *la parole est d'origine divine*. Le premier homme, pas plus qu'un enfant isolé, n'aurait pu inventer cet admirable moyen de communiquer ses pensées. En donnant à nos premiers parents la faculté de parler, Dieu leur a donc enseigné, dans le Paradis terrestre, les éléments du langage : les noms et les qualités des choses. Une fois en possession de ces données, l'homme a pu et a dû se créer à lui-même d'autres mots, qu'il jugeait nécessaires, suivant les temps, les lieux, les climats.

De ces besoins particuliers sont nées les diverses langues; la *confusion de Babel* en fut le point de départ; mais la nécessité y concourut aussi, et amena, avec la suite des âges, tantôt leur progrès, tantôt leur décadence. Les érudits reconnaissent d'ailleurs, au fond des *langues mères*, les traces d'une langue unique, qui a formé certaines racines de mots, les mêmes partout : le mot *Dieu*, par exemple, se retrouve, presque semblable, dans les idiomes primitifs, et rappelle le *Jéhovah* hébreu.

V. **Le mot est à la pensée ce que le corps est à l'âme.** — Distinguons, dans l'usage de la parole, le *mot* et la *pensée*; le *dehors* et le *dedans*. Une comparaison nous aidera à comprendre leur rôle mutuel.

Le mot est comme *le corps* de notre idée; la pensée en est *l'âme*.

Un *corps sans âme* n'est qu'un cadavre inanimé; de même un *mot vide de pensée* est mort : il ne peut communiquer ni chaleur, ni vie. Mais si le corps a besoin de l'âme, celle-ci à son tour puise en ce compagnon de son existence des secours indispensables; ainsi en est-il du mot : il fixe et achève la pensée, en sorte que l'union de ces deux éléments fait la beauté et la force de la parole humaine.

Le corps, tout inférieur qu'il est à l'âme, mérite des égards et des respects, parce qu'il lui sert de demeure ; on peut dire également que le mot doit être respecté, comme étant l'organe de la pensée : malheur à qui le profane, en le faisant servir au mensonge et à l'injustice !

La parole pour la pensée, la pensée pour la vérité et la vertu. Ce précepte de Fénelon marque le but auquel il faudrait toujours tendre. Montaigne, dans ses *Essais*, cherche à mettre en garde contre la *piperie des mots*, c'est-à-dire l'appât des expressions trompeuses qu'on lance au vulgaire pour l'éblouir : combien de fois n'a-t-on pas dupé les foules par les mots magiques de *liberté* ou d'*oppression*, d'*intolérance*, de *droit*, de *pouvoir !* Il n'y manquait que d'y mettre l'âme, en y mettant la vérité.

VI. Influence de la pensée sur la parole. — Il est d'une bonne logique d'apprendre à renforcer l'une par l'autre ces deux puissances : la *pensée* et la *parole*.

1° La *pensée vague*, indécise, mal définie produit le *langage obscur*, terne, impersonnel : rien de vrai ni d'original dans cette parole ; peu de force par conséquent pour faire rayonner la vérité. Celui qui parle ainsi ressemble au *Trissotin* de Molière :

> On cherche ce qu'il dit après qu'il a parlé.

Penser et réfléchir étant un travail, beaucoup se dispensent de cet effort, et emploient des *expressions toutes faites*, sans s'inquiéter s'il y a proportion entre le mot et l'idée : « C'est stupéfiant ! C'est inouï ! C'est atroce ! Ce n'est pas drôle !... » Tout cela, et tant d'autres lieux communs usés, n'exprime absolument rien.

2° Plus au contraire la *pensée* est *vive, forte, lumineuse*, plus elle éclate et se rend sensible dans l'expression. Chaque parole révèle une idée et la met en relief ; tout le langage est comme imprégné de l'âme qui le vivifie. C'est là le *grand sens des mots*, et non plus le *sens étroit* qui emprisonne la pensée.

Les écrivains de génie créent, sans presque y songer, de ces sens et de ces tournures, qui répondent au sentiment ou à la vérité qu'ils ont besoin de communiquer ; car l'éloquence, « c'est l'âme mise au dehors. » Joubert a dit excellemment : « Plus une parole ressemble à une pensée, une pensée à une âme et une âme à Dieu, plus tout cela est beau. »

Bossuet semble ne pouvoir détacher sa pensée de ces deux abîmes extrêmes : *grandeur* de Dieu, *néant* de l'homme ; et, pour mieux exprimer ce qu'il y entrevoit, il trouve sans cesse de nouvelles ressources de langage :

« Grandeur humaine ! de quelque côté que je t'envisage, je trouve toujours la mort en face, qui répand tant d'*ombres* de toutes parts sur ce que l'éclat du monde voudrait *colorer*, que je ne sais plus sur quoi appuyer ce nom auguste de grandeur, ni à quoi je puis appliquer un si beau titre. » (*Sermon sur la Mort.*)

Pascal n'est pas moins sublime, lorsqu'il essaye de rendre, par le langage, les pensées qui le remplissent en face de la toute-puissance divine : « Le silence éternel de ces espaces infinis m'effraye ! » s'écrie-t-il.

V. Hugo, après avoir prêté à Napoléon ce mot de l'ambition satisfaite : « L'avenir ! l'avenir est à moi ! » — « Non, répond-il aussitôt, comme atterré sous le coup de cette folle hardiesse :

Non, l'avenir n'est à personne !
Sire ! l'avenir est à Dieu.
A chaque fois que l'heure sonne,
Tout ici-bas nous dit adieu. »

VII. **Influence de la parole sur la pensée.** — 1° Tant qu'une idée n'a pas été exprimée, elle flotte *indécise* dans l'esprit, n'ayant ni corps, ni figure ; mais aussitôt que nous lui avons appliqué le mot ou le *terme* qui lui est propre, c'est autre chose : nous la tenons, elle se gravera dans notre mémoire. « On ne sait bien ce que l'on a voulu dire que lorsqu'on l'a dit. » (*Montesquieu.*)

L'usage de la parole est donc absolument nécessaire à l'*éducation de l'esprit*. On est forcé pour parler d'analyser sa pensée, puisqu'il est impossible de tout dire à la fois; et cet exercice est extrêmement salutaire. D'où il suit que rendre compte d'une leçon, la réciter, est le meilleur moyen de la retenir, de même qu'enseigner les autres profite avant tout à soi-même. La parole est comme la pierre de touche de la pensée : elle en révèle le fort et le faible; aussi éprouve-t-on le besoin, en composant, de prononcer ce que l'on veut écrire, à mesure que les idées se formulent dans l'esprit, afin de les mieux apprécier.

2° Non seulement la parole précise notre pensée, mais elle va *éveiller la pensée des autres*, nous permettant de communiquer âme à âme avec nos semblables.

Cet échange mutuel équilibre pour ainsi dire les pensées, et permet de les mettre à l'unisson. Apprendre une langue, c'est se pénétrer des idées et du caractère de ceux qui la parlent. De là, le soin qu'ont toujours mis les conquérants à imposer leur langue aux peuples vaincus, persuadés qu'il n'est pas de lien plus puissant que la langue maternelle, et que, tant qu'elle subsiste, la fusion des esprits n'existe pas : la conquête reste imparfaite.

Exercices pratiques oraux ou écrits.

— Quels avantages la *récitation des leçons* présente-t-elle, au point de vue *psychologique?*

— « Déchirer *le mot*, pour trouver *la pensée* qui y est cachée. » Rendre ce conseil sensible par quelques exemples.

— A quels défauts d'esprit attribuer la *parole diffuse...*, l'*emphase...*, la *rudesse...*, l'*obscurité du langage?*

— Travailler à former *le style*, dans la large acception du mot, n'est-ce pas donner à l'esprit le moyen de mieux atteindre à la vérité?

— Quelles sont les qualités de l'esprit les plus propres pour réussir dans la *conversation?*

— *L'obscurité est le royaume de l'erreur*, dit Vauvenargues : une parole nette et précise est donc un des moyens de l'éviter. Le même moraliste ajoute : « Il n'y aurait point d'erreurs qui ne périssent d'elles-mêmes rendues clairement. » L'histoire des hérésies ne justifie-t-elle pas ces paroles?

LEÇON XIV

MOYENS D'ARRIVER A LA VÉRITÉ (SUITE)

Le témoignage des hommes.

SOMMAIRE

I. Nécessité du témoignage des hommes. Ses conditions.
II. Conditions relatives aux témoins : ni trompés, ni trompeurs.
III. Conditions relatives aux faits : possibles et observables.
IV. Application des règles du témoignage à l'Histoire.

I. Nécessité du témoignage des hommes. Ses conditions. — La transmission de nos pensées et de nos connaissances, par le moyen de la parole, donne au *témoignage des hommes* une importance capitale. Les faits et les choses que nous ne pouvons voir ou entendre nous sont, en effet, attestés par des *témoins*, et leur attestation ou témoignage nous devient une source de vérité ou d'erreur, suivant le degré d'autorité qu'ils méritent.

Disons d'abord que c'est un *besoin inné* de notre nature, de croire à la parole de nos semblables. L'enfant, durant ses premières années, n'a pas d'autre ressource que de se fier à l'expérience et aux affirmations de ceux qui l'entourent. Il en est de même au cours de l'éducation, où nous ne faisons que recueillir, par l'enseignement oral et par les livres, les trésors d'autrui, en attendant que nous puissions observer et voir par nous-mêmes.

La vie des individus, celle de la société civile, l'établissement même de la religion, reposent sur cette base de la *croyance* ou de la *foi au témoignage des hommes*, foi humaine ou foi divine, selon que ces témoins parlent en leur nom, ou comme délégués et représentants de Dieu.

Rejeter de parti pris ce moyen providentiel de nous instruire serait une folie. Mais il y a un milieu à tenir entre une *crédulité* excessive et une *défiance* universelle. Certaines personnes adoptent sans examen tous les *on dit*; d'autres ne veulent rien croire, sous prétexte qu'elles ont été trop souvent trompées. C'est là une double exagération, contre laquelle nous nous mettrons en garde, en étudiant les conditions que doivent remplir : 1º les témoins ; 2º les faits qui sollicitent notre croyance.

II. Conditions relatives aux témoins : ni trompés, ni trompeurs. — On doit s'assurer avant tout que les témoins n'ont pu être trompés, et qu'eux-mêmes ne sont pas des trompeurs.

1º Pour que les témoins ne soient pas *trompés*, ils doivent être en nombre suffisant. « Un seul témoin est tenu pour nul, » dit un axiome de droit. Qu'un voyageur, au retour d'un pays lointain, rapporte des faits extraordinaires, on peut et on doit suspecter ce témoignage isolé; mais que plusieurs témoins, ou même la voix publique, confirment ces événements, il n'est plus possible ni sage d'en douter.

On doit encore tenir compte des qualités et des aptitudes de ceux qui réclament notre adhésion : un aveugle ne peut juger des couleurs, pas plus que des gens inattentifs et ignorants ne peuvent fournir un témoignage véridique. Concluons de là ce qu'il faut penser de tant de *faits divers* colportés par la presse, aussi bien que de ces *histoires* courantes, et *bruits de quartier*, qui ne trouveraient même pas pour les soutenir un témoin compétent.

2º Mais si l'on a affaire à des *trompeurs* ? Il y a lieu de le craindre, lorsque l'intérêt, la vanité ou quelque autre passion se trouvent en jeu dans l'affirmation fournie par ces témoins. Napoléon croyait peu aux grosses armées de Darius et de Xercès, vaincues par une poignée de Grecs dans les guerres Médiques ; les seuls témoins qui rapportent ces victoires étant précisément des Grecs, lesquels ne se faisaient nul scrupule de flatter leurs compatriotes par des récits exagérés.

Dès lors qu'un témoin n'a aucun intérêt à mentir, et qu'au contraire son témoignage peut lui devenir funeste, on doit le croire sans hésiter. Tels ont été les apôtres et les martyrs, lorsqu'ils soutenaient, aux dépens de leur vie, la vérité du christianisme. « Je crois, a dit Pascal, des témoins qui se font égorger. »

III. Conditions relatives aux faits : possibles et observables. — Supposons que les témoins soient bien informés et incapables de mentir : admettrons-nous sans hésiter tous les *faits* qu'ils rapportent? Oui, pourvu que ces faits soient *possibles* et *observables*.

1° Il ne faut pas légèrement qualifier d'*impossibles* les choses que nous ne comprenons pas. La raison orgueilleuse nie volontiers ce qui dépasse sa portée ; mais un esprit humble et sage fait la part de sa faiblesse et de son ignorance.

La *contradiction* seule renferme une *impossibilité absolue*, que Dieu même ne saurait franchir, puisqu'elle conduirait à l'absurde : comme de dire que *le mal est le bien*, qu'un cercle est triangulaire, que sept est égal à huit, etc.

Quant aux *impossibilités physiques*, elles sont une conséquence des lois de la nature : une pierre lancée en l'air ne peut s'y soutenir, à raison de sa pesanteur ; des eaux communiquant entre elles se mettent de niveau, d'après un principe invariable, etc. Dieu seul, l'auteur de ces mêmes lois, peut y déroger quand il lui plaît : il le fait par les *miracles*, en vue du bien de l'homme, ou pour confirmer quelque vérité surnaturelle.

Sans doute, les *progrès de la science* ont rendu possibles des faits inouïs dans les siècles antérieurs : qui eût pu prévoir, il y a cent ans, les innombrables applications, aujourd'hui passées dans nos usages, de la vapeur et de l'électricité? Les âges à venir verront d'autres impossibilités vaincues par de nouvelles découvertes; mais le domaine du miracle restera intact. Jamais la science humaine ne pourra, sur un simple appel, ressusciter un mort; ou, d'un mot, calmer une tempête : il y faut la puissance divine.

On doit enfin tenir compte, dans les faits rapportés, des *impossibilités morales*, qui peuvent aider à démêler la vérité : un homme vertueux ne tombe pas tout d'un coup et sans transition dans de grands crimes; la bonne réputation, solidement établie, est ordinairement l'indice d'une honnêteté réelle. L'histoire a souvent à examiner des cas de ce genre.

2° Les faits *non observables*, et qui ne reposent que sur des conjectures, peuvent être sagement mis en doute; par exemple : Y a-t-il des habitants dans la lune? — Les faits publics et importants sont au contraire facilement *observables*, et méritent pour cela toute créance. Que peut-on objecter à la foule qui s'écrie : « Nous avons vu! Nous avons entendu! »

Les savants ont d'ailleurs élargi le champ de leurs observations, et par là même augmenté le nombre des vérités scientifiques que l'on peut accepter sans crainte d'erreur; de merveilleux instruments, le télescope et le microscope, leur ouvrent la région de l'infiniment grand et celle de l'infiniment petit, fermées au vulgaire. Mais, là encore, Dieu a posé ses limites; jamais l'œil le plus exercé ne découvrira, ainsi que le prétendent les matérialistes, les propriétés de l'âme dans le cerveau, ni le fluide vital dans le système nerveux : ces faits n'étant pas observables par les sens.

Les mystères de la religion ne le sont pas non plus; et cependant la foi à ces vérités est parfaitement raisonnable, parce que Dieu nous les ayant fait connaître par sa *parole révélée*, l'oreille recueille ces témoignages divins, comme elle recueille, sans les comprendre, tant de mystères de l'ordre naturel.

IV. Application des règles du témoignage à l'Histoire. — *L'histoire* ou *récit du passé* repose sur le témoignage des hommes. Il s'est rencontré de tout temps, chez les peuples civilisés, des esprits attentifs qui ont pris soin de noter par écrit, pour la postérité, les événements politiques concernant leur pays ou les pays voisins. Ce trésor s'est grossi d'âge en âge, apportant sans cesse aux nouvelles générations l'expérience des siècles écoulés.

Ce témoignage écrit s'appuie volontiers sur la tradition et sur les monuments. La **tradition** est la *transmission orale* de certains faits qui se sont conservés dans la mémoire des peuples; souvent altérés quant aux détails, ils fournissent pour l'ensemble une autorité respectable. Les **monuments**, édifices, colonnes, arcs de triomphe, médailles, etc., sont des signes commémoratifs des événements qui en ont été l'occasion, et qu'ils font pour ainsi dire revivre.

Il est évident que *les règles du témoignage sont applicables à l'histoire*. C'est là surtout qu'il faut se garder des *témoins trompés ou trompeurs*, c'est-à-dire des historiens ignorants ou de mauvaise foi. Pourquoi ? Parce que l'histoire, comme dit Cicéron, est l'école de la vie ; elle joue un rôle considérable dans la formation et la direction du jugement. Les leçons qui s'en dégagent concernent autant les particuliers que les chefs d'État ; elle fait l'opinion publique, éclaire ou obscurcit l'avenir, développe le patriotisme ou entretient au contraire les discordes civiles.

Lorsque Lamartine, dans son *Histoire des Girondins*, atténuait habilement les crimes des bourreaux de 93 et ravissait à leurs victimes l'auréole de la vertu persécutée, il préparait à la France, inconsciemment sans doute, de nouvelles commotions sociales. Un historien devrait avoir uniquement la passion de la vérité, et n'apporter à son travail aucune vue étroite de parti pris et de personnalité. Aimer son pays et le faire aimer, c'est son devoir; mais qu'il évite de se montrer injuste envers les autres nations.

Quant aux *faits* consignés dans l'histoire, ou bien ils ont été observés directement par ceux qui nous les racontent, ou bien on en a puisé la connaissance dans des documents primitifs. Il faut, dans ce dernier cas, s'assurer de l'*authenticité des sources* : est-ce bien tel auteur, de tel siècle, qui a fourni ce témoignage? De plus, le *récit* est-il *intègre*? N'a-t-on pas ajouté ou retranché ce qui pouvait favoriser telle opinion, relever ou rabaisser tel personnage?

En confrontant divers historiens, on remarque souvent, sur les mêmes faits, de grandes divergences dans leurs appréciations : il est bon alors de remonter aux causes, et de voir si quelque intérêt particulier n'a pas égaré l'un ou l'autre. Quand Saint-Simon ne voit en Mme de Maintenon qu'une intrigante hypocrite, ou que Voltaire méprise le moyen âge, « dont l'histoire, selon lui, ne mérite pas plus d'être écrite que celle des ours et des loups, » ils contredisent, par esprit de parti, d'autres historiens mieux informés, et dont l'opinion doit l'emporter sur la leur.

Remarquons en terminant que *Moïse* et les *Livres saints*, l'histoire du peuple de Dieu, aussi bien que celle de la fondation du christianisme, réunissent à un degré tel les conditions requises pour les témoignages humains, qu'il faut être aveugle pour ne pas reconnaître l'autorité incontestable de ces pages inspirées.

Exercices pratiques oraux ou écrits.

— Que penser des *légendes*? Faut-il y ajouter foi complètement ou les rejeter en bloc?

— Pourquoi dit-on : « Qui n'entend qu'une cloche, n'entend qu'un son »?

— Sous quel rapport la science de l'*histoire*, dans notre pays, a-t-elle surtout progressé au XIXe siècle?

— Citer un ou deux exemples à l'appui de cette vérité d'expérience : « Un peu de science éloigne de Dieu; beaucoup de science y ramène. »

— Développer ce qui est dit dans la leçon au sujet des *miracles*, et montrer comment ils ne contredisent en rien les *règles du témoignage*, non plus que les principes de la *raison*.

— Fénelon a dit : « Le bon historien n'est d'aucun temps ni d'aucun pays. » L'*impartialité* doit-elle vraiment empêcher le *patriotisme* de se montrer quand il y a lieu ?

LEÇON XV

MOYENS D'ARRIVER A LA VÉRITÉ (SUITE).

La méthode et ses divers procédés.

SOMMAIRE

I. La méthode en général.
II. Analyse et synthèse. Union nécessaire de ces deux procédés.
III. Bien définir. Définition des mots et des choses.
IV. Bien diviser. Qualités d'une bonne division.
V. Bien raisonner. Le syllogisme, principale forme du raisonnement.
VI. Quelques règles du syllogisme.
VII. L'enthymème et le dilemme, arguments tirés du syllogisme.
VIII. En quoi consiste la vraie difficulté du syllogisme.
IX. Les sophismes ou faux raisonnements; leurs causes.
X. Utilité pratique du syllogisme.
XI. Inspiration et intuition.

I. **La méthode en général.** — On entend par *méthode* en philosophie *la marche que suit l'esprit humain pour découvrir la vérité inconnue ou pour démontrer la vérité connue.* Ce mot signifie : *recherche de la voie.* Descartes regardait cette question comme si importante, qu'il en a fait l'objet de son œuvre capitale : *Discours sur la méthode.*

Il n'y a, à proprement parler, qu'une seule voie ou méthode; mais il est deux manières de s'y avancer : on peut *aller ou revenir; monter ou descendre.* Ces deux mouvements de l'esprit, qui se complètent l'un par l'autre, se nomment l'*analyse* et la *synthèse.*

II. Analyse et synthèse. Union nécessaire de ces deux procédés. — 1º L'analyse s'applique à *démêler les parties d'un tout* : elle va des détails à l'ensemble, du connu à l'inconnu, de ce qui est coupé, divisé, à la connaissance complète de la chose en question. Tout raisonnement par *induction*[1] suppose l'analyse.

Si je sépare, en esprit ou en réalité, les pièces diverses d'un objet matériel : insecte, plante, instrument quelconque, pour examiner tour à tour chacune de ces parties, je procède par analyse. Il en est de même dans l'ordre intellectuel : pour étudier une langue, on en décompose les mots et les phrases (analyse grammaticale, analyse logique). Pour pénétrer à fond une question, on la considère attentivement sous toutes ses faces.

Voulant, par exemple, me faire une idée personnelle du génie de Corneille, je parcours les chefs-d'œuvre de ce grand tragique ; je note, dans telle ou telle scène, des traits révélateurs : élévation morale, tendance au grand, à l'héroïsme, sentiment du devoir, etc. ; je poursuis cette marche progressive jusqu'à ce que je croie avoir tout examiné.

2º La **synthèse** procède dans le sens inverse de l'analyse : elle *descend du général au particulier*. Tout raisonnement par *déduction* s'appuie sur une *synthèse*, c'est-à-dire sur un fait ou sur un principe général. Cette opération est la contre-partie de l'analyse ; elle reconstitue ce qui était divisé, soit l'objet matériel, soit la question à résoudre.

L'étude analytique dont nous venons de parler, sur le génie de Corneille, devra être couronnée par une synthèse, qui sera comme la physionomie générale de ce poète, et qui se formera d'autant plus aisément dans l'esprit que le premier travail aura été mieux conduit.

Certaines personnes sont plus portées par nature à analyser, et se montrent comme impuissantes à réunir

---

[1] Nous avons traité du raisonnement par *induction* et par *déduction* dans la *Leçon IX*, p. 74.

les objets épars de leurs observations. D'autres unissent promptement, et souvent trop à la hâte ; c'est un besoin pour elles de fondre et de simplifier : excellente tendance, mais dont l'exagération nuit également à la recherche de la vérité. Il faut donc perfectionner en soi ces deux procédés, afin de les combiner harmonieusement. *Synthèse sans analyse, science fausse,* dit Cousin ; *analyse sans synthèse, science incomplète.*

Les sciences expérimentales : physique, chimie, histoire naturelle, s'appuient davantage sur l'analyse ; les sciences mathématiques procèdent surtout par synthèse.

Apprendre à **bien définir**, à **bien diviser**, et surtout à **raisonner sainement**, c'est tout le secret de la méthode, selon la double marche que nous venons d'exposer.

III. Bien définir. Définition des mots et des choses.

— *Définir,* c'est *fixer le sens d'un mot ou expliquer la nature d'une chose,* de façon à ne laisser dans l'esprit aucune hésitation à leur égard.

La *définition des mots* porte sur le mot pris en lui-même : le dictionnaire aide à la trouver, et l'on ne peut, sous peine de tomber dans l'obscurité, attribuer à des expressions un sens contraire à celui qui est consacré par l'usage.

Une définition exacte, surtout lorsqu'elle s'inspire de l'étymologie, éclaire souvent un mot d'une lumière inattendue. Le P. Félix, au début de sa prédication à Notre-Dame de Paris, posant nettement le sens du mot *progrès* (*marche en avant*), tira de cette simple définition le plan magistral de ses *Conférences sur le Progrès par le christianisme,* qu'il continua pendant dix-huit années.

Si l'on s'accoutumait à se rendre compte des termes que l'on emploie, le langage y gagnerait en clarté, et l'on éviterait dans la conversation de malheureuses *disputes de mots.* « Je veux ceci ! — Et moi cela ! » Cependant nous ne voulons de part et d'autre que *le bien :* entendons-nous donc sur ce terme.

Ce n'est pas que les mots ne débordent souvent la

stricte définition, et qu'ils n'aient leur *au delà*, c'est-à-dire une foule de nuances que les circonstances, l'air du visage, la voix, le geste leur donnent : on ne peut demander qu'au bon goût et à l'expérience le talent de les étendre ainsi, sans perdre de vue leur définition fondamentale.

La *définition des choses* a pour but d'en expliquer clairement et brièvement la nature et les propriétés, de façon à distinguer la chose définie de toute autre. Si je dis : *Le pain est un aliment,* cette définition est incomplète, car elle peut s'appliquer à beaucoup d'autres substances ; il faut ajouter que c'est un *aliment fait avec de la farine pétrie et cuite, à laquelle on a mêlé du levain.*

Une définition *exacte* ne doit pas répéter le nom de la chose : « Qu'est-ce qu'un aliment ? — C'est ce qui alimente. » Cela n'explique rien. Elle doit pouvoir soutenir la réciproque : *La patrie est le pays où nous sommes nés, où nos ancêtres ont vécu.* On peut dire : « Le pays où nous sommes nés, où nos ancêtres ont vécu, est notre patrie. » Cette définition de la patrie est donc exacte.

IV. **Bien diviser. Qualités d'une bonne division.** — La *division* prépare l'analyse : elle consiste à *partager un tout en ses parties.* Il faut, pour bien diviser, embrasser dans son entier la question ou la chose, en saisir les points importants, et n'en omettre aucun.

L'histoire naturelle a été divisée en trois parties principales : le *règne minéral,* le *règne végétal* et le *règne animal ;* cette division est complète, attendu que tous les êtres de la nature se rapportent à l'un de ces trois groupes.

On doit également veiller à ce que les parties soient nettement tranchées, et *ne rentrent pas les unes dans les autres.* Diviser le règne de Louis XIV en trois périodes ainsi exprimées : 1º *Régence d'Anne d'Autriche ;* 2º *Guerre de la Fronde ;* 3º *Gouvernement per-*

sonnel *du roi*, serait pécher contre cette règle, parce que la seconde division rentre dans la première.

« Il faut regarder comme un dieu, disait Platon, celui qui sait bien définir et bien diviser. » Ces deux opérations, sagement conduites, supposent en effet des qualités intellectuelles au-dessus de l'ordinaire. Aussi ne saurait-on trop s'y exercer au cours des études.

V. Bien raisonner. Le syllogisme, principale forme du raisonnement. — Nous avons vu [1] que le raisonnement est une des opérations auxquelles se livre l'esprit dans le travail des idées. Ce besoin instinctif de déduire une vérité d'une autre vérité connue a créé la *science de l'argumentation*, et l'on a nommé *argument* tout raisonnement exprimé selon les formes. Le *syllogisme* en est le type fondamental.

On appelle *syllogisme* (réunion de jugements) *un argument composé de trois propositions, dont la dernière découle des deux premières.*

> Tous les *hommes* sont *mortels*;
> Or, *Louis* est un *homme*:
> Donc *Louis* est *mortel*.

Un terme de comparaison (*homme*) étant trouvé entre deux idées (*Louis et mortels*), on les en rapproche successivement, se fondant sur ce principe de raison que, *si deux choses sont égales à une troisième, elles sont aussi égales entre elles.*

Supposons que l'exemple ci-dessus s'applique à Louis XIV. « Est-il possible, pouvait se demander, du vivant de ce prince, quelqu'un de ses admirateurs abusés, est-il possible qu'un monarque à qui tout est soumis, abandonne un jour l'éclat de son trône pour descendre dans la tombe?... » Et, la réflexion lui rappelant cette vérité que *tous les hommes sont mortels*, il eût été amené à la conclusion de notre argument.

Les deux premières propositions appelées, l'une *majeure*, l'autre *mineure*, forment ensemble les pré-

[1] Page 73.

misses (mises avant); la troisième se nomme *conclusion* ou *conséquence*.

On appelle *grand terme* d'un syllogisme celui qui renferme le sens le plus étendu (*mortels*); *petit terme*, celui dont le sens est le plus restreint (*Louis*). Ce sont là les deux *extrêmes*. Le *moyen terme* tient le milieu pour l'étendue (*homme*). Si l'argument est bon, le grand et le petit terme seront exprimés dans la conclusion, et le moyen terme ne se trouvera que dans les prémisses.

VI. **Quelques règles du syllogisme.** — 1° Les *extrêmes* ne doivent pas avoir un sens plus étendu dans la conclusion que dans les prémisses :

> Les *chênes* produisent des *glands;*
> Or les *chênes* sont des *arbres :*
> Donc les *arbres* produisent des *glands.*

Le terme *arbre* est pris dans la mineure pour *une partie des arbres;* et, dans la conclusion, pour *tous les arbres.* Cette *ambiguïté des termes* peut conduire à de monstrueuses erreurs; en voici un exemple plaisant :

« Un barbier, fort avide de s'instruire, achevait un jour de raser un professeur de philosophie : « Monsieur, lui dit-il, qu'est-ce « donc que la logique? — Une science merveilleuse, avec laquelle « on prouve tout ce que l'on veut. — Comment? Pas possible. « — Avec la logique, je vous mettrais dans une marmite. — « Ah bah! vous voulez rire. — Écoutez : *Vous êtes où je ne suis* « *pas.* — C'est bien sûr. — *Or, je ne suis pas dans une mar-* « *mite.* — Je le vois bien. — *Donc vous êtes dans une marmite.* « — C'est vrai tout de même! Répétez un peu. »

« L'argument gravement répété, le pauvre barbier resta dans la marmite. Pour en sortir, il eût fallu qu'il sût remarquer l'ambiguïté des mots dans cette majeure : *Vous êtes où je ne suis pas.* Le mot *où* est le principe de l'erreur. Un homme est *quelque part où un autre n'est pas,* et non *partout où un autre n'est pas.* Or, pour le mettre dans la marmite, il faut supposer que notre barbier se trouve *partout* où n'est pas le professeur, ou bien que *toutes les places* où ce professeur ne se trouve pas ne sont que des marmites. » (*Carion.*)

2° Introduire un *quatrième terme* dans un syllogisme, c'est empêcher toute conclusion :

> Un *triangle* est une figure de *trois côtés;*
> Un *carré* est une figure de *quatre côtés...*

On ne peut conclure de là que le triangle est un carré, parce que, au lieu d'une seule idée intermédiaire, il y en a deux.

3º Même impossibilité si *les deux prémisses sont négatives*, attendu que les prémisses doivent contenir la conclusion, la faire voir :

> Une *mouche* n'est pas un *éléphant;*
> Une *brebis* n'est pas un *éléphant...*

D'où l'on ne peut nullement tirer cette conséquence :

> Donc une mouche est une brebis.

Il pourra se faire néanmoins que les deux idées qui ne conviennent pas à la troisième se conviennent entre elles; mais cette conclusion, juste en elle-même, ne découlera nullement des prémisses :

> L'*aigle* n'est pas le *lion;*
> La *fourmi* n'est pas le *lion;*
> Donc l'aigle n'est pas la fourmi.

VII. L'enthymème et le dilemme, arguments tirés du syllogisme. — 1º L'*enthymème* est un *syllogisme tronqué*, dans lequel on sous-entend une des prémisses :

> Je pense;
> Donc j'existe.

Cette forme abrégée répond à la vivacité de l'esprit, et au plaisir qu'il prend lorsque quelque chose lui reste à deviner ou à faire trouver aux autres. L'expérience acquise porte d'ailleurs à ne pas s'attarder dans des longueurs déjà prouvées. Le langage usuel, aussi bien que l'éloquence oratoire, abondent en arguments de ce genre : *Vous m'avez trompé; je ne vous crois plus.* — *Il m'a été impossible de faire cela; ne m'en veuillez pas.* — *Chétive créature, de quoi peux-tu t'enorgueillir?* — *Mortel, ne garde pas une haine immortelle!*

2º *Le dilemme* réunit ensemble deux syllogismes

dont l'alternative est inévitable, et qui aboutissent à la *même conclusion*. L'adversaire s'y trouve serré entre le *oui* et le *non*, qui tournent également à sa défaite. Quelques-uns ont nommé le dilemme *l'argument cornu*, parce que les deux propositions opposées frappent à droite et à gauche comme les cornes d'un taureau.

C'est un dilemme habilement dissimulé sous l'élégance de la forme, que cette injonction de Mathan à Athalie, pour lui persuader de faire périr le jeune Joas :

> A d'illustres parents s'il doit son origine,
> La splendeur de son rang doit hâter sa ruine;
> Dans le vulgaire obscur si le sort l'a placé,
> Qu'importe qu'au hasard un sang vil soit versé ?

Le calife Omar, lors de la prise d'Alexandrie, répondit à ceux qui le priaient d'épargner la célèbre bibliothèque des Ptolémées, riche de sept cent mille volumes : « Ou ces livres contiennent ce qui est écrit dans le Coran, et alors ils sont inutiles; ou ils renferment des choses contraires au Coran, et alors ils sont dangereux : donc il faut les brûler. »

Un dilemme n'est *irréfutable* qu'autant qu'il n'existe *pas de milieu* entre les diverses alternatives : car si, après avoir fermé deux ou trois portes, il en reste seulement une ouverte par derrière, cette porte servira d'issue à l'adversaire.

Un homme refuse d'entrer dans les affaires publiques, et expose en ces termes le motif de son refus : « Ou j'agirai conformément à ma conscience, ce qui m'obligera à faire de nombreux mécontents; ou j'étoufferai ma conscience et ne rechercherai que mon intérêt, alors j'offenserai Dieu; donc je ne dois pas accepter de fonction publique. » — Ce dilemme peut être renversé, parce qu'il offre une alternative supérieure aux deux autres, à savoir : qu'il n'est nullement fâcheux d'offenser les hommes en remplissant un devoir de conscience, et en vue du bien général.

VIII. En quoi consiste la vraie difficulté du syllogisme. — Connaître les règles du raisonnement, ce n'est pas *savoir raisonner* : il y a une logique naturelle qui conduit aisément l'esprit des prémisses à la conséquence. On peut construire un argument en bonne forme et bâtir néamoins dans le faux et dans le vide.

Le grand point consiste à *trouver les extrêmes*, et surtout le *terme moyen*, c'est-à-dire le point d'appui d'où jaillira la comparaison. Dès que l'on possède ces éléments d'une manière précise, la conclusion est certaine, la besogne achevée.

« Si cette plante était de la ciguë, je sais qu'elle serait vénéneuse, et je m'en défierais; mais je ne connais pas assez les caractères de la ciguë pour l'affirmer. » Ici, les *extrêmes* font défaut: lorsque je les aurai trouvés, mon raisonnement ira de soi.

« Si cet homme était mon voleur, se dit un juge d'instruction, je lui aurais bientôt fait son procès! » Mais sur quoi baser cette conclusion? Le *terme moyen* n'existe pas. Or voici que les preuves de culpabilité se découvrent: l'objet dérobé a été trouvé en tel lieu, au milieu d'un concours de circonstances révélatrices. Rien n'arrête plus l'arrêt du juge: il le formule sans hésiter.

Souvent, dans la vie pratique et dans les discussions journalières, on conclut mal ou on ne conclut pas, faute de chercher ce qui assurerait la solution: *Ce travail est ennuyeux; donc je ne le ferai point*, dit l'enfant léger et étourdi. Mais n'a-t-il pas à redouter, sans parler des motifs surnaturels, d'autres ennuis, s'il s'obstine à ne rien faire: réprimandes, insuccès, avenir compromis? En introduisant, dans son raisonnement, ces éléments indispensables, il arriverait à ceci:

« Ce travail est ennuyeux; si je m'y soustrais, il en résultera pour moi des désagréments pires. Or, entre plusieurs maux inévitables, il faut choisir le moindre; donc je me résous à travailler. »

IX. Les sophismes ou faux raisonnements: leurs causes. — On donne le nom de *sophismes* (*faire le sage*) à de *faux raisonnements qui ont toute l'apparence de la vérité*. La forme en est correcte, mais ils reposent sur un faux principe. Tantôt ils naissent de la mauvaise foi, tantôt de l'ignorance: dans ce dernier cas, ils sont appelés *paralogismes*. Citons seulement quelques-unes des causes habituelles des sophismes [1].

1º **Supposer vrai ce qui est en question**, et donner comme preuve précisément ce qu'il faut prouver.

Les *deux compagnons* d'une des fables de La Fontaine tombaient dans ce sophisme lorsqu'ils prouvaient à « leur voisin fourreur » que l'*ours* dont ils lui promettaient la peau était « le roi des ours, que sa fourrure lui serait une fortune... » Ils supposaient vrai ce qui était en question, à savoir s'ils tueraient la bête. — Lorsqu'on veut à tout prix avoir raison, *vaincre* au lieu de *convaincre*, il n'est que trop aisé d'agir ainsi, et de passer à pieds joints sur ce qu'il était essentiel de démontrer d'abord.

Prouver l'une par l'autre deux choses également douteuses et également à prouver, c'est ce qu'on appelle faire un *cercle vicieux*. « Pourquoi l'opium fait-il dormir? — Parce qu'il a une vertu dormitive. » (*Molière*.) « Pourquoi l'opium a-t-il une vertu dormitive? — Parce qu'il fait dormir. » Cette plaisanterie est inoffensive; mais combien d'hérésies et de faux systèmes se sont établis sur d'aussi pitoyables cercles vicieux !

2º **L'ignorance du sujet de la discussion.** Souvent l'on s'évertue à prouver ce qui n'est pas en question, parce qu'on n'a pas eu soin d'éclairer le point de départ, ou parce que la passion ou l'intérêt l'ont obscurci. « Je soutiens, dira quelqu'un, que ce fait est déplorable; que c'est un scandale... — Et moi, répond l'interlocuteur, que c'est sagesse et prudence! » Le débat continue sur ce ton, et si la personne mal informée ne s'aperçoit pas de son ignorance, quant au fait débattu, il restera de cette discussion une impression inévitablement fâcheuse.

3º **Prendre pour cause ce qui ne l'est nullement.** « L'apparition des comètes a coïncidé parfois avec des guerres et des calamités publiques : donc les

---

[1] Il serait bon de revoir, au sujet des *sophismes*, ce qui a été dit, dans la *Leçon IX*, des *esprits justes* et des *esprits faux*, et, dans la *Leçon XII*, des *causes de nos erreurs*.

comètes sont la cause de ces malheurs. » — « Pourquoi l'eau monte-t-elle dans les pompes ? — Parce que la nature a horreur du vide, » répondait-on, avant que les effets de la pression atmosphérique eussent été étudiés.

La plupart des phénomènes attribués à la magie, à l'astrologie, aux sortilèges, n'ont pas d'autre origine que des sophismes de ce genre.

X. Utilité pratique du syllogisme. — L'exercice de cet argument donne à l'esprit de la précision, l'habitue à enchaîner ses idées et à découvrir le vice des faux raisonnements. Il est d'ailleurs tellement conforme à la nature de notre intelligence, que, selon la remarque de Bossuet, nous faisons du syllogisme toutes les fois que nous employons les conjonctions *puisque, car, donc*, etc.

On a pu abuser jadis de cette forme sèche, et laisser à nu pour ainsi dire le raisonnement, qui est comme le *squelette du discours*. Il n'est pas défendu, bien au contraire, de revêtir cette charpente osseuse, de lui donner les couleurs de la vie; mais on la supprime trop souvent aujourd'hui : tel est le défaut capital d'une certaine littérature énervante, toute en ornements et en mots. Impossible de tirer de ces pages, vides d'idées, un raisonnement suivi qui les résume; tandis que ce travail est aisé à faire chez nos grands écrivains, Bossuet, Bourdaloue, Corneille, Racine, etc.

Apprenons donc à donner à notre langage ce fonds solide, à être *logiques jusqu'au bout*. N'allons pas, après avoir posé, selon le parfait bon sens, que *deux et deux font quatre*, dévier tout à coup, en ajoutant : *et trois font dix!* Ce serait substituer, par quelque lâche faiblesse, une vue individuelle, absolument fausse, à la vérité universelle.

XI. Inspiration et intuition. — La route du raisonnement est ouverte à tous; chacun peut arriver, par cette voie de la *démonstration méthodique*, à posséder la vérité dont son intelligence est capable.

Au-dessus de ce sentier battu, il y a l'*inspiration*;

non pas seulement l'*inspiration divine*, don gratuit du Maître suprême, mais l'*inspiration humaine*, riche éclosion du travail, illumination soudaine qui semble ne suivre aucune règle. Souvent une solution longtemps cherchée se présente subitement à l'esprit, au milieu d'occupations étrangères à cet ordre d'idées.

Tout le monde connaît le trait de saint Thomas d'Aquin, s'écriant sans y penser, à la table du roi de France, saint Louis : « Voilà qui est décisif contre l'hérésie des manichéens ! » Une inspiration subite lui était venue, sur une difficulté longtemps étudiée.

Les poètes et les artistes doivent plus à l'inspiration qu'au raisonnement, ce qui ne les exempte point du travail ; il arrive seulement que les idées, ainsi que le feu caché sous la cendre, produisent à un moment donné cette illumination. L'œil du savant n'est plus perçant qu'un autre, que parce qu'il s'est accoutumé à savoir regarder et contempler.

L'intuition diffère un peu de l'inspiration : elle ne suppose aucun effort préalable. C'est le fait du génie qui, d'un bond, s'élève au point culminant d'une question, et touche le sommet de la montagne, alors que la foule cherche son chemin pour la gravir. Saint Augustin, encore étudiant, devinait par intuition les problèmes les plus ardus de la science, et ne commençait à en soupçonner les difficultés que lorsqu'il lui fallait les expliquer aux autres, étant tout étonné qu'ils n'eussent pas compris comme lui.

Exercices pratiques oraux ou écrits.

— Montrer, par quelques exemples, combien l'étymologie des mots éclaire leur définition : respect (*respicere*) : regarder plus haut ; — maître (*magister*) : grand ; — autorité (*auctor*), un seul ; — disciple (*discere* et *puellus*), enfant qui apprend ; — principe (*principium*) prince ou premier.

— Les *leçons de choses* ne sont-elles pas une application de la *méthode d'induction* ?

— La *division* d'un sujet de composition, d'un discours, n'importe-t-elle pas beaucoup à la valeur du travail? Le *plan* n'est autre chose qu'une bonne division.

— Pourquoi dit-on que *raisonner juste* fait agir avec rectitude?

— N'est-il pas bon de laisser parfois l'élève aux prises avec des *opinions erronées*, afin de lui faire acquérir le *tact du vrai*, si précieux dans la vie?

— Réfuter les *sophismes* suivants :

Il faut faire comme tout le monde.

C'est ennuyeux, c'est difficile; donc je ne le ferai pas.

La médisance ne ment pas; il est donc permis de médire.

Ce qu'on donne aux méchants, toujours on le regrette. (La Fontaine.)

Les pauvres sont malheureux par leur faute ; je ne les secours pas.

J'en saurai toujours assez! (Propos des paresseux.)

Les sciences engendrent la corruption et la décadence pour les sociétés. (J.-J. Rousseau.)

TABLEAU RÉCAPITULATIF DE LA LOGIQUE

I. LA VÉRITÉ ET L'ERREUR

LA VÉRITÉ
- La vérité, *réalité des choses*.
- Degrés selon lesquels on la possède.
  - *Doute... Probabilité...*
  - *Certitude (physique ou morale)... Évidence.*
  - *Doute moral et scepticisme.*

L'ERREUR ET SES CAUSES
- Causes intérieures.
  - *Imperfection de nos facultés.*
  - *Les passions :* orgueil, amour-propre, etc.
- Causes extérieures.
  - *Les fausses autorités.*
  - *Les apparences.*

II. MOYENS D'ARRIVER A LA VÉRITÉ

1° LE LANGAGE
- Langage d'action
  - *naturel* ou *artificiel*. — Son rôle.
- Langage écrit.
  - Écriture *idéographique*.
  - — *phonétique*.
- Langage oral.
  - La parole est d'origine divine.
  - Le *mot* et la *pensée* : le corps et l'âme.
  - Influence de la *pensée* sur la *parole*.
  - Influence de la *parole* sur la *pensée*.

2° LE TÉMOIGNAGE DES HOMMES
- Conditions du témoignage.
  - 1° quant aux témoins : ni *trompés*, ni *trompeurs*.
  - 2° quant aux faits : *possibles*, *observables*.
- Application de ces règles à l'Histoire.
  - *Histoire.* — Tradition, monuments.
  - Qualités du bon historien.
  - *Authenticité* des sources.
  - *Intégrité* des faits rapportés.

3° **LA MÉTHODE**	Deux procédés généraux.	1° **Analyse**, conduit à l'*induction*. 2° **Synthèse**, conduit à la *déduction*.
	Principales applications de ces procédés.	1° **Bien définir :** Définition des *mots* et des *choses*. 2° **Bien diviser :** Qualités d'une bonne division { complète ; bien tranchée. 3° **Bien raisonner :** Le *syllogisme* : ses règles. Autres arguments : *enthymème, dilemme*. Sophismes et leurs causes. *Inspiration* et *intuition*, moyens indépendants du raisonnement.

THÉODICÉE

LEÇON XVI

EXISTENCE DE DIEU

SOMMAIRE

I. Objet de la théodicée. Division de cette étude.
II. Existence de Dieu : preuve fondamentale et autres preuves démontrant cette vérité.
III. 1re preuve : Notre raison est dominée par une raison supérieure.
IV. 2e preuve : L'idée que nous avons de l'infini.
V. 3e preuve : L'idée d'un être nécessaire.
VI. 4e preuve : Le témoignage du genre humain.
VII. Objections à cette preuve.
VIII. 5e preuve : L'ordre et l'harmonie de l'univers.
IX. Objections à cette preuve.

I. **Objet de la théodicée. Division de cette étude.** — La *théodicée* est la *science de Dieu d'après la raison*. Elle diffère de la théologie, qui ajoute à ces notions premières les données de la révélation.

En étudiant l'âme humaine, nous suivions déjà comme pas à pas les vestiges de ce grand Dieu dont elle est l'image, et nous découvrions dans la *raison*, fondement de sa noblesse, *un reflet de la clarté divine*[1].
Il nous faut maintenant appliquer à cet objet suprême

[1] *P. Gratry.*

de nos connaissances, à Dieu même, les ressources du raisonnement, que la logique vient de nous révéler. Notre âme réclame avant tout une *certitude* et un *amour* : la théodicée, en nous conduisant à la source du vrai et du bien, satisfait à ce double besoin.

« Sénéchal, demandait un jour saint Louis à son ami Joinville, pourriez-vous me dire quelle chose est-ce que Dieu? — Sire, répondit le pieux et naïf chevalier, Dieu est si souveraine et bonne chose, que meilleure ne peut être. »

Telle est la définition qui jaillit spontanément du cœur humain, lorsqu'il ne s'est pas détourné de sa voie; il sent instinctivement, non seulement que Dieu existe, mais encore qu'il est le souverain bien. Toutefois cette *preuve de sentiment* est insuffisante ; les nuages des passions peuvent l'obscurcir totalement : et quoiqu'il n'y ait pas d'*athées* sincères, on rencontre du moins une foule d'esprits égarés, quant à la vraie notion de Dieu.

Établissons donc tout d'abord les **preuves de l'existence de Dieu** ; puis nous essayerons de dire quelque chose de ses **perfections infinies**; et nous parlerons en troisième lieu des **opérations** ou actes que Dieu accomplit, et que notre raison découvre.

II. **Existence de Dieu.** — Preuve fondamentale et autres preuves démontrant cette vérité. Quand on nomme Dieu, on entend par ce mot le premier des êtres, l'Être qui existe par lui-même et nécessairement ; l'Être souverain et infini, lequel a produit tout ce qui existe, et a la vertu de produire tout ce qui est possible : or il est nécessaire qu'un tel être soit, donc Dieu est.

« Il est un Dieu ! écrivait Chateaubriand à la première page du *Génie du christianisme*. Les herbes de la vallée et les cèdres de la montagne le bénissent; l'insecte bourdonne ses louanges; l'éléphant le salue au lever du jour; l'oiseau le chante dans le feuillage ; la foudre fait éclater sa puissance, et l'Océan déclare son immensité. »

C'est qu'en effet, tous les êtres de la création proclament la *nécessité d'une cause première*, et fournissent ainsi la *preuve fondamentale* de l'existence de Dieu. J'existe : mais je n'existe pas par moi-même, non plus qu'aucun des êtres qui m'entourent. Les causes productrices que je puis invoquer ont elles-mêmes une cause ; et ainsi, d'échelon en échelon, il faut nécessairement que j'arrive à une *première cause qui n'a pas de cause*, c'est-à-dire à Dieu.

Les moindres objets de la nature : un chêne et son gland, l'oiseau et l'œuf, la pluie et le nuage, peuvent servir, comme on le voit, à l'homme raisonnable, pour affirmer Dieu.

Outre cette preuve fondamentale, déjà presque suffisante, nous en donnerons plusieurs autres, ramenées aux trois groupes suivants : 1° les preuves que nous tirons de notre *raison* et des *idées premières* qu'elle nous fournit; 2° celles qui nous viennent par le *témoignage du genre humain;* 3° celles que le *spectacle de l'univers* nous suggère.

III. 1re preuve : **Notre raison est dominée par une raison supérieure.** — Chacun, en rentrant en soi-même, trouve d'abord sa *propre raison*, qui le fait agir, parler et juger. Puis, qu'il le veuille ou non, il rencontre une *seconde raison*, supérieure à la sienne, parfaite, immuable; s'imposant non seulement à lui, mais à tous les hommes, lesquels n'ont et ne peuvent avoir d'autres principes généraux que ceux qu'elle dicte universellement.

« Il y a donc, dit Fénelon, un *soleil des esprits*, qui les éclaire tous beaucoup mieux que le soleil visible n'éclaire les corps. Ce soleil de vérité ne laisse aucune ombre, et il luit en même temps dans les deux hémisphères... Il éclaire les sauvages mêmes dans les antres les plus profonds et les plus obscurs : il n'y a que les yeux malades qui se ferment à sa lumière; et encore n'y a-t-il point d'homme si malade et si aveugle, qui ne marche à la lueur de quelque lumière sombre qui lui reste de ce soleil intérieur des consciences.

« Où est-elle, cette raison parfaite, qui est si près de moi et si différente de moi? Où est-elle? Il faut qu'elle soit quelque chose de réel; car le néant ne peut être parfait, ni perfectionner les natures imparfaites. Où est-elle cette raison suprême? N'est-elle pas le Dieu que je cherche? » (*Traité de l'Existence de Dieu.*)

IV. 2º preuve : L'idée que nous avons de l'Infini. — Nous avons tous l'idée de quelque chose d'*infini*, de sans limites, soit pour la grandeur, la puissance, la bonté; soit pour la durée et l'espace. Ce quelque chose nous dépasse absolument : nous ne le comprenons pas, parce que nous sommes bornés, mais nous en avons la réelle conception.

D'où nous vient cette idée? Sont-ce les êtres finis, placés à notre portée, qui la font naître en nous? Impossible! Le *moins* ne peut donner le *plus*. Ajoutons des millions et des millions d'êtres finis à la suite les uns des autres, leur total ne formera jamais l'infini : les *bornes* seront reculées, et voilà tout!

Donc, cette *notion de l'infini* a été déposée par Dieu même dans notre âme, comme le trait qui doit nous peindre le mieux sa nature, et comme une marque de parenté avec notre Créateur.

V. 3º preuve : L'idée d'un être nécessaire. — L'idée d'un *être nécessaire* se joint en nous à l'idée de l'infini.

On appelle *êtres contingents* ou *dépendants*, ceux qui n'existent pas par eux-mêmes : tous les êtres de la création par conséquent, puisqu'ils ont commencé d'être, et qu'on peut, sans sortir du bon sens, les supposer comme n'existant pas. Mais alors notre raison nous crie qu'il faut au-dessus d'eux un *être nécessaire* et existant par lui-même.

Autrement, tous les êtres contingents seraient en même temps *possibles et impossibles* : possibles, puisqu'ils existent en réalité, que nous les voyons, que nous les touchons; impossibles, puisque en dehors d'eux il n'y aurait aucun être capable de leur donner l'existence.

Concluons donc qu'il faut, ou bien nier l'existence de tous les êtres, ou bien reconnaître un être nécessaire, existant par sa propre nature : *Dieu*.

VI. 4° preuve : **Le témoignage du genre humain.** — Ce que tous les hommes affirment, d'un consentement unanime et constant, est une chose certaine, surtout s'il s'agit d'un point pratique, important, inaccessible aux sens, souvent discuté et attaqué, comme est l'existence de la divinité. Or, ce point de l'existence de Dieu est précisément l'objet du témoignage unanime des hommes.

Écoutons les **païens** eux-mêmes : « Il n'y a point de nation si sauvage, dit Cicéron (*Livre des Lois*), qui ne sache qu'elle doit avoir un dieu, bien qu'elle ignore peut-être quel dieu lui convient. » Plutarque, parmi les Grecs, écrit ceci contre la doctrine des Épicuriens : « Si vous parcourez le monde, vous pourrez trouver des villes qui n'ont ni murs, ni maisons, ni écoles, ni palais, ni argent; mais un peuple sans dieu, sans prières, sans temples, sans sacrifices, nul n'en vit jamais... Il serait plus facile de bâtir une ville en l'air, que de maintenir une république sans dieu. » Lucrèce, poète latin irréligieux, est forcé d'avouer qu'avant Épicure, son maître, personne au monde n'avait osé attaquer ou nier l'existence de Dieu.

Même unanimité chez les **nations modernes**. Dans l'*ancien continent*, juifs, chrétiens, musulmans, idolâtres, par cela même qu'ils ont une religion, admettent le dogme fondamental de tout culte, l'existence de la divinité. Quant aux peuples du *nouveau monde*, aussi bien qu'aux peuplades barbares du centre de l'Afrique et des îles de l'Océanie, tous les voyageurs attestent qu'en les abordant pour la première fois, on les a toujours trouvés en possession d'un culte quelconque rendu par eux à la divinité.

Donc le témoignage des hommes est unanime et

constant sur cette importante question : donc il est certain que Dieu existe.

Il faut entendre là-dessus les princes mêmes de la fausse philosophie, quand ils déposent leur esprit de parti. J.-J. *Rousseau* fait de la croyance à l'existence de Dieu *la base de toute société* : « Sortez de là, dit-il, je ne vois plus qu'injustice, hypocrisie et mensonge parmi les hommes. » *Voltaire* établit sa *sécurité personnelle* dans cette même croyance : « Je ne voudrais pas, avoue-t-il, avoir affaire à un prince athée qui trouverait son intérêt à me faire piler dans un mortier : je suis bien sûr que je serais pilé. Je ne voudrais pas, si j'étais souverain, avoir affaire à des courtisans athées, dont l'intérêt serait de m'empoisonner : il me faudrait prendre au hasard du contrepoison tous les jours. Il est donc absolument nécessaire, pour les princes et pour les peuples, que l'idée d'un Être suprême, créateur, gouverneur, rémunérateur et vengeur, soit profondément gravée dans les esprits. »

Ainsi parle Voltaire : il croit donc, lui aussi, qu'aucune société ne peut subsister sans Dieu. Cependant, partout et toujours, parmi les hommes, il y a eu des sociétés ; donc, partout et toujours la croyance en Dieu a été en vigueur. Et quand ce même philosophe ose dire ailleurs : Il n'y a pas de Dieu ! il sort du sens commun et se ment à lui-même.

VII. — **Objections à cette preuve ; leur réfutation.** — 1° *Le consentement des hommes n'est pas unanime*, puisque, d'après le témoignage de l'histoire, l'existence de Dieu a été vivement attaquée au cours des siècles.

— C'est vrai : il y a eu des contradicteurs ; mais ces contradicteurs, en très petit nombre, n'empêchent pas le consentement d'être *moralement unanime*, ce qui suffit. On rencontre des monstres dans la nature : cela détruit-il l'universalité de la forme humaine ? Et peut-on dire, parce qu'il y a des aveugles sur la terre, que les hommes ne sont pas doués de la faculté de voir ?

2° *La plupart des nations n'ont eu que de fausses idées de la divinité :* donc leur témoignage unanime ne prouve rien en faveur de la vérité.

— Il y a une grande différence, répondrons-nous, entre s'accorder sur l'*existence* d'une chose, et s'accorder sur les *propriétés* de cette même chose. Qu'on présente une montre à des millions d'hommes qui n'en ont pas encore vu, les uns diront : « C'est l'ouvrage d'un seul homme; » d'autres : « Plusieurs y ont travaillé. » Mais tous demeureront d'accord pour affirmer que cette montre ne s'est pas faite seule, et qu'elle suppose un ouvrier.

3º C'est *l'ignorance*, c'est *la grossièreté des premiers âges* qui a conduit les hommes à l'idée de Dieu.

— Impossible que l'idée la plus sublime ait pu naître de l'ignorance. Et d'ailleurs, cette ignorance se serait dissipée par le progrès des lumières.

4º Mais ne serait-ce pas *la politique des rois et des législateurs* qui aurait inventé Dieu ?

— Comment et quand une invention si étonnante a-t-elle pu se produire, et s'imposer partout à la fois ? Et comment l'histoire n'a-t-elle pas enregistré un fait aussi éclatant ? Nulle part on ne rencontre le nom de l'inventeur de Dieu et de la religion.

VIII. **5ᵉ preuve : l'ordre et l'harmonie qui règnent dans l'univers.** — Il existe un ordre admirable, dans l'ensemble comme dans chacune des parties de l'univers; or Dieu seul peut produire cet ordre. Donc Dieu existe.

Développons chacune des propositions de ce syllogisme.

1º *L'ordre*, c'est-à-dire la *convenance parfaite des moyens avec la fin*, éclate au sein de la création. Les *astres* jetés dans l'espace suivent l'orbite tracé à chacun d'eux; ils reviennent au même point, quelquefois après des milliers d'années, sans dévier de leur route de l'épaisseur d'un cheveu, et avec une telle exactitude, qu'on peut prévoir, mille ans à l'avance, l'heure et la minute de leur lever et de leur coucher. Découvrir les lois qui régissent les corps célestes est sans doute une chose merveilleuse; mais quelle admiration autrement profonde ne doit pas provoquer l'œuvre elle-même? Si *l'univers expliqué* témoigne d'un esprit supérieur, que dire de l'intelligence qui l'a conçu et formé?

Jetons les yeux sur le *globe* que nous habitons : tout y est disposé avec un ordre non moins merveilleux, et toujours en vue des besoins de l'homme. La grosseur même de notre planète, la proportion de la terre et des eaux qui la couvrent; les divers mouvements qu'elle accomplit, et qui produisent les jours, les nuits, les saisons, les années; la juste distance où elle se trouve du soleil dont elle reçoit la fécondité et la vie : ne sont-ce pas là autant d'indices d'une sagesse infinie, qui a présidé à tout ce bel ouvrage?

Songeons encore à la *perpétuité* des innombrables espèces d'*animaux* et de *végétaux* qui, après tant de générations successives, n'ont rien perdu de leurs propriétés, ni de leur constitution. Le plus petit être, dans les divers règnes de la nature, révèle un art et une habileté dont l'industrie des hommes ne sera jamais qu'une pâle copie. Que dire du corps de l'homme, dans lequel tous les organes sont si ingénieusement appropriés à l'entretien de sa vie physique, intellectuelle et morale! Machine admirable, qui porte avec elle sa marque de fabrique, c'est-à-dire l'empreinte divine.

2° *Dieu seul peut produire cet ordre et cette harmonie.* On ne saurait en effet assigner comme causes de tant de merveilles les *lois* qui régissent l'univers, puisque toute loi suppose un législateur, et que celles-ci ne sont en définitive que les volontés toutes-puissantes de l'Ordonnateur suprême : de Dieu.

« Peut-on contempler le ciel, écrivait Cicéron, sans voir, avec toute l'évidence possible, qu'il est gouverné par une divine intelligence? Quiconque en douterait pourrait douter aussi s'il y a un soleil : l'un est-il plus visible que l'autre? »

Et Newton : « Je vois les comètes se mouvoir dans des cercles très excentriques, partout et dans toutes les directions du ciel, avec une parfaite régularité : est-ce donc l'effet du hasard? D'autre part, je vois les planètes se mouvoir toutes dans des cercles concentriques, dans un ordre non moins admirable : est-ce donc l'effet d'une force aveugle? Non, ajoute cet illustre prince de la science, ce merveilleux accord des mouvements du soleil, des planètes et des comètes, n'a pu être conçu et exécuté que par un être souverainement intelligent. »

Voltaire confesse qu'il ne peut raisonner autrement en face de la création :

> L'univers m'embarrasse, et je ne puis songer
> Que cette horloge existe et n'ait point d'horloger.

« Tenez, disait un jour Bonaparte au savant Monge, ma religion à moi est bien simple. Je regarde cet univers si vaste, si compliqué, si magnifique, et je me dis qu'il ne peut être le produit du hasard, mais qu'il est l'œuvre d'un être tout-puissant, supérieur à l'homme, autant que l'univers est supérieur à nos plus belles machines. Cherchez, Monge, aidez-vous de vos amis, les mathématiciens et les philosophes, vous ne trouverez pas une raison plus forte, plus décisive; et quoi que vous fassiez pour la combattre, vous ne l'ébranlerez pas. »

C'est qu'en effet, le bon sens devance ici la science. On demandait un jour à un Arabe du désert, ignorant comme ceux de sa race, comment il s'était assuré qu'il y a un Dieu : « De la même façon, répondit-il, que je connais, par les traces marquées sur le sable, s'il y a passé un homme ou une bête. »

IX. Objections à cette preuve; leur réfutation. — 1° *C'est le hasard qui a produit l'ordre et l'harmonie de l'univers.*

— Ou le *hasard* signifie l'*absence de toute cause*, et alors *il n'est rien* et ne produit rien; ou il signifie une *cause cachée* aux yeux de l'homme, mais cependant réelle; et alors on est forcé d'avouer, avec un penseur chrétien, M. de Falloux, que « ce prétendu hasard n'est que *l'incognito de la Providence* ».

2° *L'univers a toujours existé : il n'a pas eu besoin par conséquent d'un ordonnateur suprême.*

— Cette objection supposerait que l'univers est l'Être nécessaire, dont nous avons dit plus haut qu'il ne peut ni changer, ni ne pas exister. Mais ne voyons-nous pas au contraire tout changer en ce monde; et combien il nous est facile de nous le représenter autrement qu'il n'est. Donc la prétendue *éternité des atomes de la matière* est une invention absurde et insoutenable.

3° *Cet ordre apparent de l'univers cache une foule de défauts et de désordres* : faut-il donc les attribuer à une intelligence infinie ?

— Nous ne connaissons guère que la surface et les fragments des choses : l'ensemble nous échappe ; ce que nous appelons défaut ou imperfection fait partie d'un plan supérieur. Tout être créé porte d'ailleurs ce double caractère : d'un côté le sceau de l'Ouvrier divin ; de l'autre, la marque du néant d'où il a été tiré. C'est ce qui faisait dire à Pascal, parlant de l'homme : « S'il se vante, je l'abaisse ; s'il s'abaisse, je le vante ; et je le contredis toujours, jusqu'à ce qu'il comprenne qu'il est un monstre incompréhensible. »

Exercices pratiques oraux ou écrits.

— Quel usage la *théodicée* fait-elle de la *logique* ? Cette dernière science ne trouve-t-elle pas là son plus complet et plus magnifique emploi ?

— Quel concours la *sensibilité* peut-elle apporter à la *raison* dans la démonstration de *l'existence de Dieu* ?

— Commenter les vers de *Louis Racine* :

> Quel bras peut vous suspendre, innombrables étoiles ?
> Nuit brillante, dis-nous, qui t'a donné tes voiles ?
> O Cieux, que de grandeur, et quelle majesté !
> J'y reconnais un maître à qui rien n'a coûté,
> Et qui dans nos déserts a semé la lumière,
> Ainsi que dans nos champs il sème la poussière...
> (*Poëme de la Religion*, I.)

— Réfuter quelques sophismes courants contre *l'existence de Dieu* : *Peut-on savoir s'il y a un Dieu ? Personne ne l'a jamais vu.* — *Tant de choses ne s'expliquent que par le hasard : pourquoi ne pas lui attribuer l'existence du monde ?*

— Citer quelques-uns de nos grands poètes ou artistes, dont le génie s'est surtout nourri du *sentiment religieux*.

LEÇON XVII

PERFECTIONS OU PROPRIÉTÉS DE DIEU

SOMMAIRE

I. L'Être infini, infiniment parfait.
II. 1er groupe des perfections de Dieu. — L'unité : il n'y a qu'un seul Dieu.
III. L'immutabilité : Dieu est immuable.
IV. L'éternité : Dieu est éternel.
V. L'immensité : Dieu est immense.
VI. 2e groupe des perfections de Dieu. — L'intelligence ou la science de Dieu.
VII. La bonté : Dieu infiniment bon.
VIII. La justice : Dieu infiniment juste.
IX. La puissance : Dieu tout-puissant.

I. **L'être infini, infiniment parfait.** — Dieu est sans limites et possède la *plénitude de l'être* : *Je suis Celui qui suis*, dit-il à Moïse, avant de l'envoyer vers les enfants d'Israël.

De cette définition sublime, nous devons conclure que toutes les perfections dont nous pouvons avoir l'idée se rencontrent en Dieu, non point séparées et distinctes, mais dans une unité parfaite. *Il est*, et l'on ne devrait rien dire de plus, parce que la *simplicité* de cet Être spirituel exclut toute division et toute composition de parties. C'est la faiblesse de notre esprit qui nous oblige à isoler les unes des autres les propriétés ou perfections que nous découvrons en Dieu ; de même qu'une personne enfermée dans un pavillon élevé ne peut embrasser que partiellement l'horizon, par chacune des fenêtres qui y sont percées.

Nous nommerons d'abord les perfections appartenant essentiellement au seul Être infiniment parfait, à Dieu : **l'unité, l'immutabilité, l'éternité et l'immensité** ; puis celles dont nous rencontrons en nous-mêmes quelques vestiges, et qui par conséquent se trouvent éminemment en Dieu d'où elles découlent : **l'intelligence, la bonté, la justice et la puissance.**

Bien que l'esprit humain ne puisse que balbutier sur un tel sujet, il doit néanmoins l'aborder : c'est là qu'il apprend à connaître et sa petitesse en face de l'infini, et sa vraie grandeur qui consiste à servir un Maître si magnifique.

II. Premier groupe des perfections de Dieu. — L'unité : il n'y a qu'un seul Dieu[1]. — « Si Dieu n'est pas unique, il n'est pas Dieu, » a dit Tertullien. C'est en effet le propre du suprême des êtres de n'avoir ni supérieur, ni égal. S'il a un supérieur, loin d'être suprême, il est inférieur ; s'il a un égal, il n'est pas au-dessus de tous les êtres et cesse d'être suprême. Donc il faut que l'Être suprême soit unique : donc *Dieu est unique.*

On raisonnerait de même en partant des notions de l'Être infini et de l'Être nécessaire, que nous avons rangées parmi les preuves de l'existence de Dieu. Impossible de concevoir *deux êtres infinis*, puisque l'un des deux, ayant pris pour lui tout l'être, n'en laisserait rien à l'autre. Et, s'il y avait deux êtres nécessaires, il faudrait admettre *un être nécessaire inutile,* ce qui est une folie.

Certains esprits aveuglés ont opposé à l'unité de Dieu l'objection suivante : « Tous les hommes, pendant de longs siècles, se sont accordés à admettre plusieurs dieux : or un consentement unanime est toujours une preuve de vérité. »

Répondons-leur : Il manque à cet accord d'avoir été

---

[1] Plusieurs des aperçus de cette leçon et de la suivante se sont inspirés de l'ouvrage du *P. Dargentan : Les Grandeurs de Dieu.*

universel et constant. 1° Il y a toujours eu un bon nombre d'hommes, et des plus éclairés, qui ont reconnu l'unité de Dieu : les meilleurs philosophes parmi les païens, et le peuple d'Israël tout entier. Le *polythéisme* ne s'est formé que lentement; et il est aisé, en remontant à la source de ce flot impur, d'y découvrir la croyance en un seul Dieu, dénaturée dans la suite par les passions et l'ignorance. — 2° Depuis l'origine du monde jusqu'à la tour de Babel, on ne voit point de traces d'idolâtrie; et, à partir de Jésus-Christ, l'unité de Dieu est admise dans toutes les nations civilisées.

III. L'Immutabilité : Dieu est immuable. — On dit qu'une chose est *immuable*, quand on ne peut la concevoir autre, ni plus grande, ni plus petite qu'elle n'est : en d'autres termes, quand on ne peut rien y ajouter, ni rien en retrancher. C'est ainsi que Dieu est immuable.

Si Dieu n'était pas immuable, il y aurait en lui quelque *changement*. Mais Dieu est nécessairement et essentiellement tout ce qu'il est : changer pour lui ce serait *acquérir* ou *perdre* quelque chose. Or l'Être parfait ne peut rien acquérir, car avant cette acquisition il n'eût pas été parfait; il ne peut rien perdre non plus, parce qu'alors il cesserait d'être parfait. Donc il est souverainement immuable.

Rien n'est stable sous le soleil : tout change, tout vieillit, tout s'use. Mais, au milieu des vicissitudes d'ici-bas, Dieu, qui préside à ces mutations et à ces mouvements, demeure le même dans sa sereine immutabilité; toujours aussi puissant, aussi bon, aussi aimable; toujours offrant à l'homme, mobile et passager, le seul point d'appui sur lequel il puisse compter.

IV. L'éternité : Dieu est éternel. — Dieu étant l'Être nécessaire n'a point eu de commencement et il n'aura point de fin. Il était hier, il est aujourd'hui, et il sera dans tous les siècles : ou plutôt, comme le fait remarquer Fénelon, *il est toujours;* car pour Dieu, rien n'est passé ni futur, tout est présent. *L'éternité*, a dit Boëce, *est la possession entière, simultanée et parfaite d'une vie sans terme.*

Opposons à cette éternité de Dieu la *brièveté* et la *succession du temps*. Êtres finis et bornés, nous recevons comme goutte à goutte les moments de notre existence, et nous ne pouvons jamais jouir de deux instants à la fois; les siècles passés, pas plus que les siècles à venir, ne sont à notre disposition. Un atome d'être, un instant de durée, voilà la créature humaine. Et néanmoins, quelle grandeur est la sienne, puisque Dieu, en lui donnant une âme immortelle, l'appelle à partager son éternité, et à aller se perdre dans cet océan sans limites qui renferme tous les biens !

Lamartine s'est inspiré de ces hautes vues dans des vers parfaitement beaux, quoique d'une pensée un peu vague :

> Cet astre universel, sans déclin, sans aurore,
> C'est Dieu, c'est ce grand tout qui soi-même s'adore.
> Il est; tout est en lui : l'immensité, le temps,
> De son être infini sont les purs éléments.
> L'espace est son séjour, l'éternité son âge;
> Le jour est son regard, le monde est son image.
> Tout l'univers subsiste à l'ombre de sa main :
> L'être, à flots éternels découlant de son sein,
> Comme un fleuve nourri par une source immense,
> S'en échappe et revient finir où tout commence.

V. **L'Immensité : Dieu est immense.** — Ce qu'est l'éternité par rapport au temps, l'immensité l'est à l'égard des lieux. Amassons des millions de siècles, nous n'aurons point l'éternité, parce que ces millions de siècles sont finis, et que l'éternité est infinie : de même, ajoutons un lieu à un lieu, un espace immense à un espace immense, nous n'aurons point une idée exacte de l'immensité de Dieu, attendu que ces espaces ont des limites, et que l'immensité de l'Être infini n'en a point. « Dieu, a dit saint Vincent de Beauvais et Pascal après lui, *Dieu est une sphère infinie dont le centre est partout, la circonférence nulle part.* »

C'est cet attribut de Dieu qui le rend *présent partout*; car si l'on pouvait imaginer quelque lieu où Dieu ne fût pas, son immensité serait bornée, et il cesserait d'être infini.

Bien qu'il n'y ait aucun lieu capable de le contenir, sa grandeur néanmoins étant indivisible, on doit conclure que Dieu est *tout entier* dans un lieu quelconque, si petit qu'il soit, et jusque dans un atome, sans cesser pour cela d'étendre son immensité au delà de tous les espaces. En effet, ou Dieu est tout entier dans cet atome, ou il n'y est qu'en partie, ou il n'y est nullement. Dire qu'il n'y est pas, ce serait mettre des limites à Dieu; dire qu'il n'y est qu'en partie, ce serait supposer des divisions en Dieu : il reste donc à dire qu'il y est tout entier.

Oui, Dieu est tout entier dans le grain de blé pour le rendre propre à nourrir l'homme; tout entier dans la goutte d'eau qui le désaltère; dans la fleur qui charme ses regards; tout entier dans l'âme créée à son image. Il atteint toutes ses créatures, et « c'est en lui, comme l'a répété saint Paul, que nous avons la vie, le mouvement et l'être ».

Et que l'on n'objecte pas la nécessité où Dieu se met ainsi d'être présent dans des lieux indignes de sa pureté : « Si le soleil, répond saint Augustin, peut, par un seul de ses rayons, sécher l'ordure d'un cloaque sans en être souillé, combien plus la splendeur de la lumière éternelle, partout où elle tombera, mettra-t-elle la pureté, sans contracter elle-même aucune souillure! »

VI. Second groupe des perfections de Dieu. — L'Intelligence ou la science de Dieu.

L'homme est doué d'intelligence : il connaît le vrai, le bien et le beau; donc Dieu, qui lui a donné cette faculté, n'en peut être privé lui-même. Il possède une *science sans limites*; car si quelque connaissance lui manquait, il y aurait défaut dans sa nature, et il cesserait d'être infini. Mettons en lumière quelques traits de cette science divine.

1º Science de Dieu infinie dans son étendue.
Nulle vérité actuelle ou possible, grande ou petite, qu'il ne connaisse en détail. Il a tout créé : comment ignorerait-il ses propres œuvres? Son intelligence infaillible suit toutes les évolutions, non seulement de la terre et des astres, mais de tous les atomes qui composent l'univers. Il sait combien il y a de brins d'herbe sur la surface du globe, combien de feuilles dans les forêts, de grains de sable au fond des mers, de gouttes d'eau dans l'océan, de poissons au sein de ce vaste élément, et ainsi de toute la création matérielle.

Dans le monde des esprits, il connaît les pensées de tous les hommes et les plus intimes secrets de leur cœur. Chacune des âmes, aussi bien que chacun des êtres célestes, est l'objet de cette science que rien ne limite; mais à toutes ces connaissances, nous dépassant absolument, s'ajoute encore, dans un degré infini, la connaissance que Dieu a de lui-même.

2º Science de Dieu d'une admirable simplicité. Pour nous mettre une seule science dans l'esprit, nous avons besoin d'une multitude de raisonnements, d'efforts d'intelligence et d'actes divers : Dieu, au contraire, en un acte très simple, connaît absolument toutes choses. Ce que les hommes et les anges réunis s'efforceraient en vain de connaître par des millions d'actes réitérés, Dieu le voit distinctement d'un seul coup d'œil.

C'est que nous tirons notre science des divers objets auxquels nous nous appliquons : de là ce travail pénible, au prix duquel il nous faut l'acquérir; tandis que Dieu puise toute sa science en lui-même. Il est sa propre science, étant tout lumière, tout intelligence.

3º Science de Dieu éternelle et invariable. Il y a pour nous une grande différence entre les choses *présentes* et les choses *absentes*, entre les *passées* et les *futures*, parce que nous n'avons à nous que le seul moment présent, qui passe et meurt aussitôt qu'il est né. Presque tout est pour nous passé ou futur, et nos connaissances se modifient comme les choses qui en sont l'objet.

Mais la science de Dieu est toujours *actuelle* et toujours *présente*; elle est éternelle et invariable ; elle ne se souvient de rien, car rien n'est passé pour elle; elle n'apprend rien de nouveau, car rien n'est futur à son égard. C'est un grand soleil en son plein midi, qui n'a jamais eu d'aurore et n'aura jamais de couchant. Il voit tout, il environne tout, il pénètre tout par sa lumière, et embrasse d'une manière actuelle les choses qui ont été, qui sont et qui seront : rien ne lui échappe. Un proverbe oriental rend ingénieusement cette vérité : *Une fourmi noire, sur un marbre noir, dans la nuit noire, Dieu la voit.*

VII. **La bonté : Dieu infiniment bon.** — Dieu est bon, parce qu'il est, considéré en lui-même, le bien absolu, l'océan de tout bien, d'où il ne peut sortir que bonté à l'égard de ses créatures. « Quand Dieu fit le cœur de l'homme, dit Bossuet, il y mit premièrement la bonté. » Pourquoi cette place d'honneur, sinon parce que la bonté est comme le trait distinctif de la divinité, dont nous devons porter la ressemblance ?

Les païens eux-mêmes ont eu ce sentiment. Une inscription gravée au frontispice d'un de leurs temples portait ces trois mots : *Deo optimo maximo : Au Dieu très bon et très grand*; la bonté avant la grandeur. On raconte que les Scythes, attaqués par Alexandre, lui envoyèrent des députés portant ce message : « Si tu es dieu, tu dois être bon aux mortels, et non pas leur nuire. »

La bonté de Dieu consiste dans la volonté de faire du bien à ses créatures : non pas un bien infini, puisque le créé égalerait alors l'infini, ce qui est impossible ; mais tout le bien que comporte le plan éternel qu'il a de chacune. Cette *bonté agissante* devient *l'amour* : amour qui n'a pas eu de commencement, et qui dispose à son gré de la puissance infinie. C'est dans cet attribut surtout que Dieu dépasse nos faibles conceptions.

« Il nous donne ses biens, remarque un philosophe chrétien, non pas en économe, mais en prodigue : que de superflu il a semé sur la terre, pour le bonheur de ses enfants et pour s'en faire aimer! Ce qui est admirable, c'est qu'il accorde ces dons à tous, même aux indignes; ce qui surpasse le comble de la merveille, c'est qu'il ne les refuse pas aux ingrats; enfin, ce qui est divin, c'est qu'après avoir tout donné, il se donne lui-même. »

VIII. **La justice : Dieu infiniment juste.** — La justice consiste essentiellement à *rendre à chacun ce qui lui appartient*. D'après cette notion, Dieu peut-il exercer la justice envers ses créatures? Ce qui leur appartient en propre, c'est le néant; et si Dieu leur faisait justice de cette manière, il les y replongerait.

Ce raisonnement a du vrai : nous tenons tout de la libéralité du Créateur. Mais il est une autre vérité non moins digne de Dieu, c'est que rien n'est mieux à nous que ce qu'il lui a plu de nous donner par pure bonté. Ayant daigné nous communiquer l'être et la vie, il se fait un devoir de justice d'en user à notre égard comme si ces dons étaient nôtres; et de même pour tous les êtres, en dehors de l'homme, auquel il fournit, « avec nombre, poids et mesure, » ce que réclame leur nature.

Cette justice de Dieu *ne peut errer ni se tromper* : elle démêle le bien et le mal qui remplissent le monde; pénètre le mérite et le démérite de toutes les actions des hommes, sans en négliger un iota, et proportionne la récompense au bien et la punition au mal avec une souveraine équité.

« Mais alors, dira-t-on peut-être, comment se fait-il qu'on voit si souvent *l'impie dans la prospérité, et le juste dans la souffrance?* » Nous répondons à cela : L'impie n'est jamais tellement méchant, qu'il ne fasse quelque bien, pour lequel il mérite récompense; et comme il n'a rien à attendre dans l'éternité, s'il persévère dans le mal, Dieu lui paye ce peu de bien par des consolations momentanées en cette vie : c'est justice. Quant à l'homme vertueux, on ne peut mettre en doute qu'il n'ait à expier certaines faiblesses : Dieu le châtie ici-bas par des afflictions passagères, afin de ne lui réserver que des joies dans l'éternité : c'est tout à la fois justice et bonté.

IX. La puissance : Dieu tout-puissant. — Dieu, étant l'Être infini, possède dans son intelligence l'idée et la raison de toutes les choses possibles, et dans sa volonté une force sans limites. Donc Dieu est tout-puissant pour faire tout ce qu'il voudra, sans qu'aucun être possible puisse résister à sa volonté.

La *création*, dont nous allons parler dans la leçon suivante, est pour nous la manifestation la plus palpable de la puissance divine. Un mot : *Fiat!* a tiré toutes choses du néant. Dieu a commandé une seule fois à la terre de produire des herbes, des fleurs, des fruits, et la terre ne cesse d'ouvrir son sein pour lui obéir durant tout le cours des siècles. Il a commandé une seule fois au soleil de mesurer nos jours et nos nuits, de diversifier nos saisons, et cet astre ne cesse de courir dans sa voie. Il a commandé une seule fois à la mer de produire des poissons, et la mer docile nous les dispense chaque année par millions.

Mais la toute-puissance déborde au delà de la création, qui n'a été qu'un jeu pour elle; car tous les êtres créés ne sont rien en comparaison de ceux que Dieu pourrait créer encore. Allons plus loin, et disons que toutes les créatures possibles sont comme rien, en comparaison de la toute-puissance de Dieu. Et enfin, concluons que, quand nous aurions acquis tout ce que Dieu a créé, et tout ce qu'il tient en réserve dans les trésors de sa puissance, nous n'aurions encore que des choses de néant, incapables par elles-mêmes de nous donner le bonheur, parce que Dieu a donné à notre âme une telle grandeur, que lui seul peut la remplir pleinement.

Exercices pratiques oraux ou écrits.

— Un *acte libre*, conforme au bien, glorifie plus Dieu que toute la *création matérielle* : ce point de vue n'élève-t-il pas bien haut la *dignité humaine?*

— Remarquer, au sujet de la *justice de Dieu*, que *les nations* n'étant *pas immortelles* et ne tenant qu'aux choses du temps, Dieu leur donne, selon qu'elles le méritent, la prospérité ou les revers. Appuyer cette remarque de quelques faits historiques.

— Quelles sont les vérités de la *théodicée* qui ont inspiré à un philosophe chrétien ce sage conseil : *Revenir de tout à Dieu, comme tous les rayons de la circonférence aboutissent au centre ?*

— Appliquer à ce qui a été dit de la *science de Dieu* la règle posée par Bossuet : « Il ne faut jamais abandonner les vérités une fois connues, quelque difficulté qui survienne pour les concilier ; mais, au contraire, tenir toujours très fortement les deux bouts de la chaîne, bien que nous ne voyions pas le milieu par où l'enchaînement se continue. »

LEÇON XVIII

OPÉRATIONS DE DIEU

SOMMAIRE

I. Dieu agit : opérations internes, opérations externes.
II. La création : Dieu est créateur du monde.
III. Erreurs relatives à l'origine et à la nature du monde.
IV. La création manifeste les perfections de Dieu.
V. La conservation : Dieu conserve l'être à toutes ses créatures.
VI. Le concours : Dieu concourt par son action à toute action des créatures.
VII. La Providence : Dieu gouverne toute créature par sa providence.
VIII. Erreurs au sujet de la Providence.
IX. La Providence et le mal physique et moral.
X. Conclusion de la théodicée.

I. Dieu agit : Opérations internes, opérations externes. — Dieu, qui nous a donné l'activité, possède au plus haut point de perfection cet attribut de notre nature : source de vie infinie, *il agit* sans cesse.

On appelle opérations internes celles que Dieu accomplit en lui-même. Elles se résument dans la *connaissance* et *l'amour* : Dieu se connaît, Dieu s'aime, et ces deux actes infinis constituent, avec l'Être divin, trois réalités ou *trois personnes* distinctes en une *unité* sublime. Ainsi la raison humaine entrevoit ce grand mystère d'un seul Dieu en trois personnes, que Platon, parmi les philosophes païens, a soupçonné. Mais la raison ne fait qu'en toucher le seuil, et doit recourir à la foi pour être instruite de ce dogme, sur lequel reposent toutes nos croyances.

Les **opérations externes** de Dieu comprennent les actes de sa volonté, dont l'effet se produit en dehors de lui. Il n'y a en réalité qu'une seule opération externe, qui est la *création;* toutefois elle entraîne, comme suite nécessaire, la *conservation* des êtres créés, c'est-à-dire le *concours* incessant de Dieu à tous leurs mouvements, et la *providence* avec laquelle il les conduit à leur fin.

II. La création : Dieu est créateur du monde.

— L'action créatrice en Dieu peut être définie : *l'acte de la volonté divine qui tire du néant quelque substance.*

Pour qu'il y ait création véritable, il faut deux choses : 1° *une substance produite*, et non pas un simple accident ; 2° *une substance qui n'est tirée d'aucune autre substance*, existant avant elle. Ainsi, c'est dans un sens impropre que nous disons : notre intelligence crée sa pensée ; il n'y a ici qu'un accident produit. De même, il est inexact de dire : cet architecte a créé un palais, ce peintre un tableau ; car l'un et l'autre se sont servis de matières déjà existantes. Le Créateur ne tire les choses créées ni de sa propre substance, ni d'aucune substance étrangère préexistante ; mais sa puissance les produit de rien.

Raisonnons sur cette vérité. Le monde n'a pas toujours existé ; on peut le concevoir autre qu'il n'est, ou comme n'existant pas : d'où l'on conclut qu'*il n'est pas nécessaire*. Or, s'il en est ainsi, il y a eu un temps où il n'était rien ; et s'il n'était rien, il n'a pu se faire lui-même : donc *la puissance créatrice est en Dieu*, et en Dieu seul. Car il y a une distance infinie entre le néant et l'être ; et pour faire franchir cette distance infinie, même à un grain de sable, il faut une puissance infinie : il faut Dieu. Lui seul a donné le *principe de la vie* à tous les êtres qui se reproduisent : les expériences irréfutables de Pasteur et de Tyndall ont fait resplendir cette vérité, « qu'aucun être vivant, même à l'état de microbe, ne naît que d'un autre être vivant. »

III. Erreurs relatives à l'origine et à la nature

du monde. — Le premier mot de la Bible : *Au commencement Dieu créa le ciel et la terre*, confirme la vérité d'un Dieu créateur, que la raison aperçoit, mais qu'elle perd si aisément lorsqu'elle est livrée à elle-même. Les philosophes qui ont ignoré ou rejeté la révélation sont tombés, sur cette question, dans des erreurs où l'invraisemblable le dispute à l'absurde. Citons-en quelques-unes.

Démocrite, qui enseignait en Grèce vers 450 avant Jésus-Christ, prétendait que le monde s'était formé par le *concours fortuit des atomes*. Ces atomes, ronds ou crochus, étaient, selon lui, éternels et en nombre infini; doués d'un mouvement essentiel, ils allaient indéfiniment de haut en bas, et parallèlement entre eux. Un jour, on ne sait comment, il y eut une déviation dans le mouvement : les atomes s'accrochèrent les uns aux autres, et il en résulta, par le plus étrange hasard, cette combinaison du monde, telle que nous la voyons, avec sa parfaite régularité, avec sa merveilleuse fécondité; avec ses plantes, ses animaux organisés : voire même avec l'homme et son âme raisonnable. Ce système, hors de bon sens, fut celui des *Épicuriens*. Cicéron, quoique païen, l'écrasa sous sa logique; Fénelon l'a également flétri, dans son *Traité de l'Existence de Dieu*.

Aristote soutenait que le monde, tel qu'il est, existe de toute éternité; *Platon*, que la matière du monde est incréée, mais que Dieu y a mis le bel ordre que nous y admirons : systèmes pareillement faux et déraisonnables.

Les *rationalistes* modernes ont, sous divers noms, renouvelé ces erreurs. Ceux qu'on appelle *matérialistes* attribuent l'origine du monde au développement spontané des forces inhérentes à la matière, qu'ils supposent éternelle. Quelques-uns admettent que Dieu a présidé à l'établissement des lois qui régissent la nature; mais il a fait ces lois *nécessairement*, comme il a créé nécessairement : en sorte que, suivant ces lois nécessaires, l'univers et l'humanité s'en vont toujours progressant. L'homme, brute d'abord, est, par le *progrès continu*, devenu singe; par suite du même progrès, il s'est transformé en homme raisonnable, pour arriver sans doute, en se développant toujours, à une perfection plus grande encore. Que d'absurdités dans cette théorie, et combien est vrai le mot de Pascal : *Incrédules, les plus crédules !*

Les *panthéistes* (*tout Dieu*) affirment que tout est Dieu; que Dieu et tous les objets de l'univers ne sont qu'un seul et même être. Une telle doctrine équivaut à dire que *l'impossible est le possible*, et que *le néant est la même chose que l'être :* car il ne se peut que le monde soit à la fois créé et incréé, fini et infini. Quant aux *conséquences du panthéisme*, elles révoltent le plus vulgaire sentiment religieux. Si Dieu, l'homme et le monde ne sont qu'une seule substance, toutes les erreurs, toutes les contradictions, tous les crimes, toutes les infamies sont imputables à Dieu, puisque, d'après ces faux docteurs, toutes ces choses ne seraient que des émanations, des développements de la substance divine.

Sans doute, Dieu possède en lui-même tout l'être des créatures; mais il le possède d'une manière infiniment supérieure, indépendante de la forme et de la matière qu'il leur a départies. Prétendre que Dieu serait plus parfait, si l'on ajoutait à son être toutes les existences créées, ce serait imiter l'écolier qui se flatterait de rendre son maître plus savant, en lui donnant les faibles connaissances qu'il a reçues de lui.

IV. La création manifeste les perfections de Dieu. — De cette vérité solidement établie que Dieu a créé le monde, il s'ensuit que l'œuvre de la création doit porter sa divine empreinte, révéler sa pensée et faire resplendir ses perfections : tout ainsi que l'artiste se peint dans son chef-d'œuvre, et y trahit le secret de son âme.

> Oui, c'est un Dieu caché que le Dieu qu'il faut croire;
> Mais tout caché qu'il est, pour révéler sa gloire,
> Quels témoins éclatants devant moi rassemblés :
> Répondez, cieux et mers, et vous, terre, parlez !
> (*L. Racine.*)

L'immensité et la puissance de Dieu nous apparaissent, d'une manière sublime, dans la marche des astres, dans leurs dimensions et leur nombre qui dépassent tous nos calculs, et ne nous laissent que le sentiment de l'infini.

Notre terre, avec ses dix mille lieues de circonférence, nous semble fort grande : elle l'est réellement, puisqu'un homme, parcourant dix lieues par jour et ne rencontrant aucun obstacle, mettrait deux ans et demi à en faire le tour. Et toutefois, le même voyage circulaire autour du soleil durerait deux cent soixante-quatorze ans ! Les dimensions de cet astre sont telles, en effet, qu'il faudrait un million quatre cent mille terres comme la nôtre pour en égaler le volume. Comment dès lors se représenter la distance de trente-huit millions de lieues qui le sépare de notre globe, et par suite l'immense orbite que la terre décrit autour de lui dans son mouvement annuel !
Cependant ces espaces comme infinis sont bien dépassés encore par les planètes plus éloignées : *Neptune*, par exemple, qui gravite à douze cent cinquante millions de lieues du soleil ! Que dirons-nous de cette multitude d'étoiles semées au firmament ? Elles sont si nombreuses, que le savant Herschel en a compté, dans la seule voie lactée, dont le soleil fait partie, plus de cinquante millions ; quelques-unes tellement éloignées que leur lumière, bien qu'elle parcoure plus de quatre millions de lieues par minute, a mis des siècles à parvenir jusqu'à nous. Or Dieu remplit de son immensité ces vides effrayants et ces mondes innombrables, qui ne lui ont coûté qu'un *fiat*, et qui ne sont devant lui que comme une goutte d'eau.

Au milieu de l'infinie variété de la création, un œil attentif sait reconnaître l'unité et la simplicité de Dieu. Les *trois règnes de la nature* sont admirablement subordonnés les uns aux autres ; un très petit nombre de *corps simples* suffisent à produire les mille combinaisons de la matière ; quelques *lois*, extrêmement fécondes, expliquent les phénomènes les plus divers, et vont même se simplifiant de plus en plus, à mesure que s'étend le champ de la science : la *loi des ondulations*, par exemple, s'applique aussi bien à la lumière qu'au son et à la chaleur.

Les corps célestes proclament plus haut encore cette unité du Créateur. « Quel ravissement éprouva Newton, le jour où il découvrit les grandes lois de la gravitation des cieux ! Ces astres, qu'on avait vus jusque-là dans un éparpillement splendide, il s'aperçut qu'ils se mouvaient; qu'il y en avait de plus petits qui tournaient autour de plus grands; que ceux-ci tournaient autour de plus grands encore; et, perçant la voûte des cieux, il soupçonna que le système solaire tout entier gravitait lui-même autour d'un autre, lequel avec ses millions d'astres circulait dans l'espace autour d'un troisième, et qu'ainsi, au lieu d'être dans un éparpillement magnifique, le ciel était dans l'*unité*. Il jeta un cri d'admiration qui fit tressaillir le grand siècle. » (Mgr *Bougaud*.)

N'est-ce pas l'immutabilité et l'éternité de Dieu que nous entrevoyons dans le mystère de la substance créée, laquelle, au milieu de changements incessants, demeure entière, tout en perdant sa forme? La plante meurt : ses débris jonchent le sol, et fournissent un engrais pour la nourriture d'autres plantes. Le bois brûle et se réduit en cendres; mais rien n'est anéanti dans les éléments qui le composent : ils ne sont que modifiés.

La beauté du Créateur perce à travers son œuvre. Les splendeurs du soleil et les jeux ravissants de sa lumière; les sites enchanteurs répandus sous les divers climats; le coloris des fleurs, les grâces séduisantes de l'oiseau : tous les charmes enfin de la nature, ne sont que des traits révélateurs de la beauté incréée. Mais elle se révèle mieux encore dans l'âme pure, plus belle aux yeux de Dieu que les merveilles accumulées de l'univers.

V. La conservation : Dieu conserve l'être à toutes ses créatures. — Nous n'avons rien dit de la *bonté* de Dieu, manifestée dans la création, parce qu'elle semble se signaler davantage dans les conséquences de l'acte créateur, dont le premier est la *conservation*.

Dieu conserve l'existence à toutes ses créatures. L'être créé dépend absolument de celui qui l'a tiré du néant; il est aussi impuissant à exister par lui-même, et sans cause suffisante, au second ou au troisième moment de son existence, qu'il l'a été au premier. Donc, il faut que Dieu le crée continuellement, et lui conserve ainsi l'être dont il est l'auteur.

Pour mieux apprécier cette *création incessante*, recourons à quelques comparaisons. Le soleil darde son *rayon*; mais s'il cesse un instant de l'envoyer de son sein, le rayon périt aussitôt. L'esprit émet une *pensée* : qu'il s'en détourne un moment, la pensée s'évanouit. L'œil porte son *regard* sur un objet : s'il se couvre de sa paupière, il n'y a plus aucune vision. De même, si le divin Soleil, source de tous les êtres, nous refusait son influence; si ce grand Esprit, qui produit et qui porte toutes les créatures dans sa puissante pensée, nous suspendait un seul instant sa vertu; si ce grand œil de Dieu, qui donne l'être et la vie par ses regards, se détournait une seconde de nous, c'en serait fait de notre être; il retomberait dans le néant de son origine.

Et non seulement Dieu nous crée ainsi de moment en moment, mais il conserve par le même prodige les autres hommes dont la société nous est nécessaire : les animaux qui nous rendent d'indispensables services, le soleil, la terre, l'air et tous les éléments propres à entretenir notre vie. Si toutes ces choses nous manquaient, que ne donnerions-nous pas pour les avoir? Et parce que Dieu nous les conserve gratuitement, n'en devons-nous pas conclure avec plus d'assurance à sa bonté, et à la reconnaissance qu'elle impose à l'homme?

VI. **Le concours : Dieu concourt par son action à toute action des créatures.** — Les philosophes posent cette maxime : *L'opération suit l'être.* Sans doute cela veut dire qu'il est nécessaire d'exister avant d'agir; mais de plus, qu'il faut porter le même jugement de l'un et de l'autre. Or, comme il est impossible à la créature d'avoir l'être ni de le conserver, si ce n'est par la toute-puissance de Dieu, il est également vrai qu'elle ne peut faire la moindre action sans le *concours actuel de Dieu.* Car si elle en pouvait faire une seule, elle serait, dans cette action-là, indépendante, trouvant en elle-même le principe de son être : ce qui est incompatible avec l'idée de créature.

Remarquons les *conséquences de ce concours*, ou

plutôt de ce commerce prodigieux, établi entre l'Être souverain et l'homme qu'il a créé. Non content de lui avoir donné la vie, non content de la lui conserver, il s'impose à lui-même l'obligation d'être toujours prêt à l'aider, et à concourir à tout ce qu'il lui plaira de faire. Il ne laisse passer aucune action, ni pensées, ni paroles, qu'il n'intervienne pour les produire; et cela avec une vigilance, une ponctualité, un soin aussi attentifs que s'il n'avait qu'un seul être à servir au monde.

Mais alors, Dieu est donc complice du mal qui se commet? — Non, car le mal moral, le péché, n'est qu'une privation, un *non*, un *néant* auquel l'Être divin ne concourt pas; il ne partage que le *réel* ou l'*être* de l'action, dans lequel le mal ne peut résider. Un assassin lève le bras pour tuer sa victime : Dieu, qui a créé ce membre, concourt à son mouvement matériel, tandis qu'il n'entre en rien dans le péché que la volonté de cet homme a résolu, et qu'elle exécute.

VII. **La Providence : Dieu gouverne toute créature par sa providence.** — Le mot *providence* signifie *prévoir* ou *voir pour*. Cette expression fait entendre que Dieu voit pour nous et au-dessus de nous dans les choses de ce monde, et que, les ayant créées, il les gouverne nécessairement.

La *science infinie* de Dieu est comme le flambeau qui éclaire la conduite de la divine Providence. Nous avons vu que cette science, admirable dans son étendue, embrasse d'un seul regard tous les êtres, existants ou possibles, du plus grand au plus petit. Mais que serait la science ou intelligence infinie sans la *toute-puissance*, prête à en exécuter les plans? Cette puissance est en même temps *bonté* et *justice*; de sorte que rien n'est plus sûr, rien n'est meilleur que le gouvernement de la très sage Providence.

Par sa *bonté*, elle pourvoit aux besoins de tout ce qui respire, sans laisser manquer le moindre moucheron. C'est elle qui couvre nos campagnes de riches moissons; qui charge nos vignes d'une liqueur abondante qu'elle tire des trésors de sa puissance, n'ayant ni caves, ni vaisseaux pour la contenir; elle qui suspend à nos arbres des fruits d'un goût exquis. Et ces munificences, elle les rapporte toutes à l'homme, auquel elle destine des biens infinis : elle le conduit dans toutes ses voies, et le porte entre ses bras, comme la mère porte son enfant.

La *justice* apparaît à son tour dans le gouvernement de la Providence. Il est juste que les êtres privés de raison soient dirigés par une raison qui supplée au défaut de la leur : la Providence divine est leur raison, et nous avons dit, en traitant de l'instinct, quelles choses merveilleuses elle leur fait accomplir. Il est juste aussi que l'homme libre ne soit nécessité à rien : il se détermine comme il lui plaît, choisit le bien ou le mal, et la Providence lui fournit les moyens de pratiquer l'un et d'éviter l'autre. Mais comme il suit souvent les fausses lumières de sa raison, cette même Providence permet qu'il tombe en plusieurs fautes, et cela est justice.

Concluons, de ces considérations, que la croyance au *gouvernement de Dieu* dans les choses d'ici-bas est la *clef de l'histoire* en général, aussi bien que de chaque existence humaine en particulier.

VIII. **Erreurs au sujet de la Providence.** — Le paganisme, ignorant le vrai Dieu, substitua à la Providence les fables et les mensonges. D'après les Grecs, *le Destin* et *la Fortune*, divinités aveugles et inflexibles, présidaient au sort des mortels, et les poussaient fatalement à leur destinée : le Dieu bon n'était plus là.

Il n'est pas moins absent de cette attristante doctrine du *déisme*, qui, de nos jours encore, nie ou amoindrit la Providence. Les déistes relèguent dans la profondeur de son éternité ce Dieu, trop grand, disent-ils, pour s'occuper des événements de ce monde et de chacun des hommes !

— « Eh quoi ! peut-on leur répondre, s'il n'a pas été indigne du Très-Haut de créer l'insecte et la fleur des champs; si son immensité le rend présent dans toutes ses œuvres, comment s'abaisserait-il en prenant souci de chacune, de l'homme surtout, sa créature privilégiée? Et d'ailleurs, il n'y a devant Dieu, dans la nature matérielle, ni grand, ni petit : la seule chose qui distingue les êtres à ses yeux, c'est tout ce qui, de près ou de loin, imite ses perfections infinies.

IX. La Providence et le mal physique et moral. — Mais comment accorder l'idée d'une providence juste et bonne, avec tous les maux qui accablent l'humanité? Le ciel a ses orages, la mer ses tempêtes; les volcans et les tremblements de terre causent d'épouvantables cataclysmes; partout on entend gémir sur les maladies, la pauvreté et les revers; le vice enfin ravage les âmes!

Tout cela est vrai, mais n'infirme en rien les grands principes sur lesquels repose la Providence :

1° Les désordres apparents qui se produisent dans la nature sont les résultats des lois générales de la création, lesquelles contribuent à l'harmonie et à la beauté d'ensemble de l'univers, en dépit des désastres partiels. Si ces hautes vues nous échappent, accusons notre ignorance et non pas la sagesse de Dieu.

2° Les maux de cette vie, lorsqu'ils ne sont pas un châtiment providentiel pour les coupables, ou un préservatif qui retient les bons, servent toujours à mûrir la vertu, et à offrir au Ciel une compensation du mal qui crie justice.

3° Pour que le vice fût banni de la terre, il faudrait que Dieu ôtât la liberté aux hommes, ce qui serait enlever à la création le seul ornement digne du Créateur. Que si la Providence laisse parfois les méchants prospérer; si elle leur donne ainsi le temps de se repentir, elle montre par cette miséricorde, non point sa faiblesse, mais le trait le plus ravissant de sa divinité.

X. Conclusion de la théodicée. — La théodicée n'est que le portique, le vestibule du sanctuaire où l'âme humaine, fille de Dieu, doit entrer. Il est évident que ce

Dieu, si grand, si bon, si puissant, même au seul regard de la raison, a d'autres secrets à révéler à l'homme ici-bas, des devoirs à exiger de lui, des promesses à lui faire.

De ces notions élémentaires, tout esprit droit et logique sera donc forcément amené à conclure à une *religion révélée*, en possession des secrets divins, des promesses, des dons auxquels aspire l'humanité. Grâce au Ciel, nous l'avons cette religion révélée : c'est l'Église de Notre-Seigneur Jésus-Christ, l'Église catholique. Et si le programme que nous parcourons en ce moment ne comporte pas cet autre riche domaine d'études, c'est un charme déjà de l'entrevoir et de le signaler.

Exercices pratiques oraux ou écrits.

— La *création du monde* suppose le *miracle :* montrer, par les principes énoncés dans la leçon, que la *science* ne peut que tomber dans l'*absurde*, si elle n'accepte ce point de départ de toutes choses.

— Le *chrétien* sincère et logique dans sa foi n'est-il pas en même temps l'*homme raisonnable* par excellence, puisqu'il remonte toujours à la vraie cause de tout, à Dieu?

— Citer des traits de la *providence de Dieu* dans tous les règnes de la nature : règne *minéral*, règne *végétal*, règne *animal?*

— La Providence présidant aux grands événements de l'histoire. — Rappeler le beau passage de Bossuet, qui termine la troisième partie du *Discours sur l'histoire universelle :* « Souvenez-vous, Monseigneur, que ce long enchaînement des causes particulières qui font et défont les empires dépend des ordres secrets de la divine Providence... »

— « *Aide-toi, le Ciel t'aidera !* » La croyance à la Providence dispense-t-elle du travail?

— « *L'homme s'agite et Dieu le mène.* » Expliquer et justifier cette sentence.

TABLEAU RÉCAPITULATIF DE LA THÉODICÉE

I. EXISTENCE DE DIEU

PREUVE FONDAMENTALE : Nécessité d'une cause première.

1° PREUVES TIRÉES DE NOTRE RAISON :
- 1° Notre raison est dominée par une raison supérieure.
- 2° Nous avons l'idée de l'infini.
- 3° — l'idée d'un Être nécessaire.

PREUVES FOURNIES PAR LE TÉMOIGNAGE DES HOMMES :
- 4° Témoignage des païens et des peuples modernes.
- Objections :
  - Fausses idées sur la divinité.
  - Ignorance des peuples,
  - Politique des rois,
  - ont-elles produit l'idée de Dieu ?

PREUVE TIRÉE DU SPECTACLE DE L'UNIVERS :
- 5° Ordre admirable de l'univers.
- Dieu seul peut produire cet ordre et cette harmonie.
- Objections : *Le hasard ?... Éternité de la matière ?...* — *Réfutation.*

II. PERFECTIONS OU PROPRIÉTÉS DE DIEU

1° PERFECTIONS ESSENTIELLES A L'ÊTRE INFINIMENT PARFAIT :
- L'unité : *Il n'y a qu'un seul Dieu.*
- L'immutabilité : *Dieu est immuable.*
- L'éternité : *Dieu est éternel, et non sujet au temps.*
- L'immensité : *Dieu est immense, présent partout.*

2° PERFECTIONS COMMUNIQUÉES A L'HOMME, et que Dieu possède dans un degré infini :
- Intelligence ou Science de Dieu.
  - Infinie en *étendue.*
  - D'une admirable simplicité.
  - Éternelle et immuable.
- Bonté : *Dieu infiniment bon.*
- Justice : *Dieu infiniment juste.*
- Puissance : *Dieu tout-puissant.*

III. OPÉRATIONS DE DIEU

1° OPÉRATIONS INTERNES
- *Connaissance* et *amour*.
- La raison entrevoit *trois personnes en un seul Dieu*.

2° OPÉRATIONS EXTERNES

- **1° Création :** Dieu est créateur du monde.
  - Erreurs relatives à l'origine et à la nature du monde. — Le *panthéisme*.
  - La création manifeste les *perfections de Dieu*.

- **2° Conservation :** Dieu *conserve* l'être à toutes ses créatures.

- **3° Concours :** Dieu *concourt* à toute action des créatures.

- **4° Providence :** Dieu gouverne tout par sa providence.
  - Erreurs au sujet de la Providence.
  - La *Providence* et le *mal physique et moral*.

MORALE

LEÇON XIX

MORALE GÉNÉRALE OU SCIENCE DU DEVOIR

Notions sur lesquelles elle s'appuie.

SOMMAIRE

I. Définition de la morale ; division de cette étude.
II. Le bien et le mal ; les biens et les maux.
III. Où trouver la raison de cette distinction entre le bien et le mal ?
IV. La conscience : ses joies et ses remords.
V. Éducation de la conscience.
VI. Qualités et défauts de la conscience.
VII. Existence d'une loi morale ; ses caractères généraux.
VIII. Le plaisir ou l'intérêt peuvent-ils servir de base à la loi morale ?
IX. Réfutation de la morale du plaisir et de celle de l'intérêt.
X. Les auxiliaires de la loi morale.

I. **Définition de la morale ; division de cette étude.** — La *morale* (de *mores*, mœurs) est la *science du devoir*. Elle apprend à l'homme à régler ses mœurs, c'est-à-dire sa conduite, ses habitudes, selon la fin que Dieu s'est proposée en le créant.

Cette *morale naturelle*, que la raison nous découvre, forme comme la *préface du catéchisme* ou *morale surnaturelle* : l'une et l'autre d'ailleurs sont divines. La première ébauche l'homme vertueux; la seconde forme le chrétien et le saint. Et bien que celle-ci tienne un rang plus élevé, elle se renforce néanmoins au contact de l'autre. On aime à pouvoir se dire en face du devoir : « Ce que Dieu commande, ce qu'il a le droit d'exiger de moi, ma conscience, ma raison, le simple bon sens me crient de le faire. Saisi de toutes parts, je me vois comme forcé d'être bon, sous peine de n'être même plus raisonnable. » Où donc un esprit sensé peut-il trouver place pour la morale dite *indépendante* ou sans Dieu?

Nous distinguerons : 1° la **morale générale** ou **science du devoir**; elle pose les principes du *bien* et du *mal*, de la *conscience*, de la *loi morale*, de la *vertu*, principes d'où découlent toutes nos obligations; 2° la **morale spéciale** ou **science des devoirs** particuliers, se rapportant soit à *Dieu*, soit à *nous-mêmes*, soit aux *autres hommes*.

II. Le bien et le mal : les biens et les maux. — Il existe dans le langage de tous les peuples deux mots sur lesquels tous s'entendent, parce qu'ils jaillissent du fond même de la nature humaine. Lorsqu'on dit : *Ceci est bien ! Ceci est mal !* nulle hésitation n'est possible quant à la valeur de l'action dont il s'agit : elle est digne d'estime ou elle mérite le blâme.

Ce *bien* et ce *mal absolus*, personne ne les confond avec ce qu'on appelle vulgairement *les biens et les maux*.

La vie, la santé, la richesse, les plaisirs légitimes des sens, les jouissances de l'esprit, sont certainement choses avantageuses; aussi les hommes les recherchent-ils avec avidité. Il est également incontestable que la mort, la maladie, la pauvreté, les disgrâces excitent une répulsion instinctive qui porte à s'en éloigner. Mais, en y réfléchissant, on remarque que ces *biens* et ces *maux* présentent deux *caractères particuliers* qui modifient de beaucoup, au regard des esprits sérieux, l'idée première qu'ils inspirent.

1° Comme ils appartiennent à l'ordre des choses physiques et naturelles, ils ne peuvent être ni *désirés*, ni *redoutés pour eux-mêmes*, n'ayant rien d'absolu. Tout est *relatif* dans le plaisir ou la peine qui en découlent : souvent la fortune ou le succès cachent d'amères douleurs, tandis que tel accident fâcheux ouvre la plus heureuse issue. Ce sont des *moyens*, et non point des fins.

2° Être riche ou pauvre, malade ou bien portant, loué ou rebuté, *ne dépend pas de nous*, ou du moins nous n'y contribuons que d'une manière secondaire.

Il n'en est pas ainsi du *bien* et du *mal absolus*, qui, au fond, sont synonymes de vertu et de vice. On peut et on doit désirer le bien, pris dans ce sens, pour lui-même, et y fixer sa volonté tout entière, fuyant d'une égale ardeur le mal qui lui est opposé. D'autant qu'il ne tient qu'à nous d'être justes, sincères, charitables, tempérants, etc., de posséder en un mot le bien réel, dans la mesure même où nous nous éloignons du mal.

III. Où trouver la raison de cette distinction entre le bien et le mal ?

— Sont-ce les hommes, les philosophes, les législateurs qui ont inventé cette distinction entre le bien et le mal ? — Non, répondent à la fois et le genre humain, et la conscience de chacun : non, car partout et toujours l'humanité a apprécié d'une manière absolument différente le juste et l'injuste, l'honnête et l'infâme. Et qui donc, en rentrant en soi-même, oserait confondre la joie que donne le bien accompli avec le remords et la tristesse qui suivent l'acte coupable ?

Mais enfin, n'y a-t-il pas ici de *l'arbitraire ?* Dieu, qui est tout-puissant, ne pourrait-il reculer les barrières qui séparent le bien du mal, en sorte que ce qui était le mal jadis ne le soit plus aujourd'hui ? Non encore : deux attributs divins, la justice et la bonté, s'y opposent absolument ; c'est-à-dire que Dieu ne serait plus Dieu si une telle confusion dans les principes pouvait se produire.

Ainsi le *fondement* inébranlable sur lequel repose la vraie grandeur ou la bassesse de l'homme, ce fondement est *en Dieu même.*

IV. La conscience. Ses joies et ses remords.

— A la notion du bien et du mal, Dieu a joint la voix intérieure de la *conscience* : *voix de la raison*, appliquant aux actes de la vie la connaissance du bien et du mal; mais plus encore *voix de Dieu*, laquelle a le droit de déposer contre nous et de parler malgré nous. L'animal y échappe par l'infériorité de sa nature : « Le tigre, dit Chateaubriand, déchire sa proie et dort; l'homme devient homicide, et il veille. »

Avant l'action, la conscience avertit et conseille; elle prend parti *pour ou contre*.

Après l'action, elle prononce un arrêt, *blâme ou approuve*; et, du même coup, insinue dans l'âme un sentiment de joie ou de tristesse, selon qu'on a écouté ou rejeté son avis.

Ce sentiment a reçu le nom de *sentiment moral*; nul homme ne s'en peut affranchir. Être bien avec soi, par le bon témoignage de sa conscience, est le secret du bonheur; de même qu'il n'y a pas de peine comparable à ses reproches intimes. On les appelle **remords**, mot qui signifie *mordre à plusieurs reprises*, et qui exprime avec une profonde justesse la torture du *ver rongeur*, ainsi que l'Évangile qualifie ce tourment.

« Le remords, dit Montaigne, nous fait trahir, accuser et combattre contre nous-mêmes; et, faute de témoins étrangers, nous produit contre nous. »

Le poète latin Juvénal avait dit avant lui : « La conscience trahie nous fouette d'un fouet secret, l'âme étant à elle-même son propre bourreau. »

Et Louis Racine, dans le *Poëme de la Religion :*

> De ses remords secrets, triste et lente victime,
> Jamais un criminel ne s'absout de son crime.
> Sous des lambris dorés ce triste ambitieux
> Vers le ciel, sans pâlir, n'ose lever les yeux.
> Suspendu sur sa tête, un glaive redoutable
> Rend fades tous les mets dont on couvre sa table.
> Le cruel repentir est le premier bourreau
> Qui dans un sein coupable enfonce le couteau.

On se rappelle la page émouvante de V. Hugo

(*Légende des siècles*), peignant les remords de *Caïn*, qui fuit de solitude en solitude, se cache à l'ombre des plus hautes murailles ou s'abrite dans les sépulcres, sans pouvoir échapper au regard de Dieu que sa conscience lui montre partout :

L'œil était dans la tombe et regardait Caïn !

Ni repos, ni sommeil pour le coupable qui ne veut pas se repentir. Lorsque *Macbeth*, dans le drame de Shakespeare, a frappé d'un coup mortel le roi Duncan, son hôte, une voix mystérieuse retentit à son oreille : « *Ne dors plus !* Macbeth a tué le sommeil, le sommeil de l'innocence qui soutient la vie ! »

« Châtiment providentiel, le remords, dit Lacordaire, est la dernière couronne de l'homme corrompu. Tant qu'il est le compagnon de l'âme, elle n'a pas perdu les reliques de sa grandeur et de son espérance ; car il précède la vertu comme l'aurore précède le jour, et le vice doit le respecter pour se respecter lui-même. »

V. **Éducation de la conscience.** — Pour que la conscience soit en état de juger sainement de soi-même et d'autrui, il est nécessaire de travailler de bonne heure à sa formation. L'enfant ne la possède qu'à l'état d'aptitude : c'est à l'éducation de la développer et de l'éclairer.

Cette tâche s'accomplit, soit par les *leçons journalières* des parents et des maîtres, répétant sous mille formes : « Voilà qui est bien... Ceci est mal... ; » soit par les *exemples*, plus instructifs encore que les paroles ; soit par des *expériences personnelles*. Ce dernier moyen est d'une merveilleuse efficacité : les joies de la bonne conscience ne seront jamais mieux comprises que lorsqu'elles auront été achetées par un effort vers le bien ; de même, la crainte du mal s'imprimera comme insensiblement dans un jeune cœur, si l'on a soin de lui faire tirer ce profit des ennuis et des mécomptes qui suivent une faute.

A tout âge, d'ailleurs, la conscience, vrai *tact de l'âme*, peut gagner ou perdre, sous le rapport de la délicatesse : études, conversations, lectures, la forment ou la déforment. Un excellent moyen de travailler à sa culture, c'est de pratiquer un exercice connu de tout temps, et que certains païens eux-mêmes ont embrassé : *l'examen de conscience*. Pythagore le prescrivait à ses disciples; Sénèque, dans son *Traité de la Colère*, en parle comme d'une coutume qui lui était familière :

« Quand on a emporté la lumière de ma chambre, dit-il, je commence une enquête sur toute ma journée; je reviens sur toutes mes actions et mes paroles. Je ne me dissimule rien, je ne me passe rien. Eh! pourquoi craindrais-je d'envisager une seule de mes fautes, quand je puis me dire : Prends garde de recommencer; pour aujourd'hui, je te pardonne? »

Il faut avouer que le Sénèque de l'histoire, flatteur de Néron, apologiste du meurtre d'Agrippine, ne cadre pas avec celui qui se révèle dans ces lignes; mais il n'avait pour se conduire que les lumières naturelles. Si néanmoins, tout païen qu'il était, il a jugé indispensable ce retour fréquent sur soi-même, qui maintient la conscience en équilibre, comment des chrétiens le dédaigneraient-ils?

Ce qui est vrai des *individus* l'est aussi des *nations*. Au moment où la civilisation se répand chez un peuple barbare, le vice y apparaît honteux; on le punit, on le réprime. Ce sera l'éternelle gloire de l'Église catholique d'avoir accompli cette œuvre de patiente *éducation de la conscience publique*, au sein des sociétés dont elle a béni le berceau. Il ne fallait rien moins que ses enseignements divins pour rétablir le sens moral parmi les Francs, nos ancêtres, aussi bien que parmi les autres familles barbares d'où sont sorties les grandes nations modernes.

VI. **Qualités et défauts de la conscience.** — Agir selon sa conscience : telle est pour chacun la règle à suivre. Mais cela ne veut pas dire que cette lumière intérieure soit infaillible; loin de là! Le défaut de formation, ou d'autres motifs plus ou moins volontaires, peuvent produire ce triste résultat que, sous prétexte de faire *bien*, on agit *mal*. « En vous faisant mourir, ils croiront rendre gloire à Dieu, » disait Notre-Seigneur à ses disciples, en parlant de leurs hypocrites persécuteurs.

La conscience *droite* possède la vue claire et certaine de ce qui est à faire ou à éviter, de ce qui doit être loué ou blâmé : c'est un trésor qu'il faut conserver avec soin.

Celle qui est *erronée* laisse au contraire l'erreur la diriger : Jacques Clément, Ravaillac, Charlotte Corday, en commettant les homicides que l'on sait, étaient égarés par une conscience aussi faussée. *L'ignorance involontaire* pèche sans le savoir : l'enfant est dans ce cas; et aussi certains sauvages qui, dit-on, tuent leurs vieux parents pour les empêcher de souffrir.

La conscience *prudente* tient le juste milieu entre une lenteur extrême à décider et une précipitation téméraire; entre une trop grande facilité et de méticuleux scrupules.

La conscience *douteuse* s'embarrasse en présence de ces *conflits de devoirs*, que l'on rencontre à chaque instant dans la vie : « Si je remplis telle obligation, je manquerai par là même à telle autre. Comment faire ? » Réfléchir, consulter; et enfin, si le doute persiste, pencher du côté où notre intérêt particulier nous porterait le moins.

L'habitude du mal peut entamer la conscience, mais non pas l'anéantir : lorsqu'on dit d'un homme « qu'il n'a pas de conscience », cela signifie qu'il n'en tient aucun compte dans ses jugements.

VII. Existence d'une loi morale. Ses caractères. — Le *bien*, qu'on appelle aussi l'*honnête*, et que nous avons soigneusement distingué des biens extérieurs, nous ne le recherchons pas toujours, tant s'en faut. Un instinct secret, qui ne s'explique que par la chute originelle, entraîne notre volonté vers le mal. Si la conscience réclame en faveur du bien, si elle nous y pousse malgré les plus vives répugnances, elle ne le fait qu'au nom d'une loi supérieure, que nous portons en nous-mêmes.

Le mot *loi*, dans le sens le plus large, signifie *une règle constante s'étendant à toute une classe d'êtres*.

Il y a deux sortes de lois : 1° les *lois physiques*, telles que la pesanteur, la gravitation, qui régissent fatalement la nature inanimée et les êtres privés de raison ; 2° les *lois morales*, qui ne s'imposent qu'aux êtres intelligents et libres.

La *loi morale naturelle*, ou règle des mœurs, détermine *ce qui est bien et ce qui est mal*. Dieu l'a gravée dans le cœur de tous les hommes ; il ne peut les en dispenser, parce qu'elle tient à l'essence de sa nature et de la nôtre. De plus, il a établi, soit par lui-même, soit par des hommes revêtus d'une autorité légitime, d'autres *lois*, dites *positives*, lesquelles ne sont au fond que le développement et l'application de la loi naturelle. Toute loi qui se trouverait en contradiction avec celle-ci ne pourrait obliger les consciences.

Il n'y a donc en définitive qu'*une seule loi morale*. *Immuable* et *universelle*, elle ne dépend ni des temps, ni des lieux, ni des circonstances. Le *Décalogue*, donné par Dieu lui-même sur le Sinaï, n'en a été que la formule écrite en faveur du peuple juif. Plus tard, le divin Législateur, Notre-Seigneur Jésus-Christ, est venu la perfectionner par son Evangile, destiné à l'univers entier ; les prescriptions de cet admirable code renferment tout ce qui est nécessaire pour assurer la marche de l'humanité vers le bien, c'est-à-dire vers le solide progrès.

VIII. Le plaisir ou l'intérêt ne pourraient-ils servir de base à la loi morale ? — Lorsque l'on considère les motifs ordinaires qui poussent la plupart des hommes à agir, on est tenté de croire que la loi morale à laquelle ils sont soumis est autre que celle dont nous venons d'exposer les caractères. Si l'on interrogeait les gens qui circulent au sein d'une grande cité, et qu'on leur demandât quelles raisons les font aller ici ou là, s'occuper de telle chose ou de telle autre, la plupart sans doute allégueraient des motifs d'*intérêt* ou de *plaisir* : le *bien* serait oublié.

Dès lors on est porté à se demander pourquoi ces mobiles, si *communs* et si *commodes*, ne seraient pas en effet les fondements de la loi morale; en sorte qu'il suffirait, pour bien faire, de rechercher avant tout ce qui est *agréable* ou *utile*, et de fuir ce qui est ennuyeux et gênant? Question d'autant plus grave, que certains philosophes ont favorisé des doctrines de ce genre. Les uns, disciples d'*Épicure*, ne soumettent l'homme qu'à la loi des *jouissances sensuelles* et des *plaisirs de l'esprit*, tout en prescrivant de choisir de préférence les joies calmes et modérées. D'autres, plus nombreux encore, ont posé, sous le nom de *morale utilitaire*, le principe de l'*intérêt*, comme l'unique loi de l'homme ici-bas.

Faisons appel à notre raison pour renverser de tels systèmes.

IX. Réfutation de la morale du plaisir et de celle de l'intérêt. — 1° Le *plaisir* n'est pas toujours un *bien*, ni la *douleur* toujours un *mal*. L'intempérance ruine la santé, tandis que l'amputation d'un membre peut sauver la vie. *Chacun* d'ailleurs *prend son plaisir où il le trouve* : celui-ci dans les satisfactions grossières qui le rapprochent de l'animal; cet autre, dans les plaisirs délicats de l'étude et de l'amitié.

Comment dès lors supposer que la loi morale, immuable et universelle de sa nature, puisse s'appuyer sur un fondement aussi mobile, aussi dépendant des goûts personnels? « Si le plaisir est le but de notre existence, au nom de quelle autorité m'empêcherait-on de m'y jeter à corps perdu, jusqu'à y sacrifier mon honneur et ma vie? » Voilà ce que répondraient les esprits logiques formés à cette école.

2° *L'intérêt ou l'utile* constitue un motif plus élevé que le plaisir. Mettre sa fin dans la recherche de la fortune, de la science, dans la réussite de quelque entreprise, et s'imposer pour cela, s'il le faut, un travail pénible, c'est faire dominer la raison sur des passions dégradantes. Toutefois la *morale utilitaire* entraîne de désastreuses conséquences.

Prise à petite dose, elle se contente de tirer de tout et de tous son avantage personnel, ne prêtant que pour gagner, et calculant, comme La Fontaine, qu'il est bon d'obliger tout le monde, « parce qu'on a souvent besoin d'un plus petit que soi. » Pur *égoïsme* que cette morale !

Appliquée en grand, elle rend la société impossible : si l'intérêt est le bien auquel on est tenu de tout sacrifier, les hommes n'ont plus qu'à se tromper les uns les autres. « Il m'est avantageux de vous nuire, dira-t-on à son voisin, à son ami même ; or, comme je dois avant tout sauvegarder mes intérêts, je ne m'en gêne nullement. » Mais vous, qui tenez aujourd'hui ce langage égoïste, vous subirez demain, au nom de la même loi, le même procédé ! Ce serait le cas de rappeler la règle du philosophe Kant : *Agis toujours d'après une maxime telle que tu puisses vouloir qu'elle soit une loi universelle.*

Remarquons encore que si le bien dépend absolument de notre volonté, il n'en est pas ainsi de la réussite. Je puis être vertueux ; mais je ne puis pas disposer à mon gré des événements qui favorisent mes projets. C'est pourquoi l'on rougit d'avoir commis une faute, tandis qu'on s'afflige seulement d'essuyer un échec.

Donc l'intérêt, pas plus que le plaisir, ne peut servir de base à la loi morale : celle-ci *commande* et *ordonne*, l'autre n'a que le droit de *conseiller*.

X. Les auxiliaires de la loi morale. — Si le *plaisir*, *l'intérêt*, ou même le *sentiment du bien*, n'offrent à la morale que des fondements insuffisants, ils en sont du moins de *très utiles auxiliaires* : c'est là leur rôle providentiel. Dieu, qui est la source des plaisirs purs et des vrais biens, a su faire tourner au profit de la loi dont il est l'auteur l'attrait qui porte l'homme vers l'agréable et vers l'utile. Il lui permet donc de rechercher ici-bas les joies délicieuses attachées à la pratique du bien ; et, par là, de pourvoir du même coup à ses meilleurs intérêts, qui sont ceux de son avenir éternel.

« Le méchant est ennemi de lui-même, » dit-on souvent : et l'on dit vrai.

De plus, les plaisirs honnêtes, les délassements agréables et permis, en entretenant la vigueur de l'âme, profitent à la vertu elle-même; et chacun sait que le soin légitime de ses intérêts personnels n'est point contraire à la pratique du bien. Tout consiste à garder la hiérarchie voulue, à ne pas renverser l'ordre posé par Dieu, ainsi que font ceux qui semblent dire par leurs actes : « Supportons comme un pis aller le *devoir* et le *travail*, afin d'atteindre notre but premier, le *plaisir!* »

Exercices pratiques oraux ou écrits.

— Pourquoi les anciens avaient-ils personnifié la *conscience* dans les *Furies* ou *Euménides?*

— Montrer comment « *la religion* est la grande lumière pour former *la conscience* ».

— La *morale de l'intérêt* chez La Fontaine : rappeler quelques fables où elle est mise en honneur (*La Cigale et la Fourmi, le Renard et le Bouc*, etc.).

— Le *plaisir des yeux* ne peut-il pas exercer une *action moralisatrice* dans la *vie d'intérieur*, au foyer de la famille? Comment cela?

— L'*effort* n'est-il pas la *condition du bonheur*, et ne peut-on pas dire que *le plaisir vaut ce qu'il coûte?*

— Tirer de la règle de Kant, posée plus haut, la réfutation des maximes suivantes : *La meilleure place ou la meilleure part pour moi... Je ne m'inquiète pas des goûts des autres... Pourquoi se taire sur les défauts d'autrui, puisqu'ils sont visibles?...*

— La *sympathie* pour le bien et pour la vertu peut-elle suffire, ainsi que l'enseignent certains moralistes, à établir la base de la loi morale? Serait-ce une loi *absolue, universelle?*

— « Dans les temps plus chrétiens, dit M. de Bonald, il y avait moins de *plaisirs* et plus de *bonheur.* » — « Les *plaisirs* sont la consolation de ceux qui ne connaissent pas le bonheur. » (*Langsdorff.*) — Développer ces pensées, par quelques aperçus tirés de la présente leçon.

LEÇON XX

MORALE GÉNÉRALE (SUITE)

Le devoir, la vertu et la sanction de la loi morale.

SOMMAIRE

I. Le devoir et ses obligations.
II. Le droit; sa nature et ses limites.
III. L'homme est responsable parce qu'il est libre.
IV. Conditions de la responsabilité.
V. Mérite et démérite; leur juste appréciation.
VI. Classement des actions humaines.
VII. La vertu; sa vraie notion et sa beauté.
VIII. Sanction de la loi morale; sa nécessité, sa nature.
IX. Principales sanctions pendant la vie présente.
X. Sanction supérieure : la vie future.

I. Le devoir et ses obligations. — *Ce que la loi morale impose à chacun s'appelle le devoir, c'est-à-dire la dette.*

La conscience, qui nous fait connaître le bien et le mal, ne nous les montre pas comme choses indifférentes, ou propres seulement à occuper l'esprit, mais comme des *obligations*, des *liens*, qui doivent attacher notre volonté aux actes dont il s'agit.

Nous savons d'ailleurs, par la leçon précédente, que cette obligation du devoir ne repose ni sur les avantages que nous en pouvons tirer, ni sur le plaisir ou l'ennui qui s'y rencontrent. L'autorité de Dieu en est le principe : aussi peut-on dire sans exagération que *le devoir est sacré*. Il commande d'une manière absolue et sans conditions, ne tenant nul compte des désirs, des passions ou des intérêts : « Fais ceci ! Abstiens-toi de cela ! » Et, ce qui le grandit encore, il trouve en lui-même de quoi compenser les travaux et les peines que peut entraîner son accomplissement : *Fais ce que dois, advienne que pourra !*

Comprendre pratiquement ces vérités, c'est avoir le *sentiment du devoir*. Notre grand Corneille en était épris ; il l'a fait passer dans ses chefs-d'œuvre, où jamais la passion n'a le dernier mot, mais où le devoir triomphe toujours. L'historien grec Thucydide a laissé cette parole, digne des grands cœurs : *Il n'y a pas de plus belle fête que de faire son devoir.*

II. **Le droit ; sa nature et ses limites.** — Dire que l'homme est soumis au devoir, c'est affirmer sa *dignité morale*. Cette dignité entraîne nécessairement des *droits*, c'est-à-dire des *pouvoirs* : je suis obligé de respecter la vie et les biens de mon prochain, mais j'ai *le droit* de faire respecter de même ma personne et mes biens.

Ainsi se forme, au sein de la famille humaine, un enchaînement d'obligations réciproques, qui entre dans le plan du Créateur. Dieu veut que tous les hommes participent à son domaine et à ses droits souverains : il leur en confère quelque chose, à la seule condition que ces droits ne seront jamais revendiqués au détriment d'un devoir.

Ce n'est donc pas la force qui fonde le droit. « La raison du plus fort » n'est pas la meilleure en principe, bien que souvent, hélas ! elle le devienne de fait. Le *besoin* même ne concède pas cette puissance ; car alors il suffirait de se créer des besoins pour avoir droit sur tout ce que l'on désire ou convoite : la guerre de tous contre tous en résulterait bientôt.

On doit d'ailleurs distinguer entre les *droits stricts*, que la conscience oblige à revendiquer, et ceux qui demeurent *facultatifs*. Il m'est loisible, par exemple, de remettre à un débiteur tombé dans l'infortune une dette que j'ai le droit de lui réclamer ; dans ce cas, le meilleur l'emporte sur le moindre : la charité commande à la justice. Mais si l'on me violente pour m'empêcher de remplir un *devoir rigoureux* envers Dieu, envers mes parents, ma patrie, j'ai le droit d'en réclamer l'exercice, et ce serait une lâcheté de l'abandonner.

L'enfant connaît assez vite ses petits droits; l'homme fait n'ignore pas en général ceux que sa situation aussi bien que sa dignité d'homme lui assurent. Il n'en est pas de même des devoirs, que l'on feint souvent de ne pas connaître, et dont il importe avant tout d'être instruit. La Révolution, qui a publié à grand éclat *les Droits de l'homme*, ne s'est pas inquiétée de mettre en parallèle de ce document fameux les *Devoirs de l'homme*.

III. L'homme est responsable parce qu'il est libre. — Il est évident qu'on ne peut imposer des devoirs qu'à un être libre. L'arbre n'est pas *obligé*, par une loi morale, de donner des fruits, ni l'animal d'obéir à mes ordres; car ni l'un ni l'autre ne sont libres dans le choix de leurs actes. L'homme seul, doué du *libre arbitre*, se trouve dans les conditions voulues pour porter le noble fardeau du devoir. Il y est invité, mais non pas *contraint*, restant toujours libre, en face d'une obligation, de prononcer un *oui* ou un *non*.

Le bien accompli par force ne remplit pas l'idée que nous avons du bien proprement dit. C'est le fait de l'enfant et celui des âmes lâches de ne céder qu'à la nécessité; mais une obéissance ainsi arrachée est indigne de l'homme raisonnable, et plus encore du chrétien. Or, la volonté humaine possède le pouvoir de *se déterminer librement*, ainsi qu'il a été démontré dans la psychologie. D'où il faut conclure que nous sommes *responsables*, c'est-à-dire que nous avons à *répondre* de nos actes, souvent devant les hommes, toujours devant Dieu. Ils nous sont *imputables* : on nous les marque *à notre compte*; et cela n'est que justice, puisqu'il a dépendu de nous de les accomplir.

IV. Conditions de la responsabilité. — Pour que cette responsabilité ait tout son effet, deux *conditions* sont nécessaires : 1° *Jouir de sa liberté*; 2° *agir avec connaissance de cause*.

1° La passion, la crainte, l'habitude, l'influence du tempérament et du caractère : en un mot, tout ce qui diminue la liberté, restreint plus ou moins la responsabilité. L'impuissance absolue l'enlève totalement : un tout jeune enfant n'est pas libre de secourir ses parents dans la détresse, ni un paralytique de prendre les armes pour son pays.

Lorsqu'une action est accomplie en commun, la *responsabilité* devient *collective*, et pèse spécialement sur la personne qui commande ou qui exécute pour une plus large part; les autres, dépendantes et moins libres, sont par là même moins responsables.

2° Il faut *connaître* la moralité d'un acte pour qu'il puisse nous être imputé : l'*erreur* et l'*ignorance* sont les obstacles à cette condition. Une aumône faite par inadvertance est sans mérite; de même, un acte coupable en soi peut laisser sans reproche celui qui ne l'a commis que par erreur.

L'*ignorance invincible*, celle des peuples sauvages, par exemple, excuse le mal; l'*ignorance volontaire*, loin de diminuer la responsabilité, l'aggrave plutôt. Dans l'ordre civil, « nul n'est censé ignorer la loi; » dans l'ordre moral, chacun doit avoir à cœur de s'instruire de plus en plus de ses devoirs, afin de s'en mieux acquitter.

V. Mérite et démérite; leur juste appréciation. — Notre conscience nous affirme, et c'est le témoignage du genre humain tout entier, que l'homme grandit ou s'abaisse selon qu'il fait le bien ou commet le mal : ce qu'on exprime en disant qu'il mérite ou démérite.

Le *mérite* se compose de *tout ce que l'on ajoute volontairement à son excellence morale*; le *démérite* de *tout ce que l'on perd volontairement de cette même excellence*. Il est méritoire de passer d'un caractère violent et emporté à des manières douces et affables ; mais il ne l'est nullement d'être riche ou d'avoir une belle taille, parce que ces avantages sont physiques, et indépendants de la volonté.

On mesure le mérite à la *difficulté* et à l'*importance* du devoir. Personne n'oserait se faire honneur de respecter ses parents ou de ne pas dérober le bien d'autrui, parce que l'éducation, même la plus vulgaire, rend ces obligations si aisées, qu'on ne peut y manquer sans démériter beaucoup. Mais, d'un autre côté, la *difficulté vaincue* ne suffit pas à donner la juste note du mérite. Accomplir par pure bravade des prouesses de force ou d'habileté, est chose peu méritoire ; se dépenser, ou obscurément ou sur un vaste théâtre, pour une cause juste, c'est toujours conquérir de réels mérites.

VI. Classement des actions humaines. — Ces principes permettent de classer les actions humaines, et d'en apprécier la valeur.

Parmi les bonnes actions, les unes sont simplement *honnêtes*, *justes*, *droites* : le juge intègre, le marchand loyal dans son commerce, l'écolier docile, s'en tiennent à cette mesure, estimable sans doute, mais non extraordinaire. « Tu n'as fait que ton devoir, et bien petitement ! » disait familièrement un père de famille à son jeune enfant, qui se vantait de n'avoir pas rendu *tape pour tape* à sa petite sœur. Ainsi faut-il raisonner, et ne pas louer comme action d'éclat le simple accomplissement de la loi.

D'autres actions sont à bon droit qualifiées de *grandes*, d'*héroïques*, de *sublimes*. « Le bonheur dans le devoir, disait Mme Swetchine, c'est d'en dépasser les limites. » Et Pasteur : « En fait de bien à accomplir, le devoir ne s'arrête que là où le pouvoir manque. » Les âmes capables de grandes choses se conduisent d'après ces principes. C'est aussi à leur lumière que l'on doit juger les personnages et les faits historiques, afin de n'accorder qu'à bon escient son admiration enthousiaste.

Les **actes mauvais** peuvent être seulement *condamnables*, ou *pervers* ou *criminels*. On excusera le malheureux, mourant de faim, qui commet un vol; mais on ne pourra assez flétrir l'être lâche et ingrat, qui trahit son ami ou calomnie son bienfaiteur.

Quant aux **actions indifférentes** : se promener, causer, dormir, prendre ses repas, elles deviennent bonnes ou mauvaises, selon l'intention qu'on y apporte. En les remplissant comme des devoirs, c'est-à-dire comme des volontés de Dieu, on les rend dignes de récompense.

VII. **La vertu ; sa vraie notion et sa beauté.** — La vertu est *l'habitude du devoir*, ou autrement, *le devoir accompli avec suite*.

Une bonne action, ou même quelques bonnes actions isolées, n'exigent pas un grand courage; tout le monde en est capable ; mais recommencer chaque jour à être doux, laborieux, charitable, modeste, désintéressé, c'est le fait d'une âme fortement trempée, et qui a dû se vaincre longtemps pour en arriver là. Aussi bien, le mot *vertu* vient-il du latin *virtus*, qui veut dire *force, énergie*; tandis que l'expression contraire, *vice* (de *vitium*), signifie *manque* ou *défaut*, parce que le vice résulte d'un manquement habituel de courage.

« La *vertu*, disait Platon, *est une harmonie :* le sage est un musicien. » Il entendait par là l'heureux accord et l'équilibre que la vertu établit entre les facultés de l'âme, entre le corps et l'esprit. Il y a comme un *juste milieu* à garder dans l'exercice du bien : chacun est porté, selon son tempérament, à aller au delà, ou à rester en deçà de cette ligne de perfection. La plupart des philosophes païens la cherchèrent en vain. Les vertus posées par eux comme bases de la morale naturelle, et que nous appelons vertus cardinales : la *prudence*, la *justice*, la *force*, la *tempérance*, ont rarement fleuri de concert dans une âme réduite aux seules ressources de la raison.

Il fallait la grâce surnaturelle, apportée au monde

par le christianisme, pour y implanter la vertu parfaite : encore ne s'obtient-elle qu'au prix de la lutte. Louis XIV entendant un jour chanter à Saint-Cyr un cantique composé par Racine, et commençant par ces paroles :

> Mon Dieu ! quelle guerre cruelle !
> Je trouve deux hommes en moi...

se tourna vers Mme de Maintenon : « Madame, lui dit-il, voilà deux hommes que je connais bien ! » Mais, dans ce combat, l'humanité régénérée peut compter sur la victoire, que le Rédempteur lui a rendue accessible. Quoi de plus beau, d'ailleurs, qu'une vertu achetée par ce sang du cœur, qui s'appelle le sacrifice ?

« Soit qu'elle brille au front du jeune homme ou sur les rides du vieillard, la vertu, dit Lacordaire, est aux peuples qui la voient comme l'expression achevée de la grandeur. Quelque acclamation qui ait suivi la victoire au retour des champs de bataille, de quelque couronne qu'on ait orné les trophées du génie, ce qui reste au plus haut de l'histoire, pour l'honneur de l'homme et la leçon de l'avenir, c'est l'image toute-puissante et sacrée de la vertu...

« C'est par elle que l'ordre subsiste, par elle que le respect s'établit, et que l'affection circule dans les veines arides du genre humain. Toute amitié où elle est absente manque de racine et n'aura pas de durée ; tout bonheur où on ne la sent pas sera comme une fleur ouverte le matin et fanée le soir ; toute gloire qui ne se l'attache pas comme une sœur est une gloire flétrie. Elle est la beauté du temps et l'immortalité de ce qui passe. »

VIII. La sanction de la loi morale. Sa nécessité et sa nature. — On appelle *sanction* en général un *ensemble de récompenses et de peines destinées à assurer l'exécution d'une loi.*

Dieu, infiniment sage, n'a pu faire moins que les hommes, lesquels ont toujours senti le besoin d'appuyer leurs commandements par des promesses ou des menaces. Une loi privée de sanction serait un jeu d'enfant ; chacun la violerait à plaisir. Donc la loi morale en est pourvue.

Ici encore, il nous faut admirer la souveraine sagesse du Créateur. L'homme vertueux, pour accomplir son devoir, semble négliger ses propres intérêts; souvent il se prive des satisfactions les plus légitimes : mais il est assuré de retrouver, à titre de *récompense*, un plaisir meilleur que celui auquel il a renoncé pour obéir à la loi. L'homme vicieux, au contraire, recherche un plaisir momentané, au détriment de son devoir; mais il ne pourra échapper tôt ou tard à une *peine* beaucoup plus grande que celle dont il lui a plu de s'affranchir.

Cette *récompense*, promise à la vertu, se distingue du *salaire*, prix exact d'un service rendu, et de la *faveur*, qui n'est qu'une simple gratification. Elle appartient à cet ordre plus élevé, dont le cœur humain se rapproche, lorsqu'il paye en affection et en dévouement ce qui dépasse toute rétribution matérielle.

On en doit dire autant des *peines* attachées à la violation de la loi; elles ne peuvent être confondues avec les *dommages* ou les *accidents* de la vie, lesquels frappent les justes aussi bien que les coupables. Le châtiment réservé à ceux-ci atteint le mal parce qu'il est le mal : il le suit comme l'ombre suit le corps.

IX. **Principales sanctions pendant la vie présente.** — Dieu n'attend pas l'éternité pour récompenser la vertu et punir le vice; il permet que, dès la vie présente, l'homme trouve : 1° *en lui-même*; 2° *dans ses semblables*, les premières sanctions de ses actes bons ou mauvais.

1° La *conscience*, « hôte doux et incommode, » verse dans le cœur la joie ou le remords, la paix ou le trouble, selon qu'on a bien ou mal agi. Puis viennent à sa suite les *conséquences naturelles de nos actes :* la tempérance et la vertu contribuent à la santé physique comme au bien-être moral; le travail, la prudence sont ordinairement récompensés par la réussite; tandis que le vice entraîne avec lui les maladies et la ruine.

2° L'*opinion des hommes*, bien qu'elle commette de graves erreurs, accorde le plus souvent aux gens vertueux l'estime et la considération qu'ils méritent; elle flétrit les âmes basses et vicieuses, tout en encensant leur fortune. Assurément, la *bonne réputation* est un bien précieux que nul ne doit dédaigner.

De plus, les *pouvoirs publics* reconnaissent le dévouement au pays et les services rendus par des *marques honorifiques*, propres à stimuler le bien. Les lois civiles s'appuient sur le code pénal, qui oppose au crime le gendarme ou la prison, l'infamie et même l'échafaud.

Ces diverses sanctions, bien que *justes* et *nécessaires*, sont absolument *insuffisantes*, et en appellent d'autres, d'une nature plus élevée.

X. Sanction supérieure : la vie future. — Au delà de la vie présente s'ouvrent, pour l'âme immortelle, les destinées futures : *bonheur ou malheur sans fin*. Tout ici-bas réclame cette rémunération suprême, qui sera le triomphe définitif de la justice et de la bonté de Dieu : il faut, de toute nécessité, l'entrevoir à l'horizon borné des existences humaines; les autres sanctions n'en sont que l'avant-propos.

La conscience s'émousse chez les grands scélérats, et ils finissent par échapper au remords. L'estime des hommes est impuissante à compenser les sacrifices dont se nourrit la vertu; que peuvent d'ailleurs des créatures d'un jour, pour rendre au juste opprimé le bonheur auquel il a droit, et que la Providence ne lui a pas départi en ce monde ?

On est donc forcé de conclure que le désordre apparent avec lequel sont distribués les biens et les maux de cette vie est une preuve irrécusable du jugement suprême qui, à la fin des temps, rendra à chacun selon ses œuvres. Louis Racine traduisait ainsi cette vérité :

> Quoi ! l'homme n'est-il pas l'ouvrage d'un bon Maître ?
> Puisqu'il veut être heureux, il est donc fait pour l'être.
> Sur la terre, il est vrai, je vois dans le malheur
> La vertu gémissante et le vice en honneur :
> Mais j'élève les yeux vers ce Maître suprême,
> Et je le reconnais dans ce désordre même.
> S'il le permet, il doit le réparer un jour.
> Il veut que l'homme espère un plus heureux séjour.
> Oui, pour un autre temps, l'Être juste et sévère,
> Ainsi que sa bonté réserve sa colère.

Exercices pratiques oraux ou écrits.

— Le *devoir pur*, sans mélange aucun d'intérêt et de satisfaction, n'est-il pas au-dessus de la faiblesse humaine ? En trouver la preuve dans les *sanctions* de la loi morale.

— Pourquoi, selon le mot de l'abbé Perreyve, « *le devoir* est-il à chaque instant *frère du sacrifice ?* »

— « En prêchant à l'homme ses seuls *devoirs*, dit Léon Gautier, l'Église est parvenue à lui conquérir ses *droits*; mais, au contraire, en lui prêchant ses *droits*, vous n'arriverez pas à lui faire observer ses *devoirs*. » — Justifier cette remarque.

— Qu'est-ce qui contribue le plus au bonheur : l'*art*, la *science* ou la *vertu ?*

— « La *frivolité*, la *paresse*, la *personnalité oisive* sont trois causes qui ruinent tout *idéal*, tout *amour sérieux* et toute *vertu*. » (Mgr Dupanloup.) — Pourquoi et comment ?

— Apprécier les maximes suivantes, et en montrer les applications pratiques : *Le devoir avant tout. — Toujours au delà des devoirs tracés; toujours en deçà des plaisirs permis.* (Mme Swetchine.) — *Le bonheur, c'est de mettre son cœur du côté du devoir;* une tâche aimée devient légère.

— Développer ce mot de Platon : « La Providence attache, par des nœuds d'airain et de diamant, le *bonheur* à la *vertu*, la *souffrance* à la *passion* et au *désordre*. »

LEÇON XXI

MORALE SPÉCIALE OU DES DEVOIRS

Devoirs envers Dieu et envers soi-même.

SOMMAIRE

I. Division des devoirs.
II. Morale religieuse : sa nécessité.
III. Principaux devoirs envers Dieu : adoration, reconnaissance, soumission, prière.
IV. Culte intérieur et extérieur; culte privé ou public.
V. La société religieuse. Insuffisance de la religion naturelle.
VI. Morale individuelle. Devoir fondamental : respect de soi-même.
VII. Devoirs envers notre corps : conservation, dignité et tenue.
VIII. Devoirs envers l'âme. — 1° Devoirs relatifs à la sensibilité.
IX. 2° Devoirs relatifs à l'intelligence.
X. 3° Devoirs relatifs à la volonté.

I. Division des devoirs. — Il ne suffit pas de connaître la nécessité du devoir, la beauté de la vertu, et les sanctions attachées à l'accomplissement ou au mépris de la loi : on doit, de ces premières notions, tirer des applications spéciales. De même que la lumière incolore prend, en passant par le prisme, les nuances les plus variées, ainsi *le devoir*, *unique* dans son principe, se *diversifie* suivant les relations dont notre vie se compose.

Or ces relations se rapportent principalement à Dieu, à nous-mêmes et aux autres hommes. De là, trois grandes classes de devoirs qui constituent : 1° la **morale religieuse**; 2° la **morale individuelle**; 3° la **morale sociale**.

Les leçons précédentes, sur Dieu et sur l'âme, vont être ici notre guide : qui les aura bien comprises ne pourra échapper aux conclusions pratiques que la morale en fait jaillir. Remarquons que, pour démêler nettement nos devoirs particuliers envers tel ou tel être, nous n'avons qu'à nous demander quelles sont nos *relations naturelles* de lui à nous et de nous à lui. Si nous le faisons sans prévention, la réponse nous fournira une ligne de conduite conforme à la justice.

II. Morale religieuse : sa nécessité. — Toute morale digne de ce nom est, à vrai dire, une morale religieuse, puisque aucun devoir ne peut être imposé à l'homme qu'au nom de Dieu. Néanmoins, il est nécessaire de distinguer d'abord ce que nous devons à cet Être infini, notre premier maître; et, pour cela, de nous poser la question fondamentale : « Qu'est-ce que Dieu par rapport à l'homme ? Qu'est-ce que l'homme par rapport à Dieu ? »

La théodicée nous a révélé quelque chose de ces relations : rappelons-nous seulement que Dieu est notre *créateur* et notre *conservateur*; qu'il nous comble de ses bienfaits et nous gouverne par sa *providence*; qu'en lui se trouve *tout l'Être :* vérité, beauté, bien infinis, tandis que *l'homme* par lui-même *n'est rien*.

Comment dès lors cette créature libre et intelligente, dont la fin ne peut être que Dieu, ne serait-elle pas obligée de rendre à Celui dont elle a tout reçu l'hommage d'*adoration*, de *reconnaissance*, de *soumission*, de *prière*, qui s'appelle le *culte religieux* ou la religion ?

III. Principaux devoirs envers Dieu : adoration, reconnaissance, soumission, prière. — 1° L'adoration se compose de respect et d'amour : *respect* ou vue de l'infini, qui dépasse les sens et la raison, et incline l'être entier dans la révérence et la crainte; mais, en même temps, *amour* ou élan comme naturel vers Celui qui, possédant toutes les perfections, est par suite infiniment aimable.

2° La reconnaissance envers Dieu, pour ses immenses bienfaits, est une dette non moins sacrée que l'adoration. Ce sentiment, plus que tout autre, élargit le cœur humain et le guérit de l'étroit égoïsme. Le *Deo gratias*, ou *merci à Dieu*, qu'il soit privé ou public, est l'une des marques auxquelles on reconnaît les nobles âmes, et les nations vraiment religieuses.

3° **La soumission** établit la volonté dans la dépendance à celle de Dieu, ainsi qu'il convient à une créature vis-à-vis de son Créateur. Cette grande loi de l'obéissance préside à tous les mouvements du monde matériel : à plus forte raison, Dieu l'exige-t-il des êtres raisonnables !

Un jour, le célèbre Arago, expliquant au public du Collège de France les lois de la mécanique céleste, faisait admirer la régularité du mouvement des cieux, et l'ordre qui préside à la marche des astres. S'interrompant tout à coup : « La semaine prochaine, dit-il, nous aurons une éclipse de soleil visible à Paris. La lune se trouvera en conjonction avec le soleil, et la lumière de cet astre-roi sera interceptée par la terre. A tel jour donc, messieurs, à telle heure, à telle minute, à telle seconde, trois grands astres répondront, non pas à notre prédiction, mais à l'ordre de Dieu... *Il n'y a que les hommes qui soient récalcitrants.* » A ce dernier mot, prononcé lentement, d'une voix grave, un frisson courut dans l'assemblée entière. Le coup avait porté.

4° **La prière** se présente à l'homme comme un devoir, en même temps que comme un besoin impérieux. L'humanité, du sein de sa détresse, devrait sans cesse tourner vers le ciel ses regards suppliants : « Notre Père !... donnez-nous notre pain quotidien !... Pardonnez-nous ! Délivrez-nous du mal ! »

L'impie prétend, il est vrai, que la prière, indigne de Dieu et de l'homme, est chose inutile. Mais l'instinct de notre cœur ne nous dit-il pas au contraire que c'est une gloire à Celui qui est grand, riche, bon et parfait, de s'incliner vers la petitesse et l'indigence ? Quant à l'homme, loin de s'amoindrir en priant, il ne manifeste jamais mieux son intelligence et sa vraie noblesse que par cet acte qui le met en rapport direct avec son Créateur. « Croyez-moi, disait Alfred de Musset désenchanté de ses folies :

Croyez-moi, la prière est un cri d'espérance !
Pour que Dieu nous réponde, adressons-nous à lui.

Lamartine, dans un tableau plein d'éclat, a représenté l'univers comme un temple sublime, destiné à louer Dieu ; mais temple silencieux et impuissant, si l'homme ne s'en fait la voix par une prière pleine d'amour :

> ... Le voile des nuits sur les monts se déplie :
> C'est l'heure où la nature, un moment recueillie,
> Entre la nuit qui tombe et le jour qui s'enfuit,
> S'élève au Créateur du jour et de la nuit,
> Et semble offrir à Dieu, dans son brillant langage,
> De la création le magnifique hommage.
> Voilà le sacrifice immense, universel !
> L'univers est le temple, et la terre est l'autel.
> Les cieux en sont le dôme, et ces astres sans nombre,
> Dans la voûte d'azur avec ordre semés,
> Sont les sacrés flambeaux pour ce temple allumés ;
> Et ces nuages purs qu'un jour mourant colore,
> Et qu'un souffle léger, du couchant à l'aurore,
> Dans les plaines de l'air repliant mollement,
> Roule en flocons de pourpre au bord du firmament,
> Sont les flots de l'encens qui monte et s'évapore
> Jusqu'au trône du Dieu que la nature adore.
>   Mais ce temple est sans voix. Où sont les saints concerts ?
> D'où s'élèvera l'hymne au Roi de l'univers ?
> Tout se tait : mon cœur seul parle dans ce silence.
> La voix de l'univers, c'est mon intelligence.
> Sur les rayons du soir, sur les ailes du vent,
> Elle s'élève à Dieu comme un parfum vivant ;
> Et, donnant un langage à toute créature,
> Prête, pour l'adorer, mon âme à la nature...
> Seul, invoquant ici son regard paternel,
> Je remplis le désert du nom de l'Éternel ;
> Et celui qui, du sein de sa gloire infinie,
> Des sphères qu'il ordonne écoute l'harmonie,
> Écoute aussi la voix de mon humble raison
> Qui contemple sa gloire et murmure son nom.
>   (*Premières Méditations*.)

IV. Culte intérieur et extérieur ; culte privé ou public. — 1° Le culte rendu à Dieu doit toujours être *intérieur*, parce que c'est le cœur seul qui donne à nos actes leur véritable prix. Aussi le Décalogue s'ouvre-t-il par ce commandement : « Tu aimeras le Seigneur ton Dieu de tout ton esprit, de toute ton âme, de toutes tes forces. » *Croire, espérer, aimer*, c'est-à-dire livrer à Dieu l'intime de l'âme : telle est la religion ou le culte sincère.

2° Mais faut-il pour cela bannir le *culte extérieur*, et dire, avec certains esprits égarés, que le corps n'a rien à voir au sentiment religieux? Non, car l'âme, surtout lorsqu'elle est émue, se trahit comme d'instinct par les mouvements et les gestes extérieurs. A l'amour, au respect, à la prière, correspondent les attitudes que le corps prend de lui-même, sans qu'on ait à les lui enseigner.

Tomber à genoux, lever les mains au ciel, chanter à Dieu dans la joie, ou pleurer à ses pieds sous le poids de la douleur, ce sont là autant de manifestations qui répondent à ce qu'il y a de plus spontané, de plus vivant dans le cœur humain. Pourquoi, dès lors, détruire, en supprimant le culte extérieur, l'harmonie que Dieu a établie entre l'âme et le corps?

De plus, la personne humaine étant composée de deux substances douées chacune de leurs facultés propres, il est juste que l'une et l'autre s'emploient à glorifier leur Créateur.

3° Le culte est *privé* lorsqu'on s'acquitte isolément de ses devoirs envers Dieu; il est *public* lorsqu'il est rendu au nom de la société, dont Dieu est le premier souverain, le conservateur et le bienfaiteur.

V. La société religieuse. Insuffisance de la religion naturelle. — Fénelon décrit avec complaisance l'idéal auquel pourrait s'élever la grande famille humaine si la religion y était maîtresse, c'est-à-dire si le désordre du péché en était banni.

« Donnez-moi, dit-il, une société d'hommes qui se regardent comme n'étant tous ensemble sur la terre qu'une seule famille dont le Père est au ciel; donnez-moi des hommes qui ne vivent que du seul amour de ce Père céleste; qui n'aiment ni le prochain, ni eux-mêmes que par amour de lui, et qui ne soient qu'un cœur et qu'une âme : dans cette divine société, n'est-il pas vrai que la bouche parlera sans cesse de l'abondance du cœur? Ils admireront le Très-Haut; ils chanteront le Très-Bon; ils le béniront pour tous ses bienfaits... Ils passeront au delà des mers, jusqu'au bout de la terre, pour faire connaître et aimer le Père commun aux peuples égarés qui ont oublié sa grandeur. »

Nous savons, hélas! quels obstacles ce plan divin du Créateur a rencontrés, et rencontrera jusqu'à la fin des temps, par suite de la chute originelle. Du moins, le christianisme a-t-il la puissance de le réaliser; et il le réalise, en effet, dans la mesure même où il fait triompher ses divins enseignements : ce que n'obtiendra jamais la *religion naturelle*, fondée sur les seules lumières de la raison.

L'histoire met dans son plein jour cette vérité élémentaire: à quels désordres, à quelles erreurs n'ont pas abouti les peuples même les plus civilisés, Grecs et Romains par exemple, tant qu'ils n'ont eu pour les instruire que leurs *philosophes* et leurs *sages!* Ceux-ci, malgré toute leur science, manquaient à la fois d'*unité* dans leur doctrine, car ils se contredisaient les uns les autres; et d'*autorité* pour imposer une morale et des dogmes, puisque, n'étant après tout que des hommes, ils ne pouvaient se donner comme infaillibles.

Dieu a daigné parler lui-même et se faire le précepteur de l'humanité en lui apportant une *religion révélée*. Le peuple juif reçut ce précieux dépôt, et le conserva jusqu'à ce que le Messie, Notre-Seigneur Jésus-Christ, vînt étendre, par son Évangile, la bonne nouvelle du salut à toutes les nations de la terre. La *religion catholique* conserve seule, dans sa parfaite pureté, la doctrine de ce Maître infaillible. Elle est tellement marquée, aux yeux de tout homme non prévenu, du sceau divin qui distingue la vraie religion, qu'un savant docteur du moyen âge a pu s'écrier : « Seigneur, si l'Église catholique n'est pas divine, c'est vous-même qui nous avez trompés ! »

La vraie morale du Christ, renfermée dans le saint Évangile, a donc seule été capable de régénérer l'humanité; elle pourrait encore la guérir, et surtout la consoler de tous ses maux.

« Quoi que vous fassiez, écrivait V. Hugo, le sort de la grande foule, de la multitude, de la majorité, sera relativement pauvre, et malheureux, et triste. A elle, le dur travail, les fardeaux à traîner, les fardeaux à porter. Examinez cette balance : toutes les jouissances dans le plateau du riche, toutes les misères dans le plateau du pauvre. Les deux parts ne sont-elles pas inégales? La balance ne doit-elle pas nécessairement pencher, et l'État avec elle?

« Et maintenant, dans le lot du pauvre, dans le plateau des misères, jetez la certitude d'un avenir céleste; jetez l'aspiration au bonheur éternel, jetez le paradis, contrepoids magnifique! Vous rétablissez l'équilibre. La part du pauvre est aussi riche que celle du riche. C'est ce que savait Jésus, qui en savait plus long que Voltaire. Donnez au peuple qui travaille et qui souffre; donnez au peuple pour qui ce monde-ci est mauvais, la croyance à un meilleur monde fait pour lui, il sera tranquille, il sera patient. La patience est faite d'espérance. Donc, ensemencez les villages d'*Évangile!* » (*Claude Gueux.*)

VI. Morale individuelle. Devoir fondamental : respect de soi-même. — L'accomplissement de la morale religieuse rend facile la pratique des autres devoirs. Qui met *Dieu* à sa place, c'est-à-dire le premier partout, n'a aucune peine à être pour *soi-même* et pour le *prochain* l'homme du devoir.

Et d'abord, avons-nous réellement des obligations à remplir à notre égard? Oui sans doute. Ne dit-on pas souvent : « Je me dois cela à moi-même... Cette personne oublie ce qu'elle se doit... » La raison de ces devoirs se tire de notre dignité d'êtres raisonnables et libres, placés dans l'inévitable alternative d'avancer ou de déchoir, et tenus par conséquent de viser sans cesse au progrès. *Excelsior! Toujours plus haut!* Tel devrait être le programme de chacun, en face de la vertu et du devoir, notre vie dût-elle se prolonger autant que celle des patriarches.

Avant de distinguer ce que nous devons à notre *corps* et à notre *âme*, arrêtons-nous au devoir fondamental du *respect de soi-même*, qui embrasse l'être tout entier. 1° *Dieu* mérite que nous nous rendions ce respect, puisque son regard nous suit partout. 2° Même nécessité à l'égard de *nos semblables*, égaux, inférieurs ou supérieurs, auxquels nous manquons plus ou moins quand nous oublions devant eux ce que nous sommes, soit dans nos paroles, soit dans nos actes. 3° Enfin, fussions-nous *seuls*, jetés dans une île déserte, ce devoir nous y suivrait, parce que chacun est lié de lui à lui. « Souviens-toi que tu es homme, et ne te laisse pas avilir ! » Ce mot, qui résume le sentiment de la dignité personnelle, n'est nullement contraire à la formule de l'humilité : « Souviens-toi que tu n'es qu'un homme, et ne te laisse pas enorgueillir. »

VII. **Devoirs envers notre corps : conservation, dignité et tenue.** — Le corps étant le serviteur de l'âme, son intermédiaire entre elle et les choses extérieures, rien de plus légitime que de lui accorder tout ce qui lui est nécessaire pour atteindre sa destinée.

1º Nous devons veiller à sa **conservation**. L'instinct de la nature nous y porte comme invinciblement, en sorte que l'excès est ici plus à craindre que le défaut ; la morale enseigne à garder sur ce point un juste milieu, à prendre un soin modéré de la santé, la regardant comme un don précieux de la Providence, très propre à aider l'âme dans ses fonctions, selon l'antique adage : « Une âme saine dans un corps sain. »

L'obligation de se faire une *bonne hygiène* ne doit pas aller jusqu'à ces inquiétudes et à ces minuties ridicules dans lesquelles l'âme se rétrécit, parce qu'elle n'est plus occupée qu'à éloigner ce qui peut nuire au corps. Un seigneur italien, Cornaro, tombé dans ce dernier abus, pesait lui-même à table ses aliments et ses boissons, et ne manquait pas d'attribuer faussement à cette manie son extrême longévité. Kant, philosophe allemand, s'était fait une loi, croyant par là ménager sa poitrine, de ne pas respirer une seule fois par la bouche, dans la rue : aussi se promenait-il toujours seul, afin de ne pas manquer à ce contrat hygiénique!

C'est au contraire un devoir d'*aguerrir* et de *discipliner* le corps, et de l'accoutumer peu à peu à supporter certaines privations : celles avant tout que la loi de Dieu ordonne, afin de le tenir toujours sous le frein, toujours prêt à subir la gêne, puisque son rôle est d'obéir à la raison. « Tu trembles, carcasse, disait Turenne à son corps, la veille d'une bataille; mais tu tremblerais bien davantage, si tu savais où je veux te conduire ! »

Et en effet, le soin de la conservation doit céder devant un intérêt égal ou supérieur à celui de l'existence. L'homme peut légitimement exposer sa vie pour sauver un de ses semblables; il doit la sacrifier au besoin, pour le salut de son âme, pour la cause de Dieu ou pour sa patrie.

> Si mourir pour son prince est un si noble sort,
> Quand on meurt pour son Dieu, quelle sera la mort ?
> (*Corneille.*)

Dans tout autre cas, il est défendu d'attenter à ses jours. Le *suicide* est un *crime contre Dieu*, dont on méconnaît les droits imprescriptibles; *contre la société*, à laquelle on refuse son concours pour le bien général; *contre soi-même*, puisqu'on méprise le don sacré de la vie, afin d'échapper aux devoirs qu'il impose. C'est une lâcheté, qui n'a d'autre cause que l'égoïsme, la vaine crainte ou un faux honneur. On a le triste courage de mettre fin à ses jours, et l'on n'en a pas assez pour supporter les douleurs qui se rencontrent dans l'existence et pour en recueillir le mérite.

2° La **dignité**, la *tenue*, ce que les anciens appelaient le *decorum*, constitue un devoir important à l'égard du corps. Il y a autant à blâmer dans la *rusticité* que dans la *mollesse*, tandis que la bonne grâce et la *politesse des manières* indiquent une culture sagement entendue de l'homme complet. Il n'est pas jusqu'à la *propreté* qui ne mérite aussi d'attirer l'attention : plusieurs la nomment une demi-vertu, et l'on a remarqué que, chez les peuples primitifs, elle sert d'indice aux premières ébauches de civilisation.

Quant aux jouissances dont le corps est l'organe, c'est à la *tempérance* de les maintenir dans de justes bornes, et de les relever par des plaisirs d'un ordre supérieur. Ainsi en est-il dans un festin, où une aimable société répand des joies délicates pour le cœur et pour l'esprit.

VIII. **Devoirs envers l'âme.** — 1° Devoirs rela-

tifs à la sensibilité. — La psychologie nous a révélé les tendances légitimes de chacune de nos facultés : il est de notre devoir de ne point les détourner de leur fin, sous peine de les annuler et de rendre impossible tout progrès moral.

Prenons d'abord la *sensibilité* : que devons-nous faire pour en tirer le meilleur parti ?

1° **La nourrir sainement.** Malheur à la vie qui s'écoule sans affection, dans un stérile et desséchant égoïsme ! Mais malheur plus redoutable encore à celle qui, dès son matin, va s'alimenter aux sources empoisonnées !

> Le cœur de l'homme vierge est un vase profond :
> Lorsque la première eau qu'on y verse est impure,
> La mer y passerait sans laver la souillure,
> Car l'abîme est immense, et la tache est au fond.
> (*A. de Musset.*)

Si l'âme au contraire s'ouvre à tout ce qui est bon, beau et vrai ; si elle s'y affectionne, non seulement la sensibilité atteint son parfait développement, mais l'intelligence en reçoit d'incomparables clartés. « L'esprit grandit quand il fait chaud dans l'âme, dit le P. Gratry ; et rien n'augmente autant sa vraie capacité qu'un cœur ardent. »

2° **La sensibilité doit être utilisée.** Qu'elle vibre aisément : que le bien la touche et l'émeuve ; et que, de son fond toujours en éveil, jaillissent au besoin

> ... ces haines vigoureuses
> Que doit donner le vice aux âmes vertueuses. (*Molière.*)

Le cœur est fait pour aimer : plus il donne, plus il se donne, et plus il est riche. Dieu, qui le demande tout entier, sait bien que cet amour premier, loin de tarir notre sensibilité, la rend capable au contraire de toutes les délicatesses et de tous les dévouements.

3° **Il faut surveiller** la sensibilité, qui n'est nullement la faculté maîtresse : ce rôle, avons-nous dit, appartient à la volonté. C'est donc à celle-ci de dominer certaines impressions subites et déraisonnables, que l'on s'exagère à plaisir, et qui influent, de la manière la plus fâcheuse, sur le caractère.

De même, ne doit-on pas renverser l'ordre établi par Dieu dans la hiérarchie des affections et des sentiments. Il existe de ces sortes de *sensibilités*, que l'on pourrait qualifier d'*insensibles*, lesquelles se désintéressent de tout ce qui devrait les toucher d'abord : maison, famille, patrie, et qui se font gloire de cette indifférence et de ce genre blasé.

Le XVIIIe siècle donna largement dans ce travers : on disait alors *l'homme sensible*, comme on avait dit naguère *l'honnête homme*. Gilbert, le meilleur poète satirique de ce temps, flétrissait à bon droit cette fade sentimentalité, que la mode avait mise en honneur. Il peint quelque part « la mondaine Iris, versant des larmes sur un papillon blessé, mais courant des premières à l'horrible fête de l'infortuné Lally-Tollendal exécuté sur l'échafaud. »

Le nom de *sensiblerie* rend assez bien cet excès ridicule, état maladif et exalté, dans lequel l'égoïsme joue le principal rôle et qui finalement ruine la santé.

IX. 2º **Devoirs relatifs à l'intelligence.** — L'intelligence étant faite pour la vérité, il est de notre devoir de la préserver de l'*ignorance*, de l'*erreur* et du *mensonge*.

1º L'Ignorance. Il y a des degrés bien divers dans la culture de l'intelligence : tout le monde ne peut prétendre à devenir savant ; mais chacun est obligé d'acquérir les connaissances nécessaires, et même utiles, à la situation qu'il doit occuper, selon les prévisions possibles. La *paresse*, non combattue durant les jeunes années, porte des fruits désastreux, et prive plus tard la société et la famille d'un concours auquel elles avaient droit : c'est là une grave responsabilité.

Pourquoi encore faut-il s'instruire ? Pourquoi surtout aller au delà de l'indispensable ? Parce que tout progrès intellectuel, lorsqu'il est conforme au bien, prépare un progrès moral : *on fait mieux* parce qu'on *sait mieux*. Les sciences, quoi qu'on ait dit J.-J. Rousseau, n'engendrent par elles-mêmes ni la corruption, ni la décadence. Sans doute, beaucoup de maux et d'abus se mêlent à la culture de l'esprit ; mais ces maux ne viennent pas de la recherche si légitime du vrai et du beau : ils ont pour cause la manière *incomplète* et *imparfaite* dont on poursuit le but.

Plusieurs, par exemple, veulent tout embrasser, ou plutôt tout effleurer ; or *l'esprit perd en profondeur ce qu'il gagne en surface*. D'autres prétendent isoler la science des sources de la vérité, qui ne se trouvent qu'au sein de la vraie religion, ainsi que l'avouent tôt ou tard les plus savants, lorsqu'ils sont sincères. D'où il suit que, chercher sans cesse plus de lumières, et des lumières plus pures et plus élevées, c'est le devoir de tout homme ici-bas.

2º **L'erreur**, par laquelle nous embrassons comme vrai ce qui est faux, doit être combattue énergiquement ; et tout d'abord en nous-mêmes. La logique nous a signalé les principales *causes de nos erreurs* ; mais qu'il y a loin de cette théorie, même bien comprise, à l'abandon généreux des illusions qui constituent la plupart de nos erreurs ! L'ignorance est un état pénible, dont on rougit et dont généralement on souhaite de sortir ; tandis qu'on se complaît dans l'erreur, et que l'on repousse trop souvent la main amie qui veut nous arracher ce funeste bandeau.

3º **Le mensonge** blesse les droits de l'intelligence, et profane le don de la parole, en lui faisant affirmer ce qu'on sait n'être pas vrai. Passé à l'état de vice, il décèle une âme faible, un esprit étroit, un cœur gâté. Mais on n'en vient là que peu à peu.

L'enfant ne ment d'abord que pour s'excuser, et parce qu'on lui inspire plutôt la crainte du châtiment que de la faute elle-même. Il ment encore par vanité, ou par imitation de ceux qui l'entourent, et qui, devant lui, font bon marché de la franchise. Il est facile de corriger ces premiers mensonges, en usant tour à tour d'indulgence et de fermeté. « Faute avouée est à demi pardonnée, » pourvu toutefois que le coupable n'abuse pas de ces faciles pardons.

Les natures droites font plus que d'éviter le mensonge ; elles transpirent pour ainsi dire la vérité : leur manière d'agir, leur attitude, aussi bien que leurs paroles, tout chez elles est sincère. Ce sont là ces *personnes vraies*, dont Mme de Sévigné écrivait à sa fille : « Rêvez un peu sur ce mot : *Une personne vraie!* Je lui trouve, de la façon que je l'entends, une force au delà de la signification ordinaire. »

X. 3° **Devoirs relatifs à la volonté.** — Pour que la volonté exerce pleinement ses droits, il faut la plier de bonne heure à deux vertus qui lui sont également nécessaires : la *tempérance* et le *courage*.

Par la **tempérance**, l'homme s'*abstient*, et se garde ainsi lui-même contre les dangers qui peuvent l'assaillir : passions au dedans, séductions attrayantes au dehors. Ce mot de tempérance s'étend donc, non seulement à la modération dans le boire et le manger, mais encore à la répression de toutes les tendances capables de tourner à mal : colère, orgueil, ambition, plaisirs. C'est dans ce sens que l'on dit : l'intempérance de la langue, de la curiosité, de l'activité, etc. La *modestie*, qui consiste à voiler aux yeux des hommes son propre mérite, se rattache à cette vertu.

Ainsi la volonté trouve dans la tempérance des *armes défensives*, qui maintiennent l'âme maîtresse chez elle. Mais n'est-il pas indispensable qu'elle soit également munie d'*armes offensives?* Le **courage** les lui fournira. Souvent, en effet, attendre ou résister ne suffit pas; il faut aller de l'avant, et triompher par la volonté de la sensibilité physique ou morale. Un sentiment plus fort que celui que l'on sacrifie soutient alors l'âme.

Le plus haut point auquel le courage puisse s'élever, c'est le *martyre*, ou immolation volontaire de sa vie, au milieu même des plus affreux supplices, pour la défense du bien suprême, c'est-à-dire de sa foi.

Vient ensuite le *courage militaire* qu'inspire le

patriotisme, et qui, sur le champ de bataille, se rit du danger. Puis le *courage civil*, nécessaire dans la lutte des partis, soit aux simples citoyens, soit aux magistrats et aux chefs d'État. Cicéron le mettait au-dessus du courage militaire; il réclame, en effet, une énergie persistante, que ne soutient pas, comme dans l'élan d'un combat, la chaleur du moment.

La vie ordinaire enfin, avec ses difficultés et ses peines, exige de quiconque la prend au sérieux une *patience* persévérante, que l'on peut appeler *le courage de tous les jours :* courage obscur sans doute, mais d'autant plus méritoire, et dans lequel *le cœur*, selon le sens intime du mot, joue le rôle principal.

Exercices pratiques oraux ou écrits.

— Montrer que le *culte religieux* est une *nécessité*, et non point une affaire d'imagination et de sentiment.

— « La *dignité extérieure* n'est que le reflet de la *dignité de l'âme*. » Pourquoi?

— Les *exercices du corps*, la gymnastique par exemple, ne contribuent-ils pas au développement de certaines qualités morales : *sang-froid, énergie, audace*, etc.?

— L'homme se fait ou *esclave des passions* ou *serviteur du devoir :* en quoi cette dernière servitude est-elle glorieuse?

— Se dissimuler volontairement ses torts, n'est-ce pas *se mentir à soi-même?*

— « Il ne faut pas dire tout ce que l'on pense; mais il faut penser tout ce que l'on dit. » Conclure de là que *la discrétion n'est pas opposée à l'amour de la vérité.*

— *L'orgueilleux* est-il dans *le vrai?* Donne-t-il le vrai à son intelligence?

— Le *mensonge* ne rendrait-il pas impossible la *vie sociale?*

— Quelles qualités morales révèle, chez Guillaume d'Orange, ce mot d'un de ses historiens : « Il n'avait pas besoin d'espérer pour entreprendre, ni de réussir pour persévérer? »

— La *culture intellectuelle* ne doit-elle pas marcher de front avec la *culture morale?* « Les mathématiciens, disait Joubert, apprennent à faire des ponts, tandis que la morale apprend à vivre. »

LEÇON XXII

MORALE SPÉCIALE (SUITE)

Devoirs envers nos semblables. — Devoirs de justice.

SOMMAIRE

I. Devoirs généraux ou morale sociale : justice et charité.
II. La justice ; ensemble de ses obligations.
III. 1° Respect de la vie d'autrui. — Cas de légitime défense.
IV. 2° Respect de la liberté.
V. 3° Respect des sentiments du prochain.
VI. 4° Respect de l'honneur et de la réputation. — Médisance, calomnie.
VII. 5° Respect des biens extérieurs ou de la propriété.
VIII. La propriété, nécessité sociale. Pourquoi l'inégalité des biens?
IX. Principales manières de porter atteinte à la propriété.
X. Devoirs à l'égard des animaux.

I. **Devoirs généraux ou morale sociale : justice et charité.** — « Ne fais pas à autrui ce que tu ne voudrais pas qu'on te fît à toi-même. — Fais à autrui ce que tu voudrais qu'on te fît à toi-même. »

Ces deux maximes de la loi naturelle, confirmées par la doctrine évangélique, résument la *morale sociale*, c'est-à-dire nos *obligations à l'égard de nos semblables* : 1° devoirs de **justice**; 2° devoirs de **charité**.

Les premiers, dont la formule est le plus souvent *négative*, tombent non seulement sous la loi de Dieu, mais sous les lois humaines qui peuvent en exiger l'accomplissement; les seconds, d'un ordre plus élevé, se présentent sous la *forme affirmative*, et ne relèvent que de la conscience et de la générosité de chacun.

Vouloir le bien des autres, ne pas leur vouloir de mal, s'entend évidemment d'un *vouloir* sage et éclairé, qui distingue le vrai bien du faux. Ce n'est donc manquer ni à la justice, ni à la charité, que de reprendre et de corriger ceux sur lesquels on a autorité : agir autrement et flatter les penchants mauvais, ce serait vouloir le mal d'autrui et non son bien.

Ceci posé, nous disons que toute *société*, grande ou petite, l'*État* comme la *famille*, ne vit et ne progresse que par la pratique de ces deux vertus : *justice* et *charité*. Que sont, en effet, tous les hommes à l'égard les uns des autres? Des frères, tous enfants d'un même Père, qui les a posés au sein de la création, êtres intelligents et libres, pour vivre unis, et pour s'aider mutuellement à accomplir leur destinée.

Nul n'a le droit de dire, avec le misanthrope égoïste : « Je n'ai que faire *des autres*; je me suffis à *moi-même*! Ne demandant rien à personne, je ne dois rien à qui que ce soit. » Erreur! Chacun a besoin de ses semblables, et chacun aussi doit répandre autour de lui son cœur et ses affections.

II. La justice : ensemble de ses obligations. — La justice consiste, d'une manière générale, à *respecter les droits du prochain*.

Dieu mérite le respect pour lui-même; et l'homme le mérite à cause de Dieu, qui a déposé en lui quelque chose de divin. Nous tenons tous à conserver les biens qui constituent ou qui relèvent notre dignité humaine; or, la justice nous demande précisément de ne pas violer dans les autres ces mêmes droits qu'ils possèdent comme nous.

Ce respect de la personne s'étend : 1º à *la vie*; 2º à *la liberté*; 3º aux *sentiments*; 4º à *l'honneur*; 5º à *la propriété* ou aux biens extérieurs. Autant de devoirs de justice.

III. 1º Respect de la vie d'autrui. — Cas de légitime défense. — La vie de nos semblables ne nous appartient pas, puisqu'elle vient de Dieu. L'*homicide* est un crime contre la justice; ce forfait, toujours épouvantable, s'aggrave plus ou moins selon les relations du meurtrier et de la victime : *parricide, fratricide, régicide*, etc. Les coups, les violences et les brutalités envers les personnes tombent également sous cette défense divine : « Homicide tu ne seras... »

Il existe cependant des *cas de légitime défense*, dans lesquels le meurtre est non seulement permis, mais ordonné, à raison d'un intérêt supérieur.

La guerre d'abord : fléau terrible, châtiment voulu de Dieu, qui sait en tirer sa gloire. Chacun des combattants, dans une armée, accomplit son devoir, puisqu'il contribue pour sa part à la défense du territoire ou des droits attaqués.

La peine de mort, infligée aux coupables par les tribunaux, est également légitime, quoi qu'en aient dit certains philanthropes. Il ne faut rien moins que cette sanction supérieure pour intimider le crime, et pour défendre la société contre les pires attentats.

Enfin, il est permis d'*opposer la force à la force* dans une *attaque imprévue*, où l'on en veut à notre vie : au moment même de cette attaque, rien de plus juste que de se mettre ainsi en garde.

Mais on n'en peut dire autant du *duel*, malgré les prétextes et les préjugés accumulés en sa faveur. Cette manière cruelle de vider un différend ou de soutenir un prétendu point d'honneur n'est qu'une injustice, puisque l'offenseur et l'offensé y sont mis sur le même rang, et que le maladroit seul est puni. La résignation chrétienne et un généreux pardon des injures témoignent d'un courage autrement magnanime que celui qu'il faut déployer pour se battre ainsi en champ clos.

Que si la *vie du corps* doit être respectée, combien plus *la vie de l'âme*, et surtout de l'âme de l'enfant! « Malheur à celui qui scandalise un de ces petits! » est-il dit dans le saint Évangile.

IV. 2º **Respect de la liberté.** — Tout *esclavage*

est odieux, pour la raison que l'homme a été créé libre. Personne aujourd'hui ne conteste l'injustice de cet état avilissant qui, pendant de longs siècles, pesa sur les trois quarts du genre humain. Le christianisme, à mesure qu'il pénétra la société païenne, apprit à tous que le maître et le serviteur sont égaux devant Dieu. Au nom de ce principe, il adoucit, sous la forme du *servage*, la condition de l'esclave, en attendant que cette servitude, même adoucie, disparût à son tour.

Sans doute, les déserts de l'Afrique voient encore se produire ces terribles *razzias*, dans lesquelles une tribu plus forte fait de ses vaincus, hommes, femmes et enfants, autant d'êtres abrutis par le plus hideux esclavage. Mais de toutes parts les nations chrétiennes s'unissent pour mettre fin à ces actes de sauvagerie, et l'on entrevoit le jour où ils ne seront plus pour l'humanité qu'un lugubre souvenir.

L'*esclavage moral* peut exister en dehors de cet état de dégradation extérieure. La *volonté libre* constitue, en effet, dans chaque homme un domaine sacré, dont il doit demeurer le maître, et que nul n'est autorisé à forcer par violence. Dieu lui-même respecte notre libre arbitre, et ne réclame de nous que des hommages et un service volontaires. Les hommes ont le droit d'acheter le travail de leurs semblables, mais non pas leur liberté, qui est une propriété inaliénable. Aussi bien, l'*obéissance*, comme nous l'avons dit ailleurs, ne sacrifie nullement la liberté : elle la soumet à Dieu, que l'on reconnaît dans les autorités légitimes.

L'enfant, dès qu'il atteint l'âge de raison, possède le libre arbitre : qu'on obtienne donc de lui, par persuasion et par des ordres sagement donnés, l'accomplissement du devoir, se souvenant toujours que forcer sa volonté par des moyens illicites, c'est exercer une oppression indigne. Ce serait pis encore si, comme on l'a souvent vu dans l'histoire, on confisquait cette faculté naissante au profit de quelque passion.

La princesse Sophie, sœur et régente de Pierre le Grand, s'efforça, dit-on, pour perpétuer son pouvoir, d'énerver le jeune prince en le poussant à l'abus des liqueurs fortes. Mais celui-ci eut le courage de réagir contre une aussi basse tyrannie, et de conserver pour l'avenir cette volonté de fer qui lui permit d'être le fondateur de la monarchie russe.

Il est clair d'ailleurs que ce *respect de la liberté de l'enfant* ne doit jamais détruire, ni même affaiblir les droits sacrés que la situation, l'âge et l'expérience donnent aux parents et aux maîtres sur ces jeunes âmes ignorantes de la vie.

V. 3º **Respect des sentiments du prochain.** — C'est encore un devoir de justice de ne pas heurter de front les *sentiments* des autres, leurs *opinions*, leurs *croyances*. Nous sommes, en ce qui nous concerne, fort délicats sur ce point, et nous avons raison : usons donc de la même mesure à l'égard du prochain.

Deux écueils sont à éviter ici : ou une *lâche complaisance* à tout approuver, jusqu'au mal; ou une *intolérance aveugle*, qui blâme de parti pris ce que disent et pensent les autres, et fait des montagnes de leurs moindres torts.

Molière, dans sa comédie du *Misanthrope*, a marqué en traits ineffaçables ces deux caractères extrêmes. *Alceste* n'a pas assez de bile à déverser sur les gens qui entrent complaisamment dans les opinions et les manières d'autrui, même en ce qu'elles ont de plus inoffensif; quant à lui, son système est de tout blâmer :

> Je n'y puis plus tenir; j'enrage, et mon dessein
> Est de rompre en visière à tout le genre humain...

Philinte, l'ami de tous, déclare au contraire :

> Que c'est une folie à nulle autre seconde
> De vouloir se mêler de corriger le monde...
> Et *son* esprit enfin n'est pas plus offensé
> De voir un homme fourbe, injuste, intéressé,
> Que de voir des vautours affamés de carnage,
> Des singes malfaisants et des loups pleins de rage.

Chacun de ces excès est évidemment condamnable.

Une sage *tolérance*, sans jamais transiger avec la conscience, sait faire la part, dans les opinions et les jugements des autres, de l'accessoire et du principal. Elle attend pour se prononcer, et se souvient toujours que, selon le proverbe, « on prend plus de mouches avec du miel qu'avec du vinaigre. » Le *prosélytisme*, même le plus ardent, en faveur du bien et de la vérité, se peut toujours concilier avec les égards dus au prochain.

VI. 4° **Respect de l'honneur et de la réputation. — Médisance; calomnie.** — L'honneur, et par conséquent la réputation, constitue un bien réel, que l'honnête homme met au-dessus de sa fortune et de sa vie. Chacun a le droit d'en exiger le respect pour soi-même, comme il a le devoir de ménager celui du prochain. La justice condamne donc les injures et les procédés blessants; elle réprouve surtout la *médisance*, la *calomnie* et les *jugements téméraires*.

1° La médisance révèle les torts cachés, et elle le fait avec malveillance; non point à ceux qui pourraient y remédier, mais un peu à tout le monde. La personne médisante accueille volontiers les confidences du même genre : de là tant d'indiscrétions déplorables qui se colportent de bouche en bouche. On affirme des faits douteux; on exagère les moindres fautes : c'est à qui renchérira sur la première donnée.

L'*Alceste* de Molière, rude de forme, bon au fond, laisse échapper, contre les médisants du salon de Célimène, cette boutade pleine de bon sens :

> Allons, ferme, poussez, mes bons amis de cour;
> Vous n'en épargnez point, et chacun a son tour.
> Cependant aucun d'eux à vos yeux ne se montre,
> Qu'on ne vous voie en hâte aller à sa rencontre,
> Lui présenter la main, et d'un baiser flatteur
> Appuyer les serments d'être son serviteur.

Sans doute, il importe que le vice soit flétri : l'opinion publique ne manque pas à ce soin. Mais l'homme juste, tout en détestant et condamnant *le mal*, ménage *les personnes*, et ne se prête que par nécessité à ces sortes d'inquisitions sur les torts d'autrui; il sait par expérience

Qu'on se voit d'un autre œil qu'on ne voit son prochain...

Et que :
> Le Fabricateur souverain
> Nous créa besaciers, tous de même manière,
> Tant ceux du temps passé que du temps d'aujourd'hui :
> Il fit pour nos défauts la poche de derrière,
> Et celle de devant pour les défauts d'autrui.
>
> (*La Fontaine.*)

Rapporter par envie, et sans qu'on ait mission de surveillance, les fautes d'un subordonné à son supérieur, c'est ce qu'on appelle *délation :* acte ignominieux, flétri par les gens honnêtes et par les gouvernements qui se respectent. A Rome, sous les Néron et les Domitien; en France, durant les jours néfastes de la Terreur, la délation, pratiquée dans l'ombre, faisait l'effroi de tous les bons citoyens.

2° La **calomnie** est un mensonge. Elle blesse la plus élémentaire justice, en attribuant volontairement à quelqu'un le mal qu'il n'a pas fait. On calomnie les sociétés, les corps d'État aussi bien que les individus. Et, parce que le mal trouve aisément bon accueil, rien n'est plus difficile à arrêter qu'une calomnie, lancée par la jalousie, la vengeance, l'esprit de parti, causes ordinaires de ce vice.

Beaumarchais met dans la bouche de son *Figaro* un tableau, hélas! trop réel des ravages que la calomnie peut causer. — « Croyez, monsieur, dit le barbier à son maître, qu'il n'y a pas de plate méchanceté, pas d'horreurs, pas de conte absurde, qu'on ne fasse adopter aux oisifs d'une grande ville, en s'y prenant bien. D'abord, un bruit léger, rasant le sol comme l'hirondelle avant l'orage, *pianissimo* murmure et file, et lance en courant le trait empoisonné. Telle bouche le recueille, et *piano, piano,* vous le glisse adroitement. Le mal est fait; il germe, il rampe, il chemine, et *rinforzando,* de bouche en bouche, il va le diable; puis tout à coup, ne sais comment, vous voyez calomnie se dresser, siffler, s'enfler, grandir à vue d'œil. Elle s'élance, étend son vol, tourbillonne, enveloppe, arrache, entraîne, éclate et tonne, et devient un cri général, un *crescendo* public, un chorus universel de haine et de proscription. »

(*Barbier de Séville*, Acte II, sc. VIII.)

3° **Les jugements téméraires** alimentent la médisance et la calomnie, et portent par conséquent atteinte à l'honneur du prochain. On y tombe en interprétant à mal, sur les moindres indices, ses actes, et jusqu'à ses intentions, condamnant l'ombre d'une faute avec l'ombre d'une preuve : vertu pharisaïque !

VII. 5° Respect des biens extérieurs ou de la propriété. — Posséder quelque bien *en propre* : meubles, argent, maison ou domaine, c'est en être le *propriétaire*, c'est-à-dire pouvoir en user à son gré, en recueillir le profit; le donner, le vendre ou l'échanger; le soustraire enfin à ceux qui voudraient le ravir.

La propriété est fondée sur un instinct légitime de l'homme. L'enfant distingue déjà, et défend avec soin les objets qui lui appartiennent, surtout s'il y a mis quelque part d'effort ou de travail : ce sont « ses affaires! » De même, l'homme étend pour ainsi dire son être et sa personne sur ce qu'il acquiert au prix de ses sueurs, et c'est pourquoi on ne peut lui en contester la possession. Que si ces biens lui sont venus par héritage, ils ont encore droit au respect d'autrui, ayant coûté, à un moment ou à l'autre, quelque labeur, ou étant le prix du mérite.

C'est donc *le travail* qui concède originairement *le droit de propriété*; les lois humaines protègent il est vrai ce droit, d'accord en cela avec la loi de Dieu, qui nous dit dans le Décalogue : *Tu ne déroberas pas le bien d'autrui*, et même : *Tu ne le convoiteras pas injustement*.

VIII. La propriété, nécessité sociale. Pourquoi l'inégalité des biens? — La propriété est d'ailleurs une *nécessité sociale* : impossible d'imaginer un État dans lequel personne ne posséderait rien. Saint Thomas apporte trois raisons de cette nécessité : 1° Chacun *soigne mieux* ce qui lui appartient que ce qui est à tous ou à plusieurs; 2° il y a *plus d'ordre dans l'ensemble*, lorsque les choses sont divisées entre plusieurs;

3° la propriété privée favorise *la paix* entre les hommes, tandis que les biens en commun excitent les querelles.

Mais alors, si la propriété est nécessaire, pourquoi ne pas la répartir également entre tous, afin que l'on ne voie plus, à côté de fortunes colossales, la misère gémissante? Ou, en d'autres termes, pourquoi l'*inégalité des biens*, source de tant de révoltes?

Nous pourrions nous contenter de répondre que la Providence l'a ainsi réglé pour des desseins très sages, et que Notre-Seigneur lui-même nous dit, dans le saint Évangile : « Il y aura toujours des pauvres parmi vous. » Mais, en invoquant les seuls motifs de l'ordre naturel, nous remarquerons que cette inégalité de la fortune est la conséquence inévitable de l'*inégalité physique, intellectuelle et morale* qui existe entre les hommes.

Dieu laisse ici-bas les causes produire leurs effets : or il lui a plu de ne pas donner à tous les hommes les mêmes aptitudes, ni la même puissance de travail. Les vices et les vertus ajoutent à cette inégalité naturelle. Donc, quand bien même un partage universel serait réalisable, il y aurait impossibilité absolue à le maintenir : dès le lendemain de ce partage, les uns auraient augmenté leur avoir, les autres l'auraient compromis ou perdu.

Ainsi se trouvent réfutées les doctrines des *socialistes* et des *communistes*, systèmes faux comme des rêves, et, qui plus est, injustes et ruineux : *injustes*, car chacun a droit au fruit de son travail et de ses économies ; *ruineux*, parce qu'une nation cesserait bientôt de travailler et de produire, si les intelligences et les bras ne devaient servir qu'à alimenter la paresse.

IX. Principales manières de porter atteinte à la propriété. — On porte atteinte à la propriété par le *vol*, quelle qu'en soit la nature : larcin, pillage, escroquerie, abus de confiance, dépôt usurpé, dettes non acquittées, objets perdus que l'on s'approprie, sans en rechercher le propriétaire.

La *fraude* est un vol des plus communs : le marchand qui trompe ses clients sur la qualité, le poids ou la mesure des marchandises; le domestique habile à se faire d'injustes profits sur ce qu'il achète ou vend au nom de son maître, s'en rendent coupables.

Enfin, la *violation des contrats et des promesses* tombe également sous la même condamnation d'injustice envers les biens d'autrui.

A moins d'une impuissance absolue, il y a stricte obligation de *restituer* ce qui a été volé ou mal acquis, sous peine de demeurer toujours coupable du délit que l'on ne veut pas réparer. La justice exacte dans le maniement des affaires s'appelle *probité* ou *loyauté* : on sait à quel point cette vertu, hélas! trop rare, est entourée de l'estime et de la considération publique.

Saint Louis, le grand roi *justicier*, non content de ne nuire à personne, poussa la délicatesse jusqu'à faire rechercher avec soin les usurpations de ses prédécesseurs. La guerre des Albigeois *li remordoit* (lui donnait du remords): aussi restitua-t-il de grandes sommes d'argent, et renonça-t-il à des acquisitions de son aïeul Philippe-Auguste, qu'il croyait injustes. Mais la Providence compensa largement ces sacrifices d'honneur et de loyauté, comme pour prouver, par l'exemple de ce saint roi, que l'habileté n'est pas le dernier mot de la politique, et que la parfaite justice enrichit plus un souverain que les conquêtes de l'ambition.

X. **Devoirs à l'égard des animaux.** — Peut-on assimiler aux devoirs de justice, dont nous venons de parler, la défense de brutaliser les animaux? Non sans doute : l'animal n'est pas une personne, mais un être non responsable, et pour ainsi dire une chose. Nous usons à notre gré des animaux domestiques, et nous tuons sans scrupule les animaux sauvages, soit pour nous nourrir, soit pour nous préserver de leurs coups.

Mais cela ne veut pas dire qu'on puisse faire souffrir à plaisir ces êtres doués de sensibilité, et dont quelques-uns, le chien par exemple, sont capables d'attachement. Maltraiter sans raison un animal est le fait d'une nature cruelle et grossière. Une loi, dite *loi Grammont*, a même été rendue, pour punir de peines assez sévères ceux qui agissent ainsi.

Exercices pratiques oraux ou écrits.

— Les seuls principes de la raison suffisent-ils à fonder une société stable?

— *Duel judiciaire, jugement de Dieu* au moyen âge : que penser de ces coutumes, au point de vue de la justice?

— Montrer que *repousser la force par la force* est *légitime*, tandis que *rendre le mal pour le mal* est *coupable*.

— N'y a-t-il pas une *raillerie* innocente et permise?

— La *critique littéraire* peut-elle s'accorder avec la charité?

— *Tolérance* et *indifférence :* distinguer ces deux dispositions d'esprit, et les apprécier dans la pratique.

— *L'usure :* en montrer l'odieux et l'injustice (Harpagon).

— Qu'entend-on par *concussion?* Le vol en grand, le vol des deniers publics, est-il moins un vol que celui qui consiste à dérober la bourse d'autrui?

— Le *Saint-Simonisme* et le *Fouriérisme :* en quoi ces systèmes étaient-ils aussi absurdes qu'injustes?

— « La partialité en faveur des faibles et des vaincus est l'injustice des âmes supérieures. » (*Hello.*) A quelle vertu se rapporte cette noble manière d'agir?

— On a dit de certains *philanthropes,* du père de Mirabeau par exemple, « qu'ils embrassaient le genre humain dans leur affection, et ne pouvaient vivre un jour en paix avec leur propre famille. » Était-ce comprendre les devoirs de la *morale sociale?*

LEÇON XXIII

MORALE SPÉCIALE (SUITE)

Devoirs envers nos semblables : devoirs de charité et application des principes de la morale sociale.

SOMMAIRE

I. La charité; ses devoirs généraux.
II. 1° Devoirs de bienveillance : politesse, modestie, bonté.
III. 2° Devoirs de bienfaisance : reconnaissance, aumône, pardon des injures, dévouement et sacrifice.
IV. L'homme juste; l'homme charitable.
V. Les devoirs de la morale sociale appliqués à la famille.
VI. Devoirs envers l'autorité en général et envers l'État.
VII. Devoirs des nations entre elles.
VIII. Conclusion : la morale et le catéchisme.

I. La charité : ses devoirs généraux. — La justice, que nous venons d'étudier, appelle, nous le sentons, quelque chose de plus : le cœur humain a besoin d'aimer et de se dévouer. Or *la charité consiste à vouloir et à faire du bien aux autres* : « Fais à autrui ce que tu voudrais qu'on te fît à toi-même. » La justice acquitte une *dette obligatoire*; la charité fait un *don gratuit*, le don de ses biens, et, s'il le faut, le don de soi-même.

Inconnue au paganisme, qui en ignora même le nom, cette vertu est fille de l'Évangile, dont le commandement principal est « d'aimer Dieu de tout son cœur, et son prochain comme soi-même ».

Vouloir du bien, c'est exercer la *bienveillance*, premier degré ou préparation de la charité; *faire du bien*, c'est pratiquer la *bienfaisance*, c'est la charité en action : l'une conduit à l'autre.

La **bienveillance** incline à donner au prochain, à défaut de biens réels, des témoignages extérieurs d'affection et de sympathie, en gardant vis-à-vis de lui la *politesse*, la *modestie* et la *bonté* qui gagne les cœurs.

La **bienfaisance** passe des paroles aux actes. Il faut agir en effet pour prouver à son prochain qu'on l'aime. C'est en faisant du bien à tous, en nourrissant les foules, que Notre-Seigneur a régénéré l'humanité : de même la charité bienfaisante se dépense au service d'autrui, depuis l'*aumône* sous toutes ses formes, jusqu'au *dévouement* et au *sacrifice*.

II. Devoirs de bienveillance : politesse, modestie, bonté. — 1° La **politesse** fait paraître l'homme au dehors tel qu'il devrait être au dedans. Elle oblige chacun à revêtir au moins les formes de la bienveillance, s'il n'en a pas les sentiments dans le cœur, afin d'éviter les froissements, et de ne pas encourir le mépris qui s'attache aux gens mal élevés.

Mais que serait cette *politesse du corps*, purement extérieure, si l'on n'y joignait la *politesse de l'esprit et du cœur*, en s'appliquant à discerner ce qu'il convient de dire ou de faire, et en cherchant délicatement à faire le plaisir d'autrui? Aussi bien, n'est-ce que ce *dedans* qui rend aimable la correction des manières :

> La politesse est à l'esprit ce que la grâce est au visage :
> De la bonté du cœur, elle est la douce image,
> Et c'est la bonté qu'on chérit.   (*Voltaire.*)

2° La **modestie** se rattache à la politesse, et par là même à la bienveillance. Elle porte à s'oublier pour les autres, à s'effacer soi-même pour les mettre en honneur ; à faire, en un mot, comme dit La Bruyère, qu'ils soient contents de nous et d'eux-mêmes. Rien de plus à charge dans les relations de société que les personnes toujours occupées à s'attirer l'attention et les louanges ; rien de plus attrayant au contraire que la modestie dont s'enveloppe le vrai mérite.

Catinat, entre beaucoup d'autres grands hommes, en offre un exemple remarquable. Ayant envoyé à la cour un mémoire sur la bataille de La Marsaille, qu'il venait de remporter, quelqu'un parmi l'auditoire demanda de bonne foi : « M. le maréchal y était-il? » tant il y parlait peu de lui-même !

3° Mais la source inépuisable de la bienveillance, c'est la **bonté**, qui aime le prochain avec désintéressement, malgré ses défauts et ses rebuts. Elle ne se lasse pas, selon la pensée de Mme Swetchine, de jeter sur sa route des semences de bienveillance et de sympathie, persuadée que si une seule de ces semences vient à lever, c'en sera assez pour embaumer sa route et réjouir ses yeux.

Il n'y a que les grands cœurs, a dit Fénelon, *qui puissent comprendre ce qu'il y a de gloire à être bon.* » Et c'est en ce sens que Lacordaire écrivait à l'abbé Perreyve, alors étudiant :

« Par-dessus toute chose, soyez bon : la bonté est ce qui ressemble le plus à Dieu, et ce qui désarme le plus les hommes... Vos lèvres et vos yeux ne sont pas encore aussi bienveillants qu'ils pourraient l'être, et aucun art ne peut leur donner ce caractère, que la culture intérieure de la bonté. Une pensée aimable et douce à l'égard des autres finit par s'empreindre dans la physionomie, et par lui donner un cachet qui attire tous les cœurs. Je n'ai jamais ressenti d'affection que pour la bonté, rendue sensible par les traits du visage. Tout ce qui ne l'a point me laisse froid, même les têtes où respire le génie; mais le premier homme venu, qui me cause l'impression d'être bon, me touche et me séduit. »

III. Devoirs de bienfaisance : reconnaissance; aumône; pardon des injures; dévouement et sacrifice. — 1° Le moindre degré de la charité bienfaisante, c'est de *rendre le bien pour le bien* : c'est la **reconnaissance**. Rien de plus facile, semble-t-il, que l'accomplissement de ce devoir : et cependant, l'ingratitude est un vice commun, chacun le sait. On se sent comme humilié d'avoir reçu un secours, un bienfait : et, pour ne pas lutter contre cette tendance orgueilleuse, on s'affranchit à l'égard de son bienfaiteur; parfois même, des cœurs pervertis vont jusqu'à rendre le mal pour le bien. Le plus souvent, c'est la légèreté, l'égoïsme irréfléchi qui empêchent le *merci* de monter aux lèvres.

Sainte Thérèse excellait, comme toutes les âmes délicates, dans le sentiment de la reconnaissance : « Ne me fit-on, disait-elle aimablement, que l'aumône d'une sardine, c'en serait assez pour me gagner le cœur. »

2° *Faire du bien à ceux qui ne nous ont fait ni bien ni mal*, c'est la *charité* proprement dite, avec toutes les œuvres qu'elle embrasse. **Aumône corporelle** : assister les pauvres par des dons en argent ou en nature, vêtir ceux qui sont nus, nourrir les affamés, abriter ceux qui n'ont pas de demeure ; et toujours en se souvenant que

La façon de donner vaut mieux que ce qu'on donne.

Charité ou **aumône spirituelle** : consoler les affligés, instruire les ignorants, ramener au bien les âmes égarées, rétablir la paix ou empêcher les discordes.

Impossible d'ailleurs d'énumérer tout ce que cette admirable vertu sait faire éclore pour le bien de l'humanité ! Lorsque V. Hugo, en des vers émus qui sont dans toutes les mémoires, personnifiait *la Charité*, il pensait, sans aucun doute, à ces femmes généreuses, à ces vierges de tout nom et de tous costumes, qui se sont partagé la tâche d'adoucir toutes les misères d'ici-bas.

« Je suis la Charité, l'amie
Qui se réveille avant le jour,
Quand la nature est endormie,
Et que Dieu m'a dit : « A ton tour ! »

Je viens visiter la chaumière
Veuve de l'été si charmant !
Je suis fille de la prière,
J'ai des mains qu'on ouvre aisément...

Je prie et jamais je n'ordonne.
Chère à tout homme, quel qu'il soit,
Je laisse la joie à qui donne,
Et je l'apporte à qui reçoit. »

O figure auguste et modeste,
Où le Seigneur mêla pour nous
Ce que l'ange a de plus céleste,
Ce que la femme a de plus doux.

Au lit du vieillard solitaire
Elle penche un front gracieux,

> Et rien n'est plus beau sur la terre,
> Et rien n'est plus grand dans les cieux...
>
> Heureux ceux que son zèle enflamme!
> Qui donne aux pauvres prête à Dieu.
> Le bien qu'on fait parfume l'âme,
> On s'en souvient toujours un peu.
>
> (*Dieu est toujours là.*)

3° *Faire du bien à ceux qui nous veulent du mal ou qui nous en ont fait, aimer nos ennemis*; en un mot, pratiquer le **pardon des injures** : voilà un degré plus élevé encore de la charité. Le monde ancien, avant l'Évangile, ne connaissait que la loi du talion : *Œil pour œil, dent pour dent!* Mais le christianisme a fait entendre de toutes parts le précepte du divin Maître : « Aimez vos ennemis! Faites du bien à ceux qui vous haïssent; priez pour ceux qui vous persécutent et vous calomnient. » Et, malgré la faiblesse humaine, cette morale sublime est la règle du vrai chrétien.

Notre histoire, sans parler de la vie des saints, en offre des traits admirables. On se rappelle entre autres la parole du duc de Guise frappé à mort par un sicaire calviniste : « Si ta religion, dit-il à son assassin, t'a conseillé de me tuer sans m'entendre, la mienne me commande de te pardonner, tout convaincu que je suis que tu m'as voulu donner la mort. »

Le duc de Berry, expirant sous les coups du fanatique Louvel, ne cessait de répéter au roi Louis XVIII, accouru à ses côtés : « Mon oncle! je vous demande la grâce de cet homme. Que son sang ne coule pas pour moi après ma mort! »

Corneille a immortalisé la clémence d'Auguste pardonnant à Cinna : la grandeur d'âme qu'il prête à cet empereur païen est tellement magnanime, que l'on s'explique les larmes du grand Condé, entendant pour la première fois le

> Soyons amis, Cinna; c'est moi qui t'en convie!...

4° Enfin, il peut arriver, et il arrive en effet chaque

jour, que le service et l'amour du prochain exigent un dévouement qui compromette la vie ou même la sacrifie complètement. « Il n'y a pas, dit Notre-Seigneur, de plus grande marque d'amour que de donner sa vie pour ceux qu'on aime. »

Tantôt c'est comme goutte à goutte, dans une *abnégation obscure et quotidienne*, que l'on immole ses forces, ses talents, ses goûts, ses affections; tantôt on se livre, en une *occasion subite*, pour sauver une vie compromise, pour conjurer un malheur : car « le dévouement a ses hardiesses comme le génie[1] ». Il y aura toujours, grâce à Dieu, de ces âmes viriles et aimantes qui, sans calculer avec leurs forces, sans examiner leurs propres intérêts, s'élanceront partout où la charité réclame de l'héroïsme.

Saint Vincent de Paul au XVIIe siècle, Dom Bosco et tant d'autres noms vénérés de nos jours, sont là pour montrer quelles traces profondes de tels cœurs laissent au sein des sociétés.

IV. L'homme juste; l'homme charitable. — Comparons, dans la pratique, l'homme qui s'en tient strictement aux principes de la justice, avec celui qui ajoute à ces règles austères la douce loi de la charité.

L'homme juste rend à chacun ce qui lui est dû. Nul n'est plus exact à payer ses dettes, ni plus fidèle à la parole donnée. Sa probité dans les affaires est tellement connue, qu'on traiterait avec lui les yeux fermés. Quelqu'un lui a-t-il confié un dépôt, un secret, on peut être assuré qu'il se fera mettre en pièces plutôt que de les violer : c'est une vertu incorruptible. Il est correct dans ses manières, et ne dépasse jamais ses attributions.

Mais voici qu'un pauvre frappe à sa porte et demande l'aumône; ou bien c'est un parent, un ami qui vient solliciter un prêt d'argent; un affligé se présente atteint par un deuil cruel; un incendie éclate non loin de sa demeure, il faudrait un prompt secours. Dans ces diverses circonstances, notre homme ne voit rien à répondre,

---

[1] *Mme Swetchine.*

rien à faire ; aucune loi humaine ne l'oblige à soulager ces maux, à compatir aux peines des autres : donc il se renferme dans son droit, et tient sa porte close.

L'homme charitable est bien éloigné de tous ces froids calculs. Le prochain, quel qu'il soit, est pour lui un frère, qu'il aime comme lui-même. « S'il a beaucoup de biens, il donne beaucoup ; s'il en a peu, il donne peu, mais toujours de bon cœur, » ainsi que Tobie le conseillait à son fils. Intègre et impartial, il n'est cependant ni dur ni cassant ; son accueil est affable. Les défauts d'autrui le trouvent indulgent : il ne les voit qu'à travers les siens propres.

On abuse de sa charité : il le sait, et s'en met peu en peine ; parce que, plus haut que la perspicacité qui déjoue les tromperies, il place dans son estime le bonheur de rendre à des malheureux la foi à la bonté, à laquelle ils ne croyaient plus.

V. Les devoirs de la morale sociale appliqués à la famille. — La *charité*, plus encore que la *justice*, doit présider aux relations familiales. Ce qui demeure libre à l'égard des étrangers devient, dans le sanctuaire intime du foyer, un devoir rigoureux. Là d'ailleurs se trouve le type et le fondement de la société : en bien remplir les devoirs, c'est donc se former sûrement à toutes les autres obligations sociales.

Le *mariage* a été institué par Dieu pour consolider et perpétuer la famille, à travers les âges et au milieu des vicissitudes de la vie humaine. En l'élevant à la dignité d'un sacrement, Notre-Seigneur l'a rendu indissoluble. Si le divorce est permis par les lois humaines dans quelques pays même chrétiens, l'Eglise catholique le condamne absolument.

Lorsqu'on veut énumérer les *devoirs réciproques* des membres de la famille, on retrouve toujours au premier rang l'*affection*, le *dévouement*, avec les nuances exigées par le rôle de chacun. Cette affection, qui est le nœud de la fidélité entre les **époux**, devient, lorsqu'ils la reportent sur leurs *enfants*, une tendresse à la fois sage et éclairée, forte et patiente, capable de les soutenir dans la double tâche qui leur incombe : veiller à la *conservation* de ces êtres si chers, pourvoir à leur *éducation* intellectuelle et morale; en faire des hommes et des chrétiens.

Les **enfants**, à leur tour, aiment leurs parents d'une autre sorte d'affection qu'ils ne s'aiment entre eux : ici, l'*égalité fraternelle*, avec son joyeux abandon et ses innocentes malices; là, le doux sentiment de l'*amour filial*, qui rend aisée l'*obéissance*, inspire les procédés délicats, et ne se départ jamais du *respect* dont Dieu lui-même a posé la loi : « Père et mère honoreras... »

Les **domestiques** (de *domus*, maison) font partie de la famille, à raison des droits et des devoirs réciproques, établis librement entre eux et leurs maîtres. Ici encore, justice et charité doivent s'unir pour le bien commun : soit dans le commandement, à la fois ferme et indulgent; soit dans le service exact, consciencieux, et plutôt appuyé sur le dévouement que sur une crainte mercenaire.

L'*esprit de famille*, dans le sens élevé de ce mot, est un harmonieux ensemble des vertus du foyer : c'est l'union des cœurs et des volontés, entretenue au prix de sacrifices mutuels; ce sont les joies et les peines mises en commun et partagées par tous; ce sont les souvenirs du passé, les bons exemples, les hauts faits des ancêtres, que l'on transmet aux jeunes générations comme un précieux héritage.

Ce bonheur, en même temps que cette dignité de la famille, on ne les rencontre réellement qu'au sein du christianisme : les seules vertus naturelles, toujours faibles par quelque côté, n'y peuvent suffire.

VI. Devoirs envers l'autorité en général et envers l'État. — Toute *autorité* légitime découle de Dieu, seul *auteur* et maître de toutes choses : sans lui, l'autorité n'est qu'un vain mot, et le pouvoir un abus. L'homme ne peut donner ce qu'il n'a pas : or il ne possède par lui-même aucun droit de souveraineté sur ses semblables; donc, en exerçant l'autorité, il doit se considérer comme le représentant, le délégué de Dieu, qui jamais n'abdique.

Si telle est la théorie de l'autorité, on voit de suite qu'elle mérite le *respect* pour elle-même, et indépendamment de la personne qui l'exerce. L'*obéissance* lui est également due, à moins qu'elle ne commande quelque chose de contraire à la loi morale, puisque se tournant alors contre Dieu, elle cesse d'en être l'organe.

Après avoir vu ce que réclame, au sein de la famille, l'autorité des parents, étendons plus loin l'horizon, et embrassons cette vaste agglomération d'individus, qui s'appelle un *État*, une *nation*. D'une part, l'instinct de l'homme et ses besoins impérieux réclament la vie sociale; « d'autre part, dit Léon XIII dans une de ses magistrales encycliques[1], on ne peut concevoir une société où il n'y aurait personne pour gouverner les volontés de chacun, afin de les ramener toutes à l'unité, et de les diriger avec ordre et sagesse vers le bien commun. Dieu a donc voulu que, dans la société civile, il y en eût qui commandassent à la multitude. »

Fénelon disait au duc de Bourgogne, futur héritier du trône : « Souvenez-vous que les rois sont faits pour les peuples, et non les peuples pour les rois. » Cette vérité s'applique à toutes les formes du pouvoir : les *gouvernants*, quels qu'ils soient, doivent chercher sincèrement à procurer le bien public, et non pas pressurer l'État à leur profit. Leur souci doit être de favoriser, par des lois basées sur la morale, l'ordre, la paix, la sécurité, le développement de la richesse matérielle et intellectuelle.

Quant aux *citoyens*, s'ils ont vraiment au cœur le sentiment patriotique, ils rempliront en conscience les charges qui leur incombent : *impôts, service militaire, vote* pour les diverses assemblées délibérantes, *devoirs professionnels*, selon la place qu'ils occupent dans la société, et comme un juste retour des bienfaits qu'ils en reçoivent.

[1] 29 juin 1881.

Les *femmes*, qui n'ont ni à voter, ni à porter les armes, travaillent néanmoins pour leur patrie, en inculquant à leurs enfants et aux personnes sur lesquelles s'exerce leur influence, les principes qui font les fortes générations. Pas un grand homme qui ne se soit formé sur les genoux de sa mère, ou près d'une sœur intelligente, aux premières impressions d'où devaient sortir les mâles vertus du patriote et du héros.

VII. Devoirs des nations entre elles. — Les devoirs des nations entre elles reposent tout d'abord sur la *loi naturelle :* y porter gravement atteinte, par des meurtres injustes, des captures, des violations de traités de peuple à peuple, c'est une cause de discorde, et trop souvent de guerre. De plus, il existe entre les nations civilisées une sorte de code, dit *droit des gens*, plutôt écrit dans les mœurs des sociétés que dans les recueils des lois : il complète et précise les données de la loi naturelle.

Si quelque tribunal supérieur, agréé par toutes les puissances, pouvait trancher les différends suscités par les atteintes portées au droit des gens, il n'y aurait pas à recourir aux armes. Mais cet appel judiciaire n'étant pas possible, il faut, à moins d'un arbitrage accepté par les parties belligérantes, subir les calamités de la guerre pour sauver l'honneur et l'intégrité du pays.

VIII. Conclusion. — **La morale et le catéchisme.** — La *morale naturelle*, telle que nous venons de l'exposer, côtoie sans cesse le *catéchisme ou morale surnaturelle*. Faut-il s'en étonner? Lorsqu'on vit en plein christianisme, et que les principes chrétiens sont gravés dans le cœur, il est comme impossible de ne pas empiéter sur ce terrain du surnaturel, qui a pour horizon l'infini, rendu visible à nos regards par la *révélation*.

Et néanmoins, l'étude des vérités morales d'ordre naturel est loin d'être inutile. Une double impression s'en dégage : d'une part, on y voit briller la vertu, c'est-à-dire le bien absolu, qui attire toute volonté droite; d'autre part, on y constate l'absence d'un idéal complet, offrant à la fois le modèle à suivre et la force nécessaire pour le réaliser. Volontiers on s'engagerait dans le sentier du devoir, tel que la raison nous l'a fait découvrir : mais la lassitude ne permet guère, même aux plus robustes, d'y avancer longtemps.

Ainsi la morale naturelle ne peut dispenser du *catéchisme* : elle le prépare, et lui offre une base excellente. Après avoir utilisé ses faibles moyens, l'homme vient écouter Dieu lui-même : Jésus-Christ se fait son maître, par la voix de l'Église catholique, son organe infaillible.

Exercices pratiques oraux ou écrits.

— Les *devoirs de bienséance* sont-ils des devoirs au même titre que les autres?

— Comment allier la *sincérité* avec la *bienveillance* et la *politesse*?

— « L'*indulgence* est la vertu de ceux qui se connaissent. » Pourquoi?

— « La *bonté* tient lieu de *louange* : c'est la seule qui ne fasse pas de mal. » (*P. Faber.*) — Tirer de cette parole la condamnation de la *flatterie*, qui est une vraie cruauté.

— On a dit ingénieusement : *Les vieillards sont des amis qui s'en vont : il faut les reconduire avec politesse.* Quelle nuance particulière les devoirs sociaux prennent-ils à l'égard de la vieillesse?

— Nicole a écrit : « La charité consiste à juger *bonnement* d'autrui, *sévèrement* de soi-même. » La raison elle-même ne justifie-t-elle pas ce conseil?

— « Commencez par la *discussion*, tout sera stérile; commencez par la *charité*, tout sera fécond... En règle générale, c'est la bonté qui produit la bonté. » (*Hello.*) — « En reprenant les autres, on n'est pas sûr de les rendre meilleurs; en les supportant, on se rend meilleur soi-même. » (*M*^{me} *Swetchine.*) — Développer ces pensées, en rappelant quelques aperçus de la présente leçon.

— Comparer l'*autorité du père de famille* dans les temps anciens et dans les temps modernes.

— De quels *sentiments* découle surtout le *dévouement* : sentiment religieux, devoir, famille, patrie, science, humanité? N'y a-t-il pas au fond de tout dévouement *enthousiasme* et *affection*?

TABLEAU RÉCAPITULATIF DE LA MORALE

I. MORALE GÉNÉRALE OU SCIENCE DU DEVOIR

NOTIONS SUR LESQUELLES S'APPUIE LA SCIENCE DU DEVOIR
- Le bien et le mal absolus.
- Les biens et les maux relatifs.
- La conscience.
  - Son rôle.
  - *Joies* et *remords*.
- Éducation de la conscience.
  - Leçons et exemples.
  - Expériences personnelles.
  - Examen de conscience.
- Qualités et défauts de la conscience
  - droite... erronée.
  - prudente... douteuse.
- La loi, ou règle s'étendant à toute une classe d'êtres.
  - 1° Les *lois physiques*.
  - 2° La *loi morale*
    - immuable.
    - universelle.
  - 3° Les *lois morales positives*.
- Base de la loi morale.
  - *Dieu :* sa nature et ses droits.
  - Réfutation de la morale du *plaisir* et de l'*intérêt*.
  - Ces deux mobiles, *auxiliaires de la loi*.

LE DEVOIR; LA VERTU ET LA SANCTION DE LA LOI
- Le devoir, ou ce que la loi morale impose à chacun.
- Le droit, suite nécessaire du devoir.
  - Droits stricts.
  - — facultatifs.
- Responsabilité : ses conditions.
  - 1° Jouir de sa *liberté*.
  - 2° Agir avec *connaissance de cause*.
- Le mérite, ou accroissement *volontaire* de son excellence morale.
- Le démérite, ou diminution *volontaire* de son excellence morale.

TABLEAU RÉCAPITULATIF DE LA MORALE

LE DEVOIR ; LA VERTU ET LA SANCTION DE LA LOI (Suite).

- Classement des actions humaines.
  - *Bonnes* : honnêtes, justes, héroïques, sublimes.
  - *Mauvaises* : condamnables, perverses, criminelles.
  - *Indifférentes.*
- La vertu, habitude du devoir.
  - Vertu : *virtus*, courage.
  - Vice : *vitium*, manque, défaut.
- Sanction de la loi morale.
  - 1° Dans la vie présente.
    - 1° La *conscience* et les *conséquences naturelles* de nos actes.
    - 2° L'*opinion* des hommes.
    - 3° *Récompenses* honorifiques.
  - 2° Dans la vie future.
    - *Bonheur* ou *malheur* éternels.

II. MORALE SPÉCIALE OU DES DEVOIRS

1° MORALE RELIGIEUSE OU DEVOIRS ENVERS DIEU
- Adoration.
- Reconnaissance.
- Soumission.
- Prière.
- Culte *intérieur* et *extérieur*.
  — *privé* ou *public*.
- La société religieuse. Insuffisance de la *religion naturelle*.

2° MORALE INDIVIDUELLE OU DEVOIRS ENVERS SOI-MÊME

- Devoir fondamental : **respect de soi-même.**
- 1° Devoirs envers le corps.
  - 1° *Conservation* ; le suicide condamné.
  - 2° *Dignité*, tenue (le décorum).
- 2° Devoirs envers l'âme.
  - 1° *Sensibilité.*
    - La nourrir sainement.
    - L'utiliser.
    - La surveiller.
  - 2° *Intelligence :* la préserver
    - de l'*ignorance.*
    - de l'*erreur.*
    - du *mensonge.*
  - 3° *Volonté :* la plier
    - à la *tempérance.*
    - au *courage.*

		Deux *maximes fondamentales* de la morale sociale.
3º MORALE SOCIALE OU DEVOIRS ENVERS NOS SEMBLABLES **I. DEVOIRS DE JUSTICE**	1º Respect de la vie d'autrui.	Condamnation de l'homicide. Cas de *légitime défense*.
	2º Respect de la liberté.	*Esclavage...* Servage. Esclavage moral.
	3º Respect des sentiments.	Lâche complaisance, intolérance. Sage *tolérance*, *prosélytisme*.
	4º Respect de l'honneur.	*Médisance... Calomnie...* Jugements téméraires.
	5º Respect de la propriété.	*Fondement de la propriété.* Sa nécessité; inégalité des biens. Atteintes à la propriété.
	Devoirs envers les animaux.	

MORALE SOCIALE (suite). **II. DEVOIRS DE CHARITÉ.** **APPLICATION DES PRINCIPES GÉNÉRAUX**	1º Devoirs de bienveillance.	*Politesse... Modestie... Bonté...*
	2º Devoirs de bienfaisance.	*Reconnaissance.* Aumône corporelle ou spirituelle. Pardon des injures. Dévouement, *sacrifice de sa vie*.
	L'homme *juste*, l'homme *charitable* : parallèle.	
	Application des principes de la morale sociale.	1º A la *famille* : parents, enfants, domestiques. 2º à l'*État* : gouvernants, citoyens. 3º aux *nations* entre elles, *droit des gens*.

TABLE DES MATIÈRES

LEÇON I
NOTIONS GÉNÉRALES

Qu'est-ce que la *philosophie?* Comment elle est accessible à tous.	1
Principes généraux. — 1° *La même chose ne peut pas être et n'être pas en même temps*	2
2° *Deux choses égales à une troisième sont égales entre elles*	3
3° *Pas d'effet sans cause.*	3
4° *Il y a une cause première de toutes choses*	4
5° *Poser une cause, c'est en poser les effets*	4
6° *Qui veut la fin veut les moyens.*	5
Comment diviser l'étude de la philosophie?	5
— Exercices pratiques oraux ou écrits	6

PSYCHOLOGIE

LEÇON II
EXISTENCE ET NATURE DE L'AME

Idée générale de la *psychologie.*	7
Le corps et l'âme	8

Le *physique* et le *moral*.	8
Les *trois vies* dont nous disposons	9
Certitude de *l'existence de l'âme*.	9
Nature de l'âme.	10
1º Notre âme est *spirituelle*. — 2º Notre âme est *immortelle*.	11
Conclusion : l'âme supérieure à toute la création matérielle.	12
— Exercices pratiques oraux ou écrits	13

LEÇON III

FACULTÉS DE L'AME — SENSIBILITÉ

Ce qu'on entend par *facultés de l'âme*	14
Les trois facultés : *sensibilité, intelligence, volonté*.	14
Leur but commun.	15
La *sensibilité* : ses deux formes.	16
Sensibilité physique : sensations.	16
Comment les sensations arrivent à l'âme	17
Valeur morale des sensations.	17
Sensibilité intellectuelle ou morale : sentiments.	18
Variété des sentiments ; leur origine commune	19
— Exercices pratiques oraux ou écrits	20

LEÇON IV

SENSIBILITÉ (suite) : INCLINATIONS

Inclinations personnelles. — 1º Appétits ou besoins corporels.	21
2º Besoins ou inclinations *de l'âme*	22
Inclinations sociales en général	23
1º Philanthropie ; sympathie.	24
2º Amitié ; ses conditions	24
3º Affections de famille	25
4º Patriotisme.	26
— Exercices pratiques oraux ou écrits	26

LEÇON V

SENSIBILITÉ — INCLINATIONS (suite).

Inclinations supérieures : leur objet	28
1º Sentiment ou amour du *vrai*	28
2º Sentiment ou amour du *beau*	30

Le beau, le joli, le sublime 31
3° Sentiment ou amour du *bien* 31
Sentiment *religieux* 31
Les *passions*; comment elles naissent des inclinations. . . 32
Bonnes et mauvaises passions. 33
Responsabilité des passions; leur rôle 33
Conclusion sur la sensibilité 34
— Exercices pratiques oraux ou écrits. 35

LEÇON VI

INTELLIGENCE

L'ATTENTION, CONDITION ESSENTIELLE AU FONCTIONNEMENT DE L'INTELLIGENCE

L'*intelligence*, privilège de l'homme 37
Les diverses ressources de l'intelligence. 38
Les *idées* et les *pensées* 38
L'*attention*; ses différentes formes : *observation*, *réflexion*. 39
Nécessité de l'attention. 39
Défauts opposés, ou obstacles à l'attention 40
Puissance de l'attention dans les œuvres de l'esprit . . . 41
Rôle de l'attention dans la vie pratique. 42
— Exercices pratiques oraux ou écrits 43

LEÇON VII

INTELLIGENCE (*suite*).

ACQUISITION DES IDÉES PAR LA PERCEPTION ET PAR LA RAISON

De l'acquisition des idées en général. 44
Perception. — La *conscience*, premier moyen de perception. 45
Les *sens*, second moyen de perception 45
Le *goût* et l'*odorat*. 46
Le *toucher* 47
L'*ouïe*. 48
La *vue*. 49
La *raison*; caractère des notions qu'elle nous donne. . . 50
Rôle de la raison 51
Éducation de la raison. 52
Sens commun et bon sens. 53
— Exercices pratiques oraux ou écrits 53

LEÇON VIII

INTELLIGENCE (suite).

CONSERVATION DES IDÉES PAR LA MÉMOIRE ET L'IMAGINATION

La *mémoire* et l'*imagination* dans leur forme primitive. . 55
La *mémoire;* deux faits y sont compris. 56
Conservation et *rappel* des idées. 56
Culture de la mémoire; ses qualités. 57
L'*association des idées,* élément de la mémoire. 58
Importance morale des associations d'idées. 60
L'*imagination;* double forme 60
1° Imagination *reproductrice.* 61
2° Imagination *créatrice;* applications 62
L'imagination créatrice et le *génie.* 63
Avantages et dangers de l'imagination. 64
Comment la cultiver. 65
— Exercices pratiques oraux ou écrits 66

LEÇON IX

INTELLIGENCE (suite).

TRAVAIL OU ÉLABORATION DES IDÉES

Le *travail des idées* et les *opérations* qu'il exige 67
L'*abstraction :* le concret et l'abstrait. 68
Avantages de l'abstraction : sans elle, pas de science humaine. 69
La *généralisation;* usage dans les sciences et dans la vie . 69
Le *jugement :* sens philosophique et sens usuel. 70
Esprits justes, esprits faux. Causes des faux jugements. . 71
Comment se forme le jugement. 73
Le *raisonnement;* ses procédés : *induction, déduction, analogie* 73
— Exercices pratiques oraux ou écrits 75

LEÇON X

VOLONTÉ

INSTINCT — VOLONTÉ LIBRE

L'*activité ou volonté;* trois formes de cette faculté. . . . 76
L'*instinct.* Cause providentielle et effets. 77

Caractères de l'instinct. 78
La *volonté libre :* ses deux traits généraux 79
Ce qui constitue un acte libre 80
Ne pas confondre le *désir* et la *volonté* 81
La *liberté* en général et le *libre arbitre.* 82
Les preuves du libre arbitre 83
Erreurs relatives à la liberté morale 84
— Exercices pratiques oraux ou écrits 85

LEÇON XI

VOLONTÉ (suite).

L'HABITUDE

L'habitude : son domaine 87
Loi générale de l'habitude 88
Habitudes *actives ;* habitudes *passives.* 89
Puissance des habitudes bonnes ou mauvaises. . . . 90
Part de l'habitude dans *l'éducation.* 91
Le *caractère ;* définition. Éléments divers qui le constituent. 92
Deux expressions à distinguer au sujet du caractère. . 93
Dignité de la volonté libre. Formation par *l'obéissance* et *l'initiative* 94
Conclusion sur la *psychologie* 96
— Exercices pratiques oraux ou écrits 97
— Tableau récapitulatif de la psychologie. 98

LOGIQUE

LEÇON XII

LA VÉRITÉ ET L'ERREUR

But de la *logique.* Division de cette étude. 101
La *vérité ;* définition. Nous devons la rechercher. . . 102
Degrés dans la possession de la vérité : *doute, probabilité, certitude, évidence* 103
Le *doute moral* et ses tristes effets 104
Le *scepticisme ;* sa réfutation. 106

L'*erreur* et ses traits distinctifs. 107
Causes intérieures de nos erreurs. 107
Causes extérieures de nos erreurs 109
— Exercices pratiques oraux ou écrits. 110

LEÇON XIII

MOYENS D'ARRIVER A LA VÉRITÉ

LE LANGAGE

Le *langage* en général; sa nécessité 111
Langage d'action; son rôle. 112
Langage écrit. Écriture idéographique; écriture phonétique. 112
Langage oral. La parole. 113
Le *mot* est à la *pensée* ce que le *corps* est à l'*âme*. 114
Influence de la pensée sur la parole. 115
Influence de la parole sur la pensée. 116
— Exercices pratiques oraux ou écrits. 117

LEÇON XIV

MOYENS D'ARRIVER A LA VÉRITÉ (*suite*).

LE TÉMOIGNAGE DES HOMMES

Nécessité du *témoignage des hommes*. 118
Conditions relatives aux *témoins* : ni trompés, ni trompeurs. 119
Conditions relatives aux *faits* : possibles et observables. . . 120
Application des règles du témoignage à l'*Histoire*. 122
— Exercices pratiques oraux ou écrits 123

LEÇON XV

MOYENS D'ARRIVER A LA VÉRITÉ (*suite*).

LA MÉTHODE ET SES DIVERS PROCÉDÉS

La *méthode* en général. 125
Analyse et *synthèse*. Union nécessaire de ces deux procédés. 126
Bien définir. Définition des mots et des choses 127
Bien diviser. Qualités d'une bonne division. 128
Bien raisonner. Le *syllogisme*, principale forme du raisonnement. 129

Règles du syllogisme. 130
L'*enthymème* et le *dilemme*, arguments tirés du syllogisme. 131
En quoi consiste la vraie difficulté du syllogisme 132
Les *sophismes* ou faux raisonnements; leurs causes. . . . 133
Utilité pratique du syllogisme. 135
Inspiration et intuition. 135
— Exercices pratiques oraux ou écrits 136
— Tableau récapitulatif de la logique 138

THÉODICÉE

LEÇON XVI

EXISTENCE DE DIEU

Objet de la *théodicée*. Division de cette étude 141
Existence de Dieu. Preuve fondamentale et autres preuves. 142
1re preuve : Notre *raison* est dominée par une *raison* supérieure. 143
2e preuve : L'*idée* que nous avons *de l'infini* 144
3e preuve : L'*idée d'un être nécessaire* 144
4e preuve : Le *témoignage du genre humain* 145
Objections à cette preuve. 146
5e preuve : L'*ordre et l'harmonie de l'univers.* 147
Objections à cette preuve. 149
— Exercices pratiques oraux ou écrits. 50

LEÇON XVII

PERFECTIONS OU PROPRIÉTÉS DE DIEU

L'Être infini, *infiniment parfait.* 151
Premier groupe des perfections de Dieu. L'*unité* : un seul Dieu 152
L'*immutabilité* : Dieu est immuable 153
L'*éternité* : Dieu est éternel. 153
L'*immensité* : Dieu est immense 154
Second groupe des perfections de Dieu. L'*intelligence* ou science de Dieu 155
La *bonté* : Dieu infiniment bon. 157

La *justice* : Dieu infiniment juste. 158
La *puissance* : Dieu tout-puissant 159
— Exercices pratiques oraux ou écrits 159

LEÇON XVIII

OPÉRATIONS DE DIEU

Dieu agit : Opérations *internes*; opérations *externes*. . . . 161
La *création* : Dieu est créateur du monde. . . . .
Erreurs relatives à l'*origine* et à la *nature du monde*. . . 162
La création manifeste les perfections de Dieu 164
La *conservation* : Dieu conserve l'être à toutes ses créatures. 166
Le *concours* : Dieu concourt par son action à toute action
   des créatures 167
La *Providence* : Dieu gouverne toute créature par sa Providence. 168
Erreurs au sujet de la Providence. 169
La Providence et le *mal physique et moral*. 170
— Exercices pratiques oraux ou écrits 171
— Tableau récapitulatif de la théodicée. 172

MORALE

LEÇON XIX

MORALE GÉNÉRALE OU SCIENCE DU DEVOIR

NOTIONS SUR LESQUELLES ELLE S'APPUIE

Définition de la *morale*; division de cette étude. 175
Le *bien* et le *mal*; les *biens* et les *maux*. 176
Raison de cette distinction entre le bien et le mal. . . . 177
La *conscience*; ses joies et ses remords 178
Éducation de la conscience. 179
Qualités et défauts de la conscience. 180
Existence d'une *loi morale*; ses caractères généraux. . . 181
Le *plaisir* ou l'*intérêt* peuvent-ils servir de *base* à la loi
   morale 182

Réfutation de la morale du plaisir et de celle de l'intérêt. . 183
Les *auxiliaires de la loi morale*. 184
— Exercices pratiques oraux ou écrits 185

LEÇON XX

MORALE GÉNÉRALE (*suite*).

LE DEVOIR, LA VERTU ET LA SANCTION DE LA LOI

Le *devoir* et ses obligations 186
Le *droit;* sa nature et ses limites. 187
L'homme est *responsable* parce qu'il est *libre*. 188
Conditions de la responsabilité. 189
Mérite et démérite; leur juste appréciation. 189
Classement des *actions humaines*. 190
La *vertu;* sa vraie notion et sa beauté. 191
Sanction de la loi morale; sa nécessité, sa nature . . . 192
Principales sanctions pendant la *vie présente* 193
Sanction supérieure : la *vie future*. 194
— Exercices pratiques oraux ou écrits 195

LEÇON XXI

MORALE SPÉCIALE OU DES DEVOIRS

DEVOIRS ENVERS DIEU ET ENVERS SOI-MÊME

Division des *devoirs*. 196
Morale religieuse; sa nécessité. 197
Principaux *devoirs envers Dieu :* adoration, reconnaissance, soumission, prière. 197
Culte intérieur et extérieur; privé ou public 199
La société religieuse. Insuffisance de la *religion naturelle*. 200
Morale individuelle. Devoir fondamental : *respect de soi-même*. 202
Devoirs envers notre *corps :* conservation, dignité et tenue. 203
Devoirs envers notre *âme :* 1° Devoirs relatifs à la *sensibilité*. 205
2° Devoirs relatifs à l'*intelligence*. 206
3° Devoirs relatifs à la *volonté* 208
— Exercices pratiques oraux ou écrits 209

LEÇON XXII

MORALE SPÉCIALE (suite).

DEVOIRS ENVERS NOS SEMBLABLES : DEVOIRS DE JUSTICE

Morale sociale. Ses devoirs généraux : *justice* et *charité*. . . 210
La *justice*; ensemble de ses obligations. 211
1° *Respect de la vie d'autrui;* cas de légitime défense. . . . 211
2° *Respect de la liberté*. 212
3° *Respect des sentiments* du prochain. 214
4° *Respect de l'honneur et de la réputation;* médisance, calomnie 215
5° *Respect des biens extérieurs* ou de la propriété. 217
La *propriété*, nécessité sociale. Pourquoi l'*inégalité des biens*? 217
Principales manières de porter atteinte à la propriété 218
— Devoirs à l'égard des animaux. 219
— Exercices pratiques oraux ou écrits 220

LEÇON XXIII

MORALE SPÉCIALE (suite).

DEVOIRS ENVERS NOS SEMBLABLES : DEVOIRS DE CHARITÉ ET APPLICATION DES PRINCIPES DE LA MORALE SOCIALE

La *charité*; ses devoirs généraux. 221
1° *Devoirs de bienveillance :* politesse, modestie, bonté. . 222
2° *Devoirs de bienfaisance :* reconnaissance, aumône, pardon des injures, dévouement et sacrifice 223
L'homme *juste*; l'homme *charitable* 226
Les devoirs de la morale sociale appliqués à la *famille* . . 227
Devoirs envers l'*autorité* en général et envers l'*État* . . 228
Devoirs des *nations* entre elles. 230
— Conclusion : la *morale* et le *catéchisme* 230
— Exercices pratiques oraux ou écrits 231
— Tableau récapitulatif de la morale 232

30970. — Tours, impr. Mame.

www.ingramcontent.com/pod-product-compliance
Lightning Source LLC
Chambersburg PA
CBHW070652170426
43200CB00010B/2206